Uwe Jean Heuser (Hg.)

DIE ZEIT GREEN.

Lösungen für die Welt von morgen

Essen – Reisen – Arbeiten – Heizen – Bauen

Besuchen Sie uns im Internet:
www.droemer-knaur.de

Aus Verantwortung für die Umwelt hat sich die Verlagsgruppe Droemer
Knaur zu einer nachhaltigen Buchproduktion verpflichtet. Der bewusste
Umgang mit unseren Ressourcen, der Schutz unseres Klimas und der Natur
gehören zu unseren obersten Unternehmenszielen.
Gemeinsam mit unseren Partnern und Lieferanten setzen wir uns für eine
klimaneutrale Buchproduktion ein, die den Erwerb von Klimazertifikaten
zur Kompensation des CO_2-Ausstoßes einschließt.
Weitere Informationen finden Sie unter: www.klimaneutralerverlag.de

Dieses Buch ist klimaneutral produziert.

INHALT

VORWORT

Liebe Leserinnen und Leser,

manchmal wirkt die Klimawelt so einfach. Dann sagen Expertinnen und Experten, alle Lösungen seien schon da für die große Wende. Man müsse sie nur umsetzen. Politiker legen in dieser Vorstellung entschlossen ein paar Hebel um, die Wirtschaft und die Bürgerschaft folgen den neuen Anreizen, und tadaaa!, die Welt ist eine bessere. Bloß stimmt das nicht. Ganz und gar nicht.

Die grüne Transformation ist eine absolut notwendige und doch höchst unsichere Expedition in die Veränderung. Das hat vor allem mit drei interessanten Faktoren zu tun.

Erstens ist sie kein rein technischer, sondern auch und vor allem ein menschlicher Prozess. Eine wachsende Zahl von Leuten muss den Wandel wollen, muss den Wandel wählen, muss ihn auch als Verbraucher und Verbraucherin kaufen. Die Politik führt dabei mal die Menschen, und mal ist es umgekehrt. Mal geht die Entwicklung schnell, und dann stoppt sie wieder. Unerwartete Hürden sind die Regel, aber auch Beschleunigungen, mit denen niemand gerechnet hat. Nichts daran ist vollständig planbar, neue Antworten sind immer wieder gefragt.

Zweitens zeigen die »Lösungen« regelmäßig Nebeneffekte. Man konnte das zuletzt gut an der CO_2-Steuer sehen. Wenn die Emission nur teuer genug würde (und die Einnahmen den Bürgern sozial gerecht zurückgegeben würden), dann komme die grüne Wende von selbst, war die Idee. Selbst weltberühmte Klimaforscher wie James Hansen von der NASA haben sie lange zum Nonplusultra erklärt. Doch mittlerweile greift die Erkenntnis um sich, dass reiche Leute sich von einer noch so hohen Steuer kaum beeinflussen lassen und weiter Riesen-SUVs kaufen,

Motorboot fahren und Swimmingpools heizen. Neutral gesagt, ist ihre Nachfrage nicht sonderlich preissensitiv. Ja, manchmal mögen sie Dinge umso mehr, wenn sie besonders teuer sind; Letzteres hat übrigens schon vor hundert Jahren der Ökonom Thorstein Veblen herausgefunden.

Doch schon bevor die Steuer auch nur annähernd so hoch steigt wie geplant, kommen zwei weitere Faktoren ins Spiel: die politische Realität und der bürgerliche Zorn. Das war schon bei der ersten deutschen Ökosteuer von 1999 so, die peu à peu steigen sollte: Ganze zwei Jahre nach dem Start stoppte der damalige Kanzler Gerhard Schröder den Mechanismus – aus Angst vor einem Shitstorm und der damals kommenden Wahl: Die Autofahrer und Ölheizungsbesitzerinnen waren sauer, weil die Preise für Benzin und Heizöl in die Höhe schossen. Und auch heute hat die Ampel-Regierung unter Olaf Scholz die geplante Steigerung der aktuellen CO_2-Abgabe ausgesetzt. Und zwar paradoxerweise wegen der Energiekrise.

Drittens sind technische Lösungen keineswegs so glatt, wie das vorher fast immer aussieht. E-Autos sind die Rettung, oder? Nun ja, riesige E-Autos von bis zu drei Tonnen Gewicht, die von den deutschen Herstellern gerade bevorzugt ausgeliefert werden, sind alles andere als eine Rettung. Sie beanspruchen zu viel Strom und machen dadurch die Energiewende schwerer, und vorher noch schadet ihre Herstellung mannigfaltig der Umwelt. Weniger Autos, die öfter geteilt würden, wären gut. Aber wer in der Industrie will das schon. Und wetten: Auch beim Auffangen und Speichern von CO_2 aus der Luft, einer Technologie namens CCS, die es bisher nur in Form kleiner Anlagen gibt und mit der aber die Wirtschaft schon in riesigem Rahmen fest plant, wird es zu unvorhergesehenen Nebenwirkungen und Schwierigkeiten kommen. So dialektisch ist nun mal das Leben.

Gäbe es »Erstens« bis »Drittens« nicht, bräuchten wir bei der *ZEIT* kein »GREEN.«. Doch wir haben den neuen Teil in der gedruckten Zeitung wie auch online im Jahr 2021 gegründet,

weil es eben noch ganz viele Lösungen zu finden, viele Nebenwirkungen zu beschreiben und viele Schummeleien aufzudecken
gibt. Dieses Jahrzehnt ist die letzte Chance für eine Klimawende,
welche die Welt ein halbes Jahrhundert zwar immer wieder versprochen, aber de facto verschlafen hat. Und sie kann nicht nur
von oben (Politik) kommen, nicht nur von der Seite (Wirtschaft),
nein, sie muss auch von den Menschen ausgehen. Diese Behaup-
tung ist nicht etwa ein hinterhältiger Plan der Mächtigen, um die
Verantwortung abzuwälzen. Sie ist angesichts der komplexen
Entwicklung, die wir vor uns haben, schlicht eine der Notwendig-
keiten. Wenn wir als Einzelne, als Nachbarschaften, als Dörfer
und Städte die Wende nicht leben und nicht vorleben, wenn sie
nicht gesellschaftliche Routine wird, dann klappt sie nicht.

Das Schöne ist: Viele Leserinnen und User haben großes Interesse an grünen Lebensstilen und grünen Fragen, die sie selbst
betreffen. Natürlich derzeit beim Heizen und Energieverbrau-
chen, aber auch sonst beim Essen, bei der Mobilität, sogar bei
der Kleidung. Und das vielleicht noch Schönere ist das, was eine
große Umfrage im Namen der *ZEIT* und des Bonner briq-Instituts 2022 ergeben hat: Die Deutschen unterschätzen systema-
tisch die Bereitschaft der Mitmenschen, sich für die Umwelt und
das Klima zu engagieren. Wir sind also als Gesellschaft besser, als
wir selbst argwöhnen. Auf der Wahrheit, die darunterliegt, lässt
sich aufbauen.

Dieses Buch tut genau das, indem es die ersten zwölf Monate
der GREEN.-Reise erlebbar macht. Es ist eine ebenso vielfältige
Reise mit vielen Wendungen, wie eben die ganze grüne Transformation es notwendigerweise auch sein muss. Gerade bei der
Ernährung findet man hier viele Lösungen für den eigenen Alltag. Man sieht zudem, wo die Industrie echte Hoffnung auf eine
nachhaltige Wirtschaft schafft − und wo sie nur vage etwas erhofft. Und man lernt viele Menschen kennen, die kämpfen. Gegen Politik und Konzerne wie aber auch in Regierungen und
Firmenzentralen. Mosaikhaft ergibt sich schließlich ein ganzes,

noch etwas schemenhaftes Bild: Wir sind in dieser Transformation nicht allein, fast überall arbeiten Menschen daran, und diese Arbeit lohnt sich fürs eigene Wohlbefinden und für die Welt.

Dieser Schuss Optimismus muss erlaubt sein in einem Buch, das von der Suche nach und dem Finden von Lösungen handelt.

Viel Freude also beim Lesen und Stöbern.
Ihr
Uwe Jean Heuser

LEBEN
&
ERLEBEN

DAS GUTE ESSEN

Geht das – bei der Ernährung aufs Klima zu achten
und trotzdem zu genießen? Natürlich geht das, wie die
folgenden Fragen, Antworten und Rezepte zeigen

VON UWE JEAN HEUSER, ELISA KAUTZKY, MARIA MAST,
JONAS MAYER UND ELISABETH RAETHER

Essen ist ganz selbstverständlich, zum Glück. Viele denken
kaum darüber nach. Fängt man aber einmal an, sich über
sein Essen Gedanken zu machen, wird es kompliziert. Wem fällt
schon eine Antwort ein, warum er dieses mag und jenes verab-
scheut. Warum er oder sie nie kochen gelernt hat oder überzeugt
ist, es nie zu erlernen. Oder warum man es liebt.

Kochen ist für viele eine Erinnerung an früher, weil das Ge-
füttertwerden mit die erste Geste der Liebe ist, gleich nach der
Berührung. Manchen ist die kochende Oma eine lebenslange
Erinnerung. Andere versetzt allein der Gedanke an Essen in Pa-
nik, weil Essen der Grund ist für dicker werdende Hüften und
Bäuche und den ablehnenden Blick auf den eigenen Körper. Für
andere wiederum ist das Essen ein äußeres Zeichen des Erfolgs –
mein Haus, mein Auto, mein Hummer. Oder die Belohnung am
Abend eines langen, stressigen Tages. Essen ist Lust, Lebenslage,
Stil, Neurose, Kontostand, Selbstbild, Tradition, Erinnerung und
Kultur.

Und zu alldem gesellt sich nun noch etwas anderes: Essen ist
auch CO_2. Jenes kleine Molekül, das wir alle massenhaft ausstoßen und das den Planeten zerstört. Dieser Ausstoß hat neben vie-
lem anderen auch mit unseren Ernährungsgewohnheiten zu tun.

Aber wer sich bislang schon kaum mit Ernährung beschäftigte
oder auskennt, wie soll der jetzt noch durchblicken? Auf welche
Weise satt werden? Und dabei auch noch glücklich und zufrieden
sein (was ja unbedingt zum Genuss des Essens gehört)? Und was,
wenn man keinen Tofu mag?

Dieser Text ist keine Belehrung. Eine Belehrung setzt nämlich voraus, dass jemand glaubt, die Dinge besser zu verstehen und sich angemessener zu verhalten als all jene, die seine Texte lesen. Das ist aber nicht der Fall.

Dieser Text ist lediglich ein Angebot zur Orientierung. Wir führen hier eine Art öffentliches Gespräch mit uns selbst, stellen einmal lauthals alle Fragen, die wir uns im Stillen immer wieder stellen (und die auch Sie womöglich umtreiben). Möglichst kluge Fragen natürlich – aber auch die doofen. Und wir versuchen, Antworten zu finden, Dinge zu sortieren und zu klären, damit sie nicht mehr so verschwommen und unübersichtlich daherkommen. Dazu haben wir mit Experten gesprochen, recherchiert und zahllose internationale Studien gewälzt. Obendrein schlagen wir Ihnen Rezepte für umweltfreundliches Essen vor, die gesund sind und außerdem gut schmecken. Auch nachhaltiges Tafeln muss Spaß machen.

Aber zuletzt muss natürlich jede und jeder für sich selbst wissen: Wie groß soll der Beitrag sein, den ich leiste? Was will und was kann ich tun?

Wenn ich an Chinas Kohlekraftwerke denke oder auch an die Tonnen von Autos, die durchs Land rollen – spielt es für das Klima überhaupt eine Rolle, was ich esse?

Unsere Ernährung ist für gut 15 Prozent des CO_2-Ausstoßes in Deutschland verantwortlich. Das ist aber eher die untere Grenze des Gesamteffekts. Schließlich importieren wir mehr Essen, als wir exportieren, und sind insofern auch an Emissionen im Ausland schuld. Weltweit verursacht die Lebensmittelproduktion bis zu ein Drittel der Emissionen. Also, ja, auf die eigene Ernährung zu achten lohnt sich für das Klima.

Ich nehme an, dass die vegane Ernährung am wenigsten Emissionen verursacht.

Die Wissenschaft ist sich zumindest einig, dass eine vegane Ernährung die klimafreundlichste ist, da die Tierhaltung besonders emissionsintensiv ist. Das wissen die meisten eigentlich ja auch.

Die Erkenntnis führt allerdings manchmal dazu, dass Nichtveganer glauben, gar nichts beitragen zu können – was nicht stimmt.

Halb vegan, fast vegan, ein bisschen vegan, nach 18 Uhr vegan: Alles hilft. Ach?

Ja.

Angenommen, ich esse nicht vegan, worauf könnte ich achten, damit meine Mahlzeiten weniger Emissionen verursachen?

Zum Beispiel auf die »Sättigungsbeilagen« kann man achten – so nennt man in Deutschland schöne Dinge wie Linsen, Reis, Nudeln und Kartoffeln. Wer gerade auf Diät ist, spricht von »Kohlenhydraten«, denn tatsächlich lässt sich einfach und auf gesunde Weise Gewicht verlieren, wenn man weniger kohlenhydratreich isst. Die Klimabilanz für diese Lebensmittel fällt sehr unterschiedlich aus: Die Kartoffel verursacht zum Beispiel nur 0,2 Kilogramm Emissionen pro Kilogramm Lebensmittel, Reis dagegen 3,1 Kilogramm – ungefähr so viel wie Hühnereier. Der Reisanbau allein ist für unglaubliche 1,3 Prozent der weltweiten Treibhausgasemissionen verantwortlich. Denn Reisfelder werden unter Wasser gesetzt, was Organismen im Boden verfaulen lässt und sehr klimaschädliches Methan freisetzt.

Was ist mit Pasta?

Nudeln, Couscous, frische Bohnen oder Brot geben sich in der Klimabilanz nicht viel. Danach kommen noch Linsen und Kichererbsen, wobei auch die mindestens doppelt so gut abschneiden wie der Reis. Produkte aus der Dose haben durch Verarbeitung und Verpackung fast immer eine etwas schlechtere Klimabilanz, brauchen dafür aber weniger Energie in der Zubereitung. Hier übrigens ein köstliches Pasta-Rezept.

Pasta alla Norma
mit Auberginen, Tomaten und Ricotta
Zutaten für 2 bis 3 Personen

2 Auberginen, etwas Olivenöl, 1 Knoblauchzehe (gehackt), ½ kleine rote Chilischote (gehackt, evtl. Kerne entfernt), 500 g Tomaten (passiert), Salz, Pfeffer, ein paar Blättchen Basilikum, 80 g Ricotta salata (das ist eine schnittfeste Variante des Ricotta, als Ersatz kann man Pecorino nehmen), 300 g Pasta (zum Beispiel Penne oder Rigatoni)

Die Auberginen in ungefähr 1 cm große Würfel schneiden, nicht größer. Man kann das Gemüse vorher auch längs halbieren und eine halbe Stunde in kaltes Wasser legen – das sorgt dafür, dass es beim Braten nicht so viel Fett aufsaugt. Auberginenwürfel in einer beschichteten Pfanne in heißem Öl braten. Ab und zu ein bisschen Wasser dazugeben, damit die Auberginen nicht ansetzen. Den Pfannendeckel lässt man die meiste Zeit geschlossen. Die Auberginenwürfel sollten weich sein, wenn man den Knoblauch dazugibt. Es folgt die Chilischote. Das Ganze kurz weiterdünsten. Dann Tomaten unterrühren, salzen und pfeffern und die Sauce einkochen, bis sie eindickt, was bei mittlerer Hitze ungefähr 5 bis 10 Minuten dauert. Zum Schluss mengt man das gehackte Basilikum unter. Mit der in Salzwasser gegarten Pasta servieren. Ricotta salata oder, als Ersatz, Pecorino darüberreiben.

Aber das Gericht ist ja mit Käse – der ist doch auch schlecht fürs Klima.

Ja, Käse ist fast genauso schlecht fürs Klima wie Fleisch. Besser wäre es, ganz auf ihn zu verzichten. Aber wer das nicht will, der kann ihn bewusst essen – ein Genuss, den man sich vielleicht nicht ständig und in riesigen Mengen gönnt. Käse ist sozusagen der neue Sonntagsbraten. Es gilt die Faustregel: Je besser etwas schmeckt, desto schädlicher ist es fürs Klima. Nein, kleiner Scherz! Aber was die Käsesorten betrifft, gilt tatsächlich:

Je mehr Milch für die Produktion gebraucht wird, desto cremiger und würziger schmeckt der Käse, desto schlechter ist er fürs Klima.

Und weil in Butter so viel Fett und Milch ist, ist sie besonders schlecht fürs Klima, oder?

So ist es. Das Kilo Butter ist mit 9 Kilo Emissionen höchst emissionsintensiv, fast so wie Rindfleisch, wobei selbst wer Butter sehr gern mag, sie ja eher sparsam dosiert und jedenfalls nicht in Form von 250-Gramm-Steaks zu sich nimmt.

Das heißt aber andersherum, Kuhmilch ist nicht ganz so schlimm, weil in einem Glas Milch einfach bloß ein Glas Milch steckt?

Ja, aber von allen Optionen, die man für einen Cappuccino hat – Hafermilch, Sojamilch, Mandelmilch, Reismilch –, schneidet Kuhmilch im Klima-Ranking am schlechtesten ab. Ihre Herstellung verursacht die meisten Emissionen, braucht die größte Landfläche und das meiste Wasser. Lange Zeit gab es beim Kaffee das Problem, dass der Schaum von Pflanzenmilch zu grobporig war, zu wenig cremig, zu wenig stabil. Mittlerweile lösen die Barista-Editionen das Schaumproblem in Luft auf. Es könnte sogar sein, dass beim Blindtest nicht jeder einen Unterschied erkennen würde.

Wie sieht es mit Eiern aus? Gerade Vegetarier essen ja gern Eier, die diese spezielle, wie soll man sagen, Vollmundigkeit haben, die nur tierischen Proteinen zu eigen ist.

Es kann gut sein, dass Eier von vielen als Fleischersatz angesehen werden. Jedenfalls sinkt der Fleischkonsum in Deutschland, während der von Eiern steigt. Eier sind sehr günstig, und sie gelten auch nicht mehr als besonders ungesund oder dick machend (Cholesterin ist als Begriff etwas in Vergessenheit geraten). Was die CO_2-Bilanz betrifft, könnte man aber auch gleich beim Huhn bleiben. Hähnchen-Nuggets haben etwa denselben CO_2-Abdruck wie Eier – und der ist besser als jener von Käse und Butter.

Moment. Käse und Butter haben eine schlechtere Klimabilanz als Hühnchen? Es heißt doch immer, Fleischessen sei das Schädlichste, was man tun kann.

Die Tierhaltung macht drei Fünftel der Emissionen unserer Ernährung aus. Das ist so viel, wie alle Autos, Lastwagen, Flugzeuge und Schiffe der Welt zusammengerechnet verursachen. Der Klima-Fußabdruck der verschiedenen Fleischsorten geht allerdings weit auseinander. Schweinefleisch, Geflügel und Wurst sind am wenigsten emissionsintensiv, aber natürlich verursachen sie mehr als pflanzliche Eiweiße wie zum Beispiel Linsen, Quinoa und Nüsse – mindestens dreimal so viel, je nach Fleischsorte sogar bis zu neunmal so viel. Rind und Lamm sind besonders schlecht fürs Klima, weil die Tiere Wiederkäuer sind und viel Methan ausstoßen. Sie können nichts dafür! Sie stehen einfach auf der Weide und rülpsen und flatulieren vor sich hin und zerstören dabei unsere schöne Atmosphäre.

Kann ich etwas wettmachen, indem ich nur Biofleisch esse?

Je nachdem, woher das Fleisch kommt, wie weit es transportiert wurde – ob bio oder nicht –, da gibt es Unterschiede. Bio ist dabei tendenziell sogar etwas schlechter für die Ökobilanz als herkömmliche Produkte, hat aber andere Vorteile. Denn auch die Haltungsform ist entscheidend: Frisst sich ein Rind auf einer bayerischen Wiese mit saftigem Weidegras bis zum Schlachtgewicht, freut sich das Tier, aber es hat zugleich auch mehr Zeit, um schädliches Methan zu produzieren.

Ein Dilemma also.

Nicht ganz, denn es gäbe ja einen Ausweg: Man isst einfach wenig bis gar kein Rindfleisch.

Eigentlich müsste man doch mehr Wild essen können, oder? Kein Kraftfutter aus Brasilien, keine Tierquälerei …

Stimmt. Die Produktion von Wildfleisch ist nicht industrialisiert, der Jäger ist ein freier Mensch, im Gegensatz zum Schlachthofmitarbeiter. Es muss kein Wald gerodet werden, die Jagd hilft dem Wald sogar. Es sind glückliche Tiere, die bis zu ihrem schnellen Tod in den Tag hineinleben, und das Ganze auch noch aus der Region. Problem: Wenn alle ihren Fleischhunger mit Wild sättigen, sind wir wahrscheinlich bald bei Rehställen, in denen die Tiere mit Mais aus Brasilien gefüttert werden.

Rehragout mit Aprikosen

Zutaten für 3 bis 4 Personen

1 EL neutrales Öl, 500 g Rehfleisch (aus der Schulter, in mundgerechte Stücke geschnitten), 1 kleine Sellerieknolle (geputzt ca. 150 g), 150 g Karotten, 2 mittelgroße Zwiebeln, 1 Lorbeerblatt, etwas schwarzer Pfeffer, 1 Prise gemahlene Nelke, 1 TL Salz, 200 ml Rotwein, 200 ml Wasser, 10 getrocknete Aprikosen, Abrieb von ½ Bio-Orange

In einem großen Topf mit schwerem Boden Öl erhitzen. Fleisch dazugeben und von allen Seiten anbraten.

Sellerie schälen und in kleine Würfel schneiden. Karotten putzen und würfeln. Zwiebeln schälen und in Ringe schneiden. Fleisch aus der Pfanne nehmen und beiseitestellen. Gemüse im verbliebenen Fett anbraten, eventuell etwas Öl hinzugießen. Lorbeer, Pfeffer, Nelke und Salz dazugeben und unter Rühren ungefähr 5 Minuten lang etwas Farbe annehmen lassen. Fleisch wieder beifügen. Mit Rotwein ablöschen, Flüssigkeit verdampfen lassen, dann Wasser dazugießen. Aprikosen klein schneiden und dazugeben. Alles bei geschlossenem Deckel ungefähr 1,5 Stunden lang bei niedriger Temperatur simmern lassen. Ab und zu umrühren; falls notwendig, Wasser nachgießen. Mit Salz abschmecken. Zum Schluss Orange abreiben und die Schale dazugeben (sie muss sehr fein gerieben sein). Kartoffeln sind eine gute Beilage.

Warum ist es so schwer, auf Fleisch zu verzichten?

Tja, gute Frage. Weil es richtig gut schmecken kann, lautet die einfachste Antwort. Es ist allerdings ein bisschen seltsam, dass einem die Zustände in deutschen Ställen, die jeder kennt, dabei nicht auf den Magen schlagen – etwa ein Drittel unserer Schlachtschweine sind durch die Haltung krank, die Wahrscheinlichkeit, dass mein Schnitzel im Leben Schmerzen gelitten hat, ist also recht hoch. Hinzu kommt, dass Fleisch heute mitunter gar nicht mehr richtig nach Fleisch schmeckt. Der legendäre französische Koch Paul Bocuse hat noch Hammelfüße geschmort. Aus dem zart nach nichts schmeckenden Milchlamm, das wir heute bevorzugen, hätte er höchstens ein Dessert zubereitet. Man könnte das mit dem Fleisch auch folgendermaßen handhaben: Nur wer einen so gut trainierten Gaumen hat, dass er Tofu im Curry vom Huhn unterscheiden kann, hat sich das moralische Recht aufs Huhn erworben.

Könnte Fleisch irgendwann auch klimafreundlich werden?

Die Studie zu einem Pflanzenburger der Marke Beyond Meat schätzte dessen Klimaabdruck auf ein Zehntel des Abdrucks eines konventionellen Rindfleisch-Burgers. Dem Geschmack von echtem Fleisch kommt er erstaunlich nahe. Tofu, Tempeh oder Seitan wären beleidigt, würde man sie als Ersatz bezeichnen. In vielen asiatischen Küchen werden sie verehrt und entsprechend in Topf und Pfanne sehr gut behandelt. Seitan wird aus Weizeneiweiß gemacht, Tofu und Tempeh aus Soja. Dass auch für Tofu Regenwald abgeholzt wird, ist übrigens ein Irrglaube: Auf den gerodeten Flächen wächst zwar Soja, aber das meiste wird zu Tierfutter.

Weltweit arbeiten Firmen außerdem daran, Fleisch im Labor wachsen zu lassen: Von der Stammzelle im Reagenzglas zum Schnitzel auf dem Teller ist es aber ein weiter Weg. Einem Nutztier, etwa einer Kuh, werden Stammzellen entnommen, die in einer Nährlösung angesiedelt und vermehrt werden. Aus einem Zellhaufen soll so Schicht für Schicht Fleisch in der Petrischale wachsen. Das ist energieaufwendig und vor allem: teuer. Die Preise lagen vor ein paar Jahren noch bei 2500 Euro pro Würstchen. Eine andere Alternative könnte der Burger aus Insekten sein: Über 2000 sehr protein- und nährstoffreiche Insektenarten, Mehlwürmer, Raupen, kann der Mensch …

Oh nein!

Na, na! Wer Garnelen und Nordseekrabben verspeist, könnte eigentlich auch Raupen essen. Aber gut. Es ist so: Der Fleischgeschmack lässt sich imitieren. Es mag manchen wie Gotteslästerung vorkommen, aber der menschliche Gaumen hat recht eingeschränkte Fähigkeiten und lässt sich überlisten. Wenn zum Beispiel Senf- und Raucharoma aufeinandertreffen, hat man im Prinzip schon fast eine Wurst. Aber ein Entrecôte, medium rare gebraten, mit etwas zerlassener Butter und ein paar Salzflocken darauf, dafür gibt es keinen Ersatz.

Ja, so wie Fisch, den kann man auch nicht ersetzen.

Fisch ist sehr gesund. Da sind einmal die Omega-3-Fettsäuren, die Zellen und Gewebe geschmeidig halten.

Dann enthält Fisch viele Vitamine und Spurenelemente. Die Belastung durch Quecksilber und auch Mikroplastik ist vor allem auf langlebige und eher große Wildfische wie den Schwertfisch beschränkt, und der Antibiotika-Gehalt von Zuchtfischen ist vielerorts rückläufig. Die allgemeine Empfehlung von Ernährungsfachleuten lautet, mindestens einmal pro Woche Fisch zu essen und dabei oft auf Omega-3-intensive Angebote wie Lachs oder Hering oder auch wilde Garnelen zu setzen. Und was sagt das Klima dazu?

Fisch ist lange nicht so schlecht fürs Klima wie Fleisch. Unterschiedliche Experten rechnen so: Um ein Kilo Rindfleisch zu erzeugen, braucht es bis zu viermal so viel Energie wie für ein Kilo Fisch. Zählt man Wasser- und Flächenverbrauch hinzu, kann der CO_2-Fußabdruck von Rindfleisch im Schnitt sechsmal größer sein als der von Meeresfischen.

Gibt es Fische, die besonders klimafreundlich sind?

Logischerweise der Fisch, der auch natürlich und in der Nähe vorkommt und nicht über die halbe Welt transportiert werden muss. Zum Beispiel Karpfen (muss man mögen), Wels, Nordsee-

Hering und – Überraschung – die Auster. Für Austern braucht man kein Rezept, man isst sie pur, roh, um nicht zu sagen: lebendig. Vielleicht macht man sich eine Schalottenvinaigrette dazu. Hering schmeckt immer noch als Matjessalat am besten, und zwar so:

Matjessalat

Zutaten für 4 Personen

200 g Matjesfilet, 1 Apfel, 1 Zwiebel, 1 TL Olivenöl (kalt gepresst), 3 Stängel Schnittlauch, 150 g Gewürzgurke

Für das Dressing: 3 EL Naturjoghurt, 2 TL Schmand, Salz, Pfeffer, 1 EL Zitronensaft

Den Matjes in mundgerechte Stücke schneiden. Apfel waschen, vierteln, das Kerngehäuse herausschneiden. Apfel in Streifen schneiden. Zwiebel schälen und in feine Streifen schneiden. Gewürzgurken der Länge nach vierteln. Schnittlauch waschen und fein hacken. Olivenöl, Schnittlauch, Matjes, Apfel, Zwiebel und Gewürzgurke miteinander vermischen. Für das Dressing Joghurt mit Schmand verrühren und mit Salz, Pfeffer und Zitronensaft abschmecken.

Ich dachte, viele Fischbestände sterben aus …

Richtig, die Überfischung ist eine Umweltgefahr und hat einen unerfreulichen zusätzlichen Klimaeffekt: Weniger Fisch heißt weniger Fischkot, der seinerseits aber CO_2 bindet und es in Meerestiefen transportiert, wo das Klimagas besonders wirksam und lange gespeichert wird. Es wäre also, vorsichtig gesagt, besser, ein paar Fische im Meer zu lassen.

Heißt das, die Nachhaltigkeitssiegel, wie sie etwa auf tiefgekühltem Fisch prangen, kann ich ignorieren, Hauptsache, ich esse wenig Meeresfisch?

Nicht ganz. Es gibt schon große Unterschiede bei den Beständen. Auch in dieser Kategorie ist der Nordsee-Hering noch ziemlich ungefährdet, anders zum Beispiel als der Tiefsee-Rotbarsch oder der Schwertfisch. Bei Thunfisch ist die Lage gemischt. Bei ihm zählt man acht Arten, deren Bestand unterschiedlich bedroht ist.

Aber immer wenn die Lage unklar ist, dann gilt das berühmte Motto eines Ernährungsforschers, der gefragt wurde: Was ist der beste Ersatz, wenn man weniger Zucker essen will, Dattelsüße, Stevia, Xylith ...? Seine Antwort: Der beste Ersatz für Zucker ist wenig Zucker.

Gibt es einen Unterschied zwischen Wildfang und Zucht?

Beim Wildfang ist die Überfischung das große Thema, siehe oben. Greift man deshalb auf Zuchtfische zurück, ist die Landzucht oft eine gute Alternative zur Wasserzucht in Meereskäfigen. Die Landzüchter haben große Aquarien und deshalb mehr Kontrolle über die Qualität des Wassers und seine Inhaltsstoffe. Giftige Stoffe finden auch nicht automatisch den Weg ins Meer. Vielerorts wird an neuen Zuchtkonzepten an Land gearbeitet, ohne Antibiotika und andere gefährliche Stoffe und mit mehr Platz für das einzelne Tier. Diese Konzepte haben allerdings ihren Preis. Um beispielsweise die norwegische Lachszucht aus dem Meer an Land umzuziehen, könnten einmalig über 10 Milliarden Euro fällig werden. Da landet man doch schnell wieder beim Gemüse.

Aha, Gemüse ist wieder mal die Lösung. Richtig.

Aber wie soll man von Gemüse satt werden?

Ein Problem ist, dass in Deutschland, dem Land der Riesenteller, seltsamerweise mit Gemüse gegeizt wird. Ein Viertel Gurke als Salat zum tischgroßen Schnitzel. Dabei braucht der Gemüse-Esser haufenweise Nahrung. Er nähert sich im Essverhalten dem Pandabären an, der am Tag zu kaum etwas anderem kommt als zum Essen. Also ist Teil der Lösung: viel essen. Klingt gut, was?

Gemüserezept Tomaten-Kokos-Cassoulet

Zutaten für 6 Personen

1 Stange Lauch, 1 Knoblauchzehe, ½ Chilischote, 1 Stück Ingwer (ca. 1 cm lang), Olivenöl, Salz, schwarzer Pfeffer, eine Dose geschälte Tomaten, 4 EL Kokosmilch, eine Dose weiße Bohnen (gegart), 500 g frische Tomaten, 5 Zweige Basilikum, 4 Scheiben Brot

Lauch waschen und in feine Ringe schneiden, Knoblauchzehe schälen, fein hacken. Chilischote fein hacken, Ingwer schälen und fein hacken. Alles zusammen mit Olivenöl in einem ofenfesten Topf 10 Minuten andünsten. Salzen und pfeffern. Anschließend Dosentomaten, Kokosmilch und Bohnen hinzufügen. Einige Minuten lang köcheln lassen und eventuell nachsalzen. Dann die frischen Tomaten halbieren und über dem gedünsteten Gemüse verteilen. Basilikum grob hacken und darüber streuen. Das Brot in Stücke zupfen und zwischen die Tomaten drücken, bis die Gemüsemischung vollständig mit Tomaten und Brot bedeckt ist. Noch einmal etwas Olivenöl darübergeben und den Topf für 30 Minuten bei 180 Grad Umluft in den Ofen stellen, bis das Brot schön kross gebacken ist.

Ist es egal, welches Gemüse ich esse?

Die CO_2-Bilanzen der einzelnen Obst- und Gemüsesorten unterscheiden sich in der Regel nur minimal voneinander. Größere Unterschiede gibt es bezüglich des Anbaus, der Verpackung, der Lagerung und des Transports durch denjenigen, der einkauft. Es macht einen Unterschied, ob ich mit dem Auto oder Fahrrad einkaufe. Wobei das natürlich für alle Produkte gilt. Es sei hier nur erwähnt, weil manche Menschen sich die CO_2-Bilanz ihres Brokkoli kaputt machen, weil sie gern zehn Kilometer mit dem Auto fahren, um ihn aus Gründen der Romantik im Hofladen zu erwerben.

Was ist wichtiger: regional oder saisonal?

Die Kombination von beidem ist wichtig. Heimisch sollte das Gemüse sein, aber nur wenn es gerade in der Heimat wächst. Eine regionale Tomate im Februar kommt wahrscheinlich aus einem fossil beheizten Gewächshaus. Wenn in Chile gerade Spargelsaison ist, bringt uns das hier wenig, denn lange Transportwege sind immer schlecht. Es ist unter Händlern aus der Mode gekommen, Mangos als »Flugware« anzupreisen, was aber nicht heißt, dass nicht immer noch tonnenweise Obst um die Welt geflogen wird. Eine Ananas verursacht im Schnitt mehr Emissionen als Rindfleisch. Es sei denn, sie kommt mit dem Schiff, das verbessert ihre CO_2-Bilanz. Jetzt müsste man nur noch einen Supermarktmitarbeiter finden, der Zeit, Nerven und entsprechende Kenntnis hat, den Kunden diesbezügliche Fragen zu beantworten.

Warum importieren wir überhaupt so viel Obst und Gemüse?

Weil wir nicht anders können. Nur ein Viertel der Landwirtschaftsfläche wird in Deutschland für pflanzliche Nahrungsmittel genutzt. Auf einem Großteil der Äcker wächst in Deutschland Futtermittel für Tiere, etwa Weizen, Gerste, Mais oder Raps – was nicht heißt, dass wir nicht trotzdem extreme Mengen Futtermittel importieren müssen, um all die Tiere zu füttern, die hier gehalten werden. Weniger Fleisch würde bedeuten, dass man mehr heimisches Obst und Gemüse anbauen könnte, was wiederum die CO_2-Bilanz von Obst und Gemüse verringerte.

Wie sieht es mit Pilzen aus?

Champignons brauchen mehr Pflege und Düngemittel, doch sie schneiden nur minimal schlechter ab als die meisten Gemüsesorten.

Ist es egal, ob ich das Gemüse tiefgekühlt kaufe?

Der Unterschied zwischen frischer und tiefgekühlter Ware ist bei der CO_2-Bilanz erstaunlich gering. Gefrorene Erdbeeren verursachen ein bisschen mehr Emissionen als frische Erdbeeren im Sommer, aber viel weniger als frische Erdbeeren im Winter.

Wie wirkt es sich auf die CO_2-Bilanz aus, ob Gemüse bio ist oder nicht?

Wie Biofleisch hat auch Biogemüse oft eine schlechtere Klimabilanz als das konventionell Erzeugte. Die Ernte in der Biolandwirtschaft fällt 20 bis 30 Prozent geringer aus, denn Biobauern setzen keine Pestizide oder Stickstoffdünger ein. Der Bioansatz erhält allerdings nicht nur die Fähigkeit des Bodens als CO_2-Speicher, sondern ist auch gut für die Artenvielfalt, gerade im Reich der Insekten. Und weil das Artensterben von der Wissenschaft als mindestens ebenso dramatisch eingeschätzt wird wie der Klimawandel, sieht sie Biolebensmittel insgesamt ökologisch im Vorteil.

Ich mach mir alle diese Gedanken – regional, saisonal, bio und so weiter –, und dann steh ich im Supermarkt beim Gemüse und sehe, dass wirklich fast alles in Plastik verpackt ist. Das macht doch jede Anstrengung zunichte.

Plastik ist zwar leicht und spart damit Emissionen beim Transport, wird aber mit hohem Energieaufwand aus Erdöl hergestellt und in Deutschland nur zu rund der Hälfte recycelt.

Soll ich also am besten nichts kaufen, das in Plastik verpackt ist?

Für Gemüse gilt das sicher. Doch wenn man darauf achtet, ist auch im Supermarkt Gemüse oft nicht verpackt, auf dem Wochenmarkt sowieso nicht. Was die anderen Lebensmittel betrifft, ist es recht kompliziert, die richtige Wahl zu treffen. Wie Plastik ist auch Aluminium sehr leicht und daher viel besser im Recycling.

Dafür ist sowohl die Gewinnung als auch das Recycling von Aluminium sehr energieintensiv, und für den Abbau des Grundstoffs Bauxit werden Regenwälder abgeholzt. Dosenbier ist also für das Klima eine schlechte Idee. Besser sind Glasflaschen, auf denen »Mehrweg« steht. Sie können nach der Rückgabe bis zu 50-mal neu befüllt werden. Glas wiegt wiederum aber so viel, dass es auch nicht immer ideal ist – zum Beispiel wenn Flaschen oder Gläser weit transportiert werden müssen. Papier ist leicht, besteht aus nachwachsenden Rohstoffen und wird viel recycelt, verbraucht aber viel Energie in der Herstellung. Verpackungen aus Kreide und PET sparen Plastik und Gewicht, es gibt dafür aber noch kein Recyclingsystem. Bioplastik aus Mais oder Zuckerrohr klingt grün, ist es laut Umweltschützern aber nicht – wegen der Klimafolgen der intensiven Landwirtschaft, der langen Wege und des Durcheinanders bei der richtigen Entsorgung. Die ideale Verpackung ist wohl nur die Verpackungsfreiheit. Ein bisschen Hoffnung macht, dass Forschungseinrichtungen und Start-ups viel Aufwand in die Suche nach Alternativen stecken und damit erste Erfolge feiern.

Weil gerade von Dosenbier die Rede war: Von einer Klimabilanz der Getränke hört man wenig. Die Unterschiede sind eben nicht so riesig. Am wenigsten Emissionen verbraucht, natürlich, das Leitungswasser. Aus Klimasicht spielt Kaffee zwar in der Liga der Fleisch- und Milchprodukte mit – die Emissionen einer Tasse Kaffee sind so hoch wie die einer Autofahrt über 500 Meter. Dieser Wert lässt sich aber reduzieren, wenn der Kaffee aus zertifiziertem nachhaltigem Anbau stammt, für den kein Regenwald abgeholzt wurde. Wie finde ich jetzt heraus, ob mein Kaffee zertifiziert ist? Es gibt einen Witz: Woran erkennt man einen Veganer? Antwort: Er sagt es einem. So ist es auch mit klimazertifiziertem Kaffee: Ein Label oder Ähnliches wird es den Kunden vermutlich gleich mitteilen. Wenn man den Kaffee jetzt noch in der French Press oder handgefiltert (junge Leute sagen pour over) trinkt, verbraucht man höchstens ein Drittel der Energie einer Mokkakanne oder einer Siebträgermaschine.

Und was ist mit Wein?

Der Weinanbau fällt klimamäßig nicht so sehr ins Gewicht – der Transport von Flaschen schon eher. Die in ihrer Welt legendäre Weinkritikerin Jancis Robinson ärgert sich so sehr über schwere, sie sagt: prätentiöse Weinflaschen, dass sie jetzt, wenn sie über einen Wein schreibt, auch das Gewicht der Flasche ihren Lesern mitteilt. Aber Wein, räumt sie ein, wird seit über vier Jahrhunderten in Glas transportiert. Wer Wein liebt, liebt das dunkle (schwere) Glas, hinter dem man nicht erkennen kann, wie sich die Flasche leert. Wie so oft ist es nicht die mangelnde Erkenntnis, sondern die Romantik, die Menschen davon abhält, Vernünftiges zu tun.

Wäre es möglich, alles, was bislang gesagt wurde, in wenigen Sätzen zusammenzufassen?

Die älteste und renommierteste Medizinzeitschrift der Welt, *The Lancet,* hat eine Kommission aus Wissenschaftlerinnen und Wissenschaftlern zusammengestellt, die eine »Planetary Health Diet« erarbeitet haben – einen Ratgeber zur guten, gesunden, klimafreundlichen Ernährung. Dabei werden sie sehr konkret, sodass alle, die sich zum Beispiel vorgenommen haben, künftig weniger Fleisch zu essen, sich selbst überprüfen können. So schlagen sie etwa vor:

250 g Vollmilch pro Tag (oder zum Beispiel eine Scheibe Gouda)

100 g Fleisch in der Woche (das ist ungefähr ein halbes Wiener Schnitzel)

200 g Geflügel pro Woche (etwa ein Hühnchenbrustfilet)

1 Mal Fisch pro Woche

2 kleine Eier pro Woche

Der Rest: Gemüse, Getreide, Obst, Hülsenfrüchte …

Der kochende Autor Michael Pollan hat einmal gesagt, er könne in sieben (englischen) Wörtern sagen, wie man sich gesund ernährt: »Eat food. Not too much. Mostly plants.« Das klingt ein bisschen nach Haiku. Er meinte, man möge richtiges Essen essen, also wenig Hochverarbeitetes oder Fertiggerichte. Man möge nicht zu viel essen und vor allem Pflanzen. So einfach.

STELLEN SIE SICH VOR: WIR ESSEN FLEISCH. OHNE DEM KLIMA ZU SCHADEN. GEHT DAS?

VON MARCUS ROHWETTER UND VERA SPROTHEN

Die grünen Weiden des Lindhofs reichen bis ans Wasser der Eckernförder Bucht. Kühe grasen, der Wind treibt kleine Wolken über den blauen Himmel, in der Ferne ziehen Segelboote vorbei. Wäre dies nicht das landwirtschaftliche Versuchsgut der Universität Kiel, man könnte sich in einem Werbeprospekt des schleswig-holsteinischen Tourismusverbands wähnen. Die milchkaffeebraunen Jersey-Kühe aber sind nicht Ferienkulisse, sondern wissenschaftliche Untersuchungsobjekte für ein großes Experiment. Das erkennt man bei näherem Hinsehen an einem weisen Metallgestell, an dem, in drei Meter Höhe über den Kühen, Messgeräte befestigt sind. Sensoren überwachen die chemische Zusammensetzung der Luft über der Weide. Friedhelm Taube, der wissenschaftliche Leiter des Lindhofs, will wissen, ob und wie die 90 Kühe auf der Weide klimafreundlicher werden können. Seine Messgeräte haben ihm, um das vorwegzunehmen, schon ein paar Ideen geliefert.

Jerseys gehören zu den ältesten Rinderrassen der Welt. Sie sind, weil robust und sanftmütig, bei Landwirten beliebt, haben aber das Problem aller Rinder: Sie brauchen nicht nur viel Futter, das im schlechtesten Fall irgendwo angebaut wird, wo zuvor Regenwald war, sondern sie produzieren auch enorme Mengen Methan, das zu den Hauptverursachern des Klimawandels zählt. Man kann lange darüber reden, dass nicht die Tiere selbst das Problem sind, sondern die Menschen, die so viele Tiere zu Milch- und Fleischlieferanten machen, die nun mit all dem Methan den Planeten bedrohen. Aber egal, wer schuld ist – das Problem ist in der Welt: Die Vereinten Nationen schätzen, dass Methan heute fast ein Fünftel aller auf menschliches Handeln zurückgehenden Treibhausgase ausmacht. Und die Unternehmensberatung McKinsey hat berechnet, dass die Weltrinderpopulation mehr Treibhausgase verursacht als jedes Land der Erde, abgesehen von China.

Bisherige Versuche, das Problem zu lösen, fußen auf dem Gedanken, das Rind zu ersetzen. Hafer- statt Kuhmilch zu trinken, Sojawurst statt Rindersalami zu essen. Das funktioniert auch immer besser, zumindest in den reichen Ländern, wo der Anteil der Vegetarier wächst. Und trotzdem bleiben die Vegetarier eine wohlmeinende Minderheit. In Deutschland essen noch immer neun von zehn Menschen Fleisch. Der gute Wille von einem Zehntel der Bevölkerung reicht aber nicht, um den Klimawandel zu bremsen.

Und wenn man Fleisch ohne Methanausstoß produzieren könnte? In Labors in Israel, den USA und anderen Ländern wird an Kunstfleisch geforscht, mit dem genau das gelingen könnte. Fleischstücke aus Rinderstammzellen werden gezüchtet, die dann im Brutschrank heranwachsen – ganz ohne lebendes Tier. Was vor nicht so langer Zeit noch als Science-Fiction galt, funktioniert inzwischen tatsächlich: Ende vergangenen Jahres lud das Start-up Aleph Farms aus Tel Aviv Benjamin Netanjahu zum Probeessen in eine Showküche. Dem damaligen israelischen Ministerpräsidenten wurde ein künstliches Steak serviert, als Beilage gab es grünen Spargel und Pilze. »Ich schmecke keinen Unterschied!«, verkündete er zufrieden. Im nächsten Jahr will Aleph Farms sein Kunstfleisch auf den Markt bringen. In anderen Ländern werden ähnliche Produkte entwickelt. In Singapur wurden Ende 2020 synthetische Chicken Nuggets für den Verzehr im Restaurant zugelassen.

Es scheint ein weltweites Wettrennen zu sein. Aber wird Laborfleisch wirklich die Lösung sein? Werden jene Verbraucher, die Tofu und andere pflanzliche Ersatzprodukte ablehnen, es essen wollen? Werden sie es teuer bezahlen wollen?

Zu Fleischersatz und Laborfleisch kommt nun ein dritter, fast unglaublich erscheinender Ansatz hinzu. Forscher und Unternehmerinnen auf der ganzen Welt versuchen, das tierische Original zu erneuern: das Rind selbst. So wollen sie Fleischkonsum und Klimaschutz miteinander versöhnen. Und sie machen dabei erstaunliche Fortschritte.

Die Revolution soll tief im Innern des Rinds stattfinden: im Pansen. In diesem Teil des komplexen Verdauungssystems von Wiederkäuern entsteht das Problemgas Methan, das früher oder später als Rülpser wieder in die Umgebung drängt. Zwar baut sich Methan in der Atmosphäre schneller ab als das Treibhausgas CO_2, allerdings richtet es dort auch mehr Schaden an: Auf zwanzig Jahre gerechnet, erwärmt es die Erde 86-mal stärker. Methan ist der unsichtbare Preis für Milch und Steak.

Dieser Preis lasse sich senken, glaubt der Agrarwissenschaftler Taube. Er analysiert nicht nur die Luft über der Weide an der Eckernförder Bucht. Monatelang hat er auch zwei Dutzend seiner Kühe auf dem Lindhof regelmäßig verkabeln lassen, um deren Atemluft zu analysieren. Blaue Schläuche leiteten die Rülpser vom Maul der Tiere bis in die Sammelbehälter auf ihrem Rücken. Taube hat herausgefunden, dass es einen enormen Unterschied macht, was die Kühe fressen. Handelt es sich um Weißklee, Weidelgras und andere typische Wiesenkräuter, ist der Methanausstoß gering. Vor allem aber geben die Kühe mehr Milch: Stehen sie draußen und fressen jene günstige Mischung, liegt der Ertrag zehn Prozent höher, als wenn sie andere Weidekost bekommen oder aber im Stall mit Soja oder Mais gefüttert werden, mit Kraftfutter also, das angebaut, verarbeitet und mit Lastwagen zu den Tieren gekarrt werden muss. Zehn Prozent mehr Milch – weil es auf das Verhältnis ankommt, verbessert sich die Klimabilanz der Kühe. Ob für Fleischrinder Ähnliches gilt, muss die Forschung noch aufklären.

Das Versuchsgut in Eckernförde verlässt man mit einem neuen Gedanken: Muss für den Klimaschutz vielleicht gar nicht der

Mensch seine Ernährung umstellen – sondern die Kuh? Es wäre eine überraschende Wende in einer Debatte, die eigentlich schon entschieden schien. Gerade die großen Rindernationen der Welt machen sich derzeit Hoffnungen.

Australien ist nach Brasilien der zweitgrößte Rindfleischexporteur der Welt und der viertgrößte Exporteur von Milchprodukten. Hier kaufen viele bekannte Konzerne ihre Rohstoffe ein: Schokoladenhersteller wie Nestle und Cadbury, die Hamburger-Kette McDonald's, der US-Einzelhändler Walmart. Der weltgrößte Fleischproduzent JBS mästet in Australien Freilandrinder bis zur Schlachtreife. All diese Konzerne standen bisher nicht im Ruf, sich übermäßig um die Umwelt zu kümmern. Doch nun macht der Kapitalmarkt Druck, und große Investoren, zum Beispiel Pensionsfonds, fordern mehr Klimaschutz. Die Unternehmen reagieren darauf, indem sie sich eigene Ziele setzen und von ihren Zulieferern verlangen, neue Wege im Umgang mit dem Rind zu finden. So kommt es, dass ausgerechnet Australien, das dem jüngsten Nachhaltigkeitsreport der Vereinten Nationen zufolge beim Klimaschutz zu den rückständigsten Nationen überhaupt zählt, zu einer Ideenbörse für eine grünere, emissionsarme Kuhwirtschaft geworden ist. Hier wird die Kuh-DNA nach den Genen der fruchtbarsten und zugleich abgasärmsten Tiere untersucht. Hier überwachen Satelliten, welches Vieh zu welcher Zeit mit welchem Gras die beste Klimabilanz erzielt. Besonders große Hoffnungen der Rinderfarmer aber ruhen auf der Rotalge.

Das rosafarbene und an Federn erinnernde Seegras mit dem wissenschaftlichen Namen Asparagopsis hat eine verblüffende Eigenschaft. Trocknet man es und mischt einen knappen Teelöffel davon unter ein Kilo Futter, stoßen Stallrinder gut 80 Prozent weniger Klimagase aus. Die Bestandteile der Rotalge blockierten die Entstehung von Methan im Pansen weitgehend, bestätigte kürzlich eine Studie mit 21 Tieren an der University of California in Davis: Sie habe »das Potenzial, die Rindfleischproduktion ökonomischer und umweltverträglicher zu machen«. Bislang wird sie nur versuchsweise eingesetzt, als kommerzielles Produkt ist sie noch nicht zugelassen. Und ähnlich wie die Wiesenkräutermischung, die schleswig-holsteinische Kühe mehr Milch geben lässt, hat auch die Rotalge einen für die Landwirte praktischen Nebeneffekt: Sie macht die Rinder dicker.

Doug McNicholl betreibt gemeinsam mit seinem Vater eine Rinderfarm in Queensland im Nordosten Australiens. Wegen des strengen Corona-Lockdowns kann man ihn dort nicht besuchen, aber McNicholl nimmt sich viel Zeit für ein Videogespräch mit der Reporterin in Sydney. Er trägt eine gefütterte blaue Allwetterweste und sitzt in seinem Arbeitszimmer. An der Wand hinter ihm erkennt man eine alte Luftaufnahme von einem Stück Farmland. »Eine echte Win-win-Situation« verspreche die Alge, sagt er. Sechs bis zwölf Prozent der Energie, die sich ein typisches Rind aus dem Futter zieht, verschwendet es ans Rülpsen und Pupsen. Ohne den Gärprozess steckt es diese Energie direkt in den Aufbau von Fleisch.

Doug McNicholl verkörpert einen neuen Typus Landwirt: den des Erneuerers, der für eine grüne Zukunft kämpft, in der auch Rindfleisch einen Platz hat. Seine Vision ist es, dass Viehzüchter im Einklang mit der Natur leben und schonend mit Boden, Luft und Tieren umgehen. Man sollte sich diesen australischen Farmer nicht als Träumer aus der Provinz vorstellen. Er hat Umweltwissenschaften studiert, in Großbritannien und den USA gearbeitet und bewegt sich mit der Nüchternheit eines Unternehmensberaters durch sein Fachgebiet. Im Viehzüchterverband Meat & Livestock Australia setzt er sich seit Langem für Innovationen und Nachhaltigkeit ein. Seinem Engagement dort ist es zuzuschreiben, dass sich die einflussreiche Lobbyorganisation verpflichtet hat, ihre Rinderhaltung bis 2030 klimaneutral zu machen. So weit gehen Viehhalter in keinem anderen Land der Welt.

Die Entdeckung des Effekts der Rotalge ist einem glücklichen

Zufall zu verdanken. Ein Milchbauer in Kanada, dessen Weideland ans Meer grenzt, hatte Anfang der Nullerjahre Erstaunliches beobachtet. Fraßen seine Kühe Algen, die mit den Wellen angespült worden waren, gaben sie mehr Milch und bekamen mehr Kälber. Er kontaktierte einen befreundeten Agrarwissenschaftler in Australien, der bald herausfand, dass die kanadische Algenart, die jene Kühe gefressen hatten, die Tiere nicht nur gesünder macht, sondern auch ihren Methanausstoß um fast 20 Prozent senkt. Der Wissenschaftler, der bis heute für das renommierte Forschungsinstitut CSIRO arbeitet, erkundete mit seinem Team weitere Algenarten. In den Gewässern Australiens fand er die Rotalge. Bei Labortests schaltete sie das Methan zu 99 Prozent aus. So irrsinnig wirkte das Ergebnis, dass die Forscher zunächst glaubten, ihre Messinstrumente seien kaputt. Doch auch bei späteren Versuchen im Stall war der Effekt überwältigend.

Seitdem ist nichts mehr, wie es war. Die Australier sehen die einmalige Chance, das wegen des Klimawandels arg ramponierte Image ihrer Rinderwirtschaft zu retten und außerdem das Hoffnung machende Futter weltweit zu verkaufen.

Gleich mehrere Start-ups aus verschiedenen Ländern, unter anderem den USA und Schweden, experimentieren inzwischen mit der Zucht von Rotalgen in Tanks und im offenen Ozean. Teils kommt das Geld für die Forschungen von der Kaffeehauskette Starbucks und dem Süßwarenhersteller Mars. Am weitesten ist das australische Unternehmen Sea Forest aus Tasmanien. In einem Großversuch hat es mehr als 900 Milchkühe eines neuseeländischen Konzerns mit der Rotalge versorgt. Gegründet wurde Sea Forest von Sam Elsom, der mit seinem beeindruckenden Vollbart ein bisschen nach Start-up-Hipster und zugleich nach Ökoaktivist aussieht. Und tatsächlich: Elsom war mal Modeunternehmer und hat erfolgreich Kleidung aus Biobaumwolle und recycelten Plastikflaschen gefertigt. Veranstalter von Klimakonferenzen laden ihn gern als Gastredner ein.

Die Rotalge sei sensibler als andere Algenarten, sagt er. Sie brauche bestimmte Bedingungen, um sich zu vermehren, und die ließen sich in großen Wassertanks an Land nur mit Mühe nachahmen. Leichter sei es in kühleren Gewässern wie vor der tasmanischen Küste. Dort lässt Sea Forest die Rotalgen an langen Seilen wachsen, die senkrecht im Wasser hängen. Bis März nächsten Jahres will das Unternehmen genug Algen anbauen und zu Pulver verarbeiten, damit sie 100 000 Rindern unters Futter gemischt werden können.

Die Rotalgen-Zucht sei trotzdem »unglaublich komplex und nichts für Verzagte«, sagt Elsom. Ungewiss ist auch noch, welche Nebenwirkungen die Rotalge möglicherweise hat. So kommt in der Alge Bromoform vor – ein Stoff, der zwar den Methanausstoß senkt, aber gesundheitsschädliche Rückstände in Milch oder Rindfleisch hinterlassen könnte, wie Forscher der amerikanischen Penn State University anmerken. Die US-Umweltbehörde EPA stuft Bromoform als möglicherweise krebserregend ein. Bei der Fütterung von winzigen Mengen von Bromoform entdeckten Wissenschaftler bisher zwar kein erhöhtes Krebsrisiko für Mensch oder Tier. Doch weitere Feldstudien stehen noch aus. Auch könnte die Rotalge noch andere unerwünschte Wirkungen haben. Bei Versuchen, in denen große Mengen verfüttert wurden, bekamen einige Rinder eine Magenentzündung. So viel Rotalgen wie in diesen Versuchen würde eine Kuh normalerweise gar nicht fressen, beruhigen die Verteidiger der Rotalge. Doch genau das – die Dosierung – ist ein praktisches Problem.

Gut 96 Prozent der insgesamt 23 Millionen australischen Rinder grasen wild. In Herden von bis zu 50 000 Tieren ziehen sie im Norden des Kontinents über staubige Tropensavannen. Eine einzelne Farm kann dort durchaus so groß sein wie ganz Schleswig-Holstein. Manche Herdenbesitzer verfolgen die Bewegungen der Rinder per Satellitenkamera und treiben sie bei Bedarf mit Helikoptern zusammen.

Wie will man dafür sorgen, dass das einzelne Rind die richtige Menge Rotalge frisst?

Manche Firmengründer sehen schon Schwärme von Drohnen aufsteigen, die mit der Rotalge vermengtes Futter transportieren und dort abwerfen, wo die Rinder gerade grasen. Aber selbst dann: Wer kontrolliert, dass die Tiere auch wirklich die exakte Dosis Algenpulver aufnehmen, die als sicher gilt?

Selbst der optimistische Farmer Doug McNicholl gibt zu, dass da noch eine echte Herausforderung auf seinen Berufsstand warte. Schließlich sei die offene Art der Viehzucht prägend für Australien. Wer australisches Rindfleisch kaufe, der wolle auch die Garantie haben, dass die Rinder unter freiem Himmel leben und umherziehen konnten. Für das Tierwohl sei das essenziell.

Für die Alge heißt das, dass sie zunächst einmal dort verfüttert werden durfte, wo sich Mensch und Tier ohnehin nahekommen: in sogenannten Feedlots. Das sind Ställe, in die die Rinder ein paar Wochen vor der Schlachtung getrieben werden. Dort werden sie gemästet. Füttert man die Rotalge nur in den Feedlots, wird allerdings auch der methansenkende Effekt auf eine kurze Zeitspanne im Leben des Rinds begrenzt.

Dass die Rinder sich auf endlos großen Flächen verlaufen, müsste man im dicht besiedelten Deutschland nicht befürchten. Hier sind die Herden viel kleiner, im Durchschnitt gerade mal 68 Tiere pro Hof. Und praktischerweise wachsen hier im Norden – anders als in den Savannen Australiens – dank des vielen Regens auch Pflanzen, mit denen sich die Klimabilanz der Tiere verbessern lässt. So stark wie die Rotalge wirken die vielen Wiesenkräuter und der Weißklee auf der Weide zwar nicht. Sie sind aber noch zu etwas anderem gut.

Die Kuh allein werde wohl nie klimaneutral werden, sagt Professor Taube vom Lindhof. Aber wenn man sie in hiesigen Breiten raus auf die Weide lasse, statt sie massenweise in Ställen zu halten und ihr Futter am anderen Ende der Welt auf gerodeten Urwaldflächen anzubauen, könne man schon etwas bewirken.

Denn Grünland ist auch ein sehr effektiver CO_2-Speicher. Wird es zu wenig beweidet, überwuchern die Wiesen. Zu viel Beweidung, und der Boden geht kaputt. Genau richtig, und die Kühe regen durch ihre Bisse das alte Gras zu neuem Wachstum an, treten beim Umhergehen die Pflanzensamen in die Erde und düngen sie mit ihren Fladen. Dann entsteht auch mehr Humus, auf dem sich in ein paar Jahren wieder besser Getreide anbauen lässt. Tiere, Wiesen, Ackerpflanzen – alles ist aufeinander angewiesen. Lässt der Mensch die Kräfte der Natur zusammenwirken, entsteht ein Kreislauf, von dem alle profitieren.

So hat Landwirtschaft früher mal funktioniert, in einer Zeit, bevor die Massentierhaltung und die globale, arbeitsteilige Futtermittelproduktion erfunden wurden. Vielleicht liegt die Zukunft der Fleischproduktion in ihrer Vergangenheit. In Deutschland könnte die Rückbesinnung auf traditionelle Formen der Landwirtschaft dazu beitragen, dem Planeten weniger zu schaden als bisher. Die richtige Anzahl von Kühen auf Weiden mit den richtigen Futterpflanzen – was simpel klingt, würde trotzdem viel Veränderung bedeuten. Denn für dieses Modell sind selbst die Herden in Deutschland noch deutlich zu groß. Die riesige Zahl der Nutztiere müsse erheblich sinken, sagt Friedhelm Taube, der Wissenschaftler vom Lindhof: »Die verbleibenden Kühe können wir dann sehr gut rechtfertigen.«

VEGAN FÜR ALLE

Ernährung ohne Tierprodukte, die auch noch gesund ist,
kostet heute viel Mühe und Geld. Das ließe sich ändern

VON ANNA MAYR

Nicht alles Ursprüngliche tut dem Menschen gut. Zum Beispiel enthält das Gestein, auf dem wir in Mitteleuropa leben, nicht besonders viel Jod. Doch Menschen brauchen dieses Spurenelement, damit die Schilddrüse funktioniert, die wiederum den Stoffwechsel und das Wachstum unserer Körper steuert. Im Idealfall wäre es so, dass Jod über den Boden in uns hineingelangt. Über Pflanzen, die auf dem jodhaltigen Gestein wachsen, oder übers Grundwasser. Funktioniert aber logischerweise nicht, wenn kein Jod im Gestein ist und man auch nicht andauernd Algen oder frischen Fisch essen kann. Deshalb ist Speisesalz bei uns mit Jod angereichert. Zwar nicht verpflichtend, aber als freiwilliger, gemeinsamer Entschluss der Lebensmittelhersteller. Für die Volksgesundheit.

So weit, so einfach. Etwas fehlte den Leuten, also entschied man, in Deutschland in den 1980er-Jahren, in der Schweiz schon in den 1920ern, es dem Salz zuzusetzen, das sie essen. Denn essen muss ja jeder, während Jodtabletten zu nehmen umständlich ist, man vergisst es leicht.

Eine gute Jodquelle ist Kuhmilch. Weil die Kühe jodhaltige Nahrungsergänzungsmittel bekommen. Außerdem ist in manchen Desinfektionsmitteln, die die Bauern für die Euter benutzen, Jod drin. Auch die landen in der Milch. Es gibt 1,5 Milliarden Kühe auf der Welt. Und mehrere Studien von Forschern der Uni Oxford haben gezeigt, dass das 1,5-Grad-Ziel nicht erreichbar ist, wenn sich nicht auch der Fleischkonsum weltweit reduziert.

Es hängt also alles mit allem zusammen. Und deshalb lässt sich aus dem früheren Jodmangel der Deutschen auch etwas lernen für eine Frage, über die heute sehr emotional gestritten wird: Ist es möglich, dass wir alle ohne Milchkühe, Mastschweine und Legehennen leben, ohne dass uns etwas fehlt? Klingt zusammenhangslos, aber warten Sie einfach mal ab.

In den sozialen Medien verbreitet sich auch dieses Jahr wieder der Hashtag #veganuary. Vegane Influencer wollen damit eine möglichst große Masse von Menschen dazu motivieren, einen Monat lang vegan zu essen. Der Influencer Niko Rittenau stellte sich auf dem Alexanderplatz hinter ein Schild mit der Aufschrift »Wir sollten alle vegan leben – *Change my mind*«, also: Diskutier mit mir. Und mit jedem weiteren veganen Burger-Laden, der eröffnet, bauen sich die Vorurteile ab, Pflanzenessen sei vor allem Askese. Aber ist das eine Lösung für die Masse? Ist es möglich, in einer Welt zu leben, in der wir keine Tiere mehr töten, um uns zu ernähren? Und vor allem: Kann sich das dann jeder leisten?

Die Produkte aus dem Kühlregal, die Fleisch und Milch ähneln, sind meistens teurer als die Originale. Trotzdem werden sie immer häufiger gekauft. Im Jahr 2020 verkaufte das Unternehmen Rügenwalder Mühle erstmals mehr Fleischersatz als Fleisch. Vegane Salami, vegane Schnitzel, veganen Schinkenspicker, vegane Hühnchennuggets.

Aber, da darf man sich nichts vormachen: Vegane Ernährung ist eine Mangelernährung. So ist das lebenswichtige Vitamin B_{12} zwar in einigen Algen und in fermentierten Produkten enthalten, Sauerkraut zum Beispiel, aber nicht so reichhaltig wie in Milchprodukten. Das nicht weniger wichtige Kalzium steckt zwar auch in Brokkoli, jedoch nicht in so großen Mengen wie in Kuhmilch. Und in Leinsamen ist zwar pro hundert Gramm die zehnfache Menge Omega-3-Fettsäuren enthalten wie in Fisch – aber erstens eine andere Omega-3-Art, die der Körper erst in die relevante Form umwandeln muss, und zweitens: Wer isst schon hundert Gramm Leinsamen?

Genau wie die Ernährung auf mitteleuropäischem Boden immer eine Jodmangel-Ernährung sein wird, wenn man Jod nicht dem Essen zusetzt, ist eine tierfreie Ernährung mindestens eine Vitamin-B_{12}-Mangelernährung und liefert zudem oft auch zu wenig Folsäure, Selen und Zink. Außer man isst gezielt jede Menge Lebensmittel, die diese Stoffe enthalten. Fleisch ist also nicht per se gesünder, gibt aber eine grundlegende Überlebensgarantie in einer Gesellschaft, die sich um Essen nicht groß schert. Wer jeden Tag nur Schnitzel und Pommes isst, bekommt deutlich mehr Nährstoffe als jemand, der nur Pommes isst. Wer jeden Tag nichts als Gemüse-Reis-Pfanne isst, dem fehlt es an mehr Nährstoffen als jemandem, der jeden Tag nichts als Cordon bleu isst. Auch wenn die Fleischesser ein größeres Risiko für Übergewicht und damit einhergehende Krankheiten haben.

Vitamine sind Mimosen – im Kühlschrank zerfallen sie mit der Zeit

Aus alldem ergibt sich die Frage: Warum setzt man veganen Produkten nicht einfach die Nährstoffe zu, die ihre tierischen Produktvorbilder haben? Wie eben das Jod dem Salz. Warum enthält Sojajoghurt nicht genauso viel B_{12} wie Kuhmilchjoghurt, warum vegane Salami nicht die gleichen Nährstoffe wie Geflügelsalami, warum ist in Tofu kein Omega-3? Wäre eine vegane Welt theoretisch möglich, und zwar bei voller Gesundheit?

E-Mail an den größten, prominentesten Hersteller veganer Produkte im Land, die Rügenwalder Mühle. Ein Produktentwickler meldet sich zurück, Patrick Bühr. Man beschäftige sich grundsätzlich mit dem Thema, aber die Kernklientel seien eben nicht Veganer, sondern Flexitarier, die »bereits ausreichend mit allen nötigen Nährstoffen versorgt« seien. Stattdessen fokussieren sich Bühr und seine Kollegen darauf, einen hohen Proteingehalt zu erreichen – die Leute sollen satt werden, auch wenn die Salami vor allem aus Weizen besteht. Die größte Hürde, so Bühr, seien allerdings die Vitamine selbst. Am Ende des Haltbarkeitsdatums wäre nur noch ein Bruchteil dessen drin, was am Anfang hinzugefügt wurde, »wir müssten die Vitamine daher stark überdosieren«.

Vitamine sind Mimosen. Sie zerfallen im Kühlschrank mit der Zeit, und sie zersetzen sich bei Hitze ziemlich prompt. Eine Aubergine hat schon zwei Wochen nach der Ernte weniger Vitamine als am Strauch, eingekochtes Gemüse im Glas hat nahezu keine mehr – und die Vitamine, die man veganen Produkten zufügt, gehen beim Kochen leicht kaputt. Eine Hafermilch, die für einen Cappuccino bei 80 Grad aufgeschäumt wird, kann noch so viel Vitamin B_{12} enthalten – es stirbt wahrscheinlich im Aufschäumer. Eine Studie von Forschern aus Helsinki ergab wiederum, dass in Brotteig zugesetztes Vitamin B_{12} beim Backen nur zu etwa einem Drittel zerstört wurde. Die Vitamine, die im Fleisch von Tieren oder in Kuhmilch stecken, sind etwas robuster, obwohl auch in Rohmilchkäse natürlich mehr B_{12} steckt als in H-Milch. Wobei es nicht stimmt, dass das Fleisch von Tieren oder Kuhmilch deshalb immer »gesünder« wäre. Salami zum Beispiel, das schreibt auch der Produktentwickler der Rügenwalder Mühle, enthält extrem viel Salz und Fett, beides ungesund. Viele vegane Produkte haben mehr Proteine als ihre Vorbilder. Und was Omega-3-Fettsäuren angeht: Zuchtfische in Fischfarmen, die keine Omega-3-haltigen Algen fressen, enthalten auch selbst kein Omega-3. Genau wie Hühner, die nur Getreide zu fressen bekommen, keine Omega-3-haltigen Eier legen. Denn wo sollte es herkommen?

Womit wir bei Friedrich Büse wären. Ein großer Mann, früher mal Gewichtheber, heute Entrepreneur. 2015 gründete er Amidori, den Namen mussten sie ändern, weil schon eine andere Firma so hieß, nun heißt die Firma Endori und ist ein großer Hersteller von Fleischersatzprodukten. Büse hat den größten Teil seines Lebens als Berater für die Fleischindustrie gearbeitet. Er ist ein Netzwerker, einer, der hundert Dinge Firefox gleichzeitig jonglieren kann und vor allem: Leute überzeugen. Nur war er irgendwann selbst nicht mehr überzeugt von der Fleischindustrie, für die er tätig war. Umgekehrt konnte er diese Industrie nicht überzeugen, sich zu verändern. Fleischersatzprodukte? Hippiescheiß, damals noch, Anfang der Nullerjahre, schmeckte zudem alles furchtbar.

Also überzeugte Büse Forschungseinrichtungen, Verfahren zu entwickeln, mit denen sich Proteine aus verschiedenen Getreide- und Hülsenfruchtarten extrahieren lassen. Denn nichts anderes tut ja der Magen von Kühen und Schweinen: aus Pflanzen eine proteinreiche Masse herstellen. Büse versuchte Bauern zu überreden, auf ihren Äckern statt Tierfutter lieber Erbsen anzubauen, die er für veganes Fleisch verwenden könnte. Am Anfang lachten die Bauern ihn aus, weil sie nicht daran glaubten, dass jemand Erbsenprotein essen wollen würde. Bis sie merkten, dass sie mehr Geld mit den Erbsen verdienen konnten als mit dem Tierfutter.

Heute steht im Bamberger Industriegebietsüden eine Produktionshalle, in der aus Erbsenprotein Gehacktes und Geschnetzeltes hergestellt werden. Büse empfängt oft Journalisten hier. Das Interesse ist groß. Heute ist ein Filmteam da, von Kabel 1, es dreht ein Spezial zu Pflanzen-Schnitzeln. Die Moderatorin schiebt grinsend Kübel mit Erbsenprotein durch die Halle und zeigt interessiert auf die Panade, die über die Schnitzel fließt. Am Ende steht sie neben Büse in der Testküche, sechsmal müssen sie aus unterschiedlichen Perspektiven die gleiche Szene drehen: »Mmmmh, lecker«, sagt die Moderatorin, »schmeckt gut, aber nicht wie Fleisch, sondern fleischähnlich« – woraufhin Friedrich Büse sagen muss: »Ja, wir wollen Fleisch nicht kopieren, aber es soll lecker sein!« Immer wieder.

Das neueste Produkt, das sie hier in der Testküche entwickelt haben, sind Fischstäbchen. Beziehungsweise: »Sticks di Mare«. Der Tonmann des Kamerateams, der jetzt endlich eine kurze Pause machen darf, beißt in einen hinein. »Lecker«, sagt er und lacht dann: »Bestimmt sehr gesund, viel Omega-3.« Ironisch gemeint, natürlich. »Doch, wirklich«, sagt einer der Produktentwickler und zeigt auf die Packung: Omega-3-Quelle. Wie bekommen Sie das da rein? »Leinöl«, antwortet er, also Öl aus Leinsamen, »unter der Panade«. Darf man nur nicht zu lange braten, hitzeempfindlich. Es stellt sich ganz leise die Frage, warum man ein Tier aus dem Wasser holen sollte, es aufschlitzen, um die Welt fliegen, in Förmchen pressen, wenn es den gleichen Geschmack aus Erbsen gibt, mit einer anderen Omega-3-Quelle.

Mit dem Vitamin B_{12} ist es komplizierter, dafür gibt es keine guten natürlichen Quellen. Büse will nichts Synthetisches in seinen Produkten haben, das verschreckt aufmerksame Käufer. Ideal wäre es also, das B_{12} aus fermentierten Rohstoffen zu gewinnen. Da man aber nicht weiß, wie gut der Mensch dieses B_{12} aufnehmen kann, haben sie nun an der Berliner Charité ein Forschungsprojekt dazu angestoßen.

Büse zieht sich einen Kaffee aus der Maschine, die den Cappuccino mit stinknormalem Kuhmilchpulver zubereitet. Er ist kein Veganer, schafft er nicht ganz. In seinem Büro stehen Mineralwasserflaschen mit dem Aufdruck »reich an Kieselsäure« – also an Silizium, ein Spurenelement, das gut für Haare und Nägel ist. Auf einem Schränkchen lagern einsam Verpackungen, die Prototypen sind, erklärt Büse, denn sie bestehen nicht aus Papier, sondern aus Erbsenfasern. Dem Teil der Erbse, den man für die Schnitzel nicht braucht. Will man ja alles verwenden.

Während wir uns unterhalten, wird in der Testküche am nächsten Produkt gearbeitet: Eine Bäckereikette will ein Laugengebäck mit veganer Füllung verkaufen. Seit kurzer Zeit haben sie auch Käseersatzprodukte im Portfolio, weil Endori nun zum Lebensmittelkonzern Pfeifer & Langen gehört, der wiederum Anteile an dem Start-up V-Bites gekauft hat, das vegane Molkereiprodukte herstellt. Geleitet wird es von Heather Mills, einer Britin, die schon seit den Neunzigerjahren versucht, die Welt vom Veganismus zu überzeugen. Mills liefert der Pizzakette Domino's veganen Käse, Büse unterstützt mit seiner Erbsen-Technologie mehrere große Marken dabei, vegane Alternativen herzustellen. Viel los hier, insgesamt.

Fragt man Friedrich Büse, wann es denn so weit sein wird, dass Erbsenfleisch die gleichen Nährwertmengen hat wie Kuhfleisch, sagt er: »Zwei Jahre.« Dann wissen sie auch, welche Nährstoffe der Körper aufnehmen kann, wenn sie zugeführt werden. Bei den Algen, mit denen sie ebenfalls arbeiten, weil sie Omega-3 und B_{12} enthalten, gibt es jetzt allerdings ein kleines Versorgungsproblem: Einige Fischfarmbesitzer haben festgestellt, dass ihre Fische kein Omega-3 enthalten, weil sie ja keine Algen zu fressen bekommen – jetzt wollen sie doch wieder mit Algen füttern, wofür sie große Mengen benötigen.

Hersteller wie Alpro und Oatly setzen fast allen ihren Produkten Vitamine zu

Ernährung, denkt man, ist eigentlich das Einfachste auf der Welt. Man ist hungrig, Sachen wachsen, man isst sie. Es hilft der allgemeinen Demut, einmal durch eine Erbsenschnitzel-Produktionsstätte zu gehen. Die Leiterin, eine junge Frau, führt durch eine Hygieneschleuse: Hand-Desinfektion, Plastikanzüge, Masken. Das Erbsenprotein fährt, in Rechtecke gepresst, über ein Fließband zu einer Frau, die es, Rechteck für Rechteck, in einen Fleischwolf wirft. Unten rieselt Hack aus der Maschine. Es riecht würzig. In der Halle nebenan schieben zwei Männer panierte Schnitzel so eng nebeneinander, dass sie gerade nicht überlappen, bevor sie schockgefrostet werden.

Im nächsten Raum, wo die Produkte verpackt werden, ist es kalt wie in einem Kühlschrank. Drei Leute in dicken Jacken fegen den Boden. Schichtende. So viele Arbeitsschritte, so viel Wertschöpfung, für ein Produkt, das man in fünf, sechs Minuten verzehrt. 2,99 Euro kosten zwei Erbsenschnitzel im Supermarkt, ungefähr so viel wie ein durchschnittliches Schweineschnitzel. Und jetzt muss man sich mal vorstellen, es wäre auch noch ein Tier dafür geboren worden, gefüttert und gestorben.

Bei der Frage, ob wir auf Nutztiere verzichten können, geht es aber nicht nur um Fleisch. Sondern auch um die Milch. Die größten Hersteller von Pflanzenmilch, Alpro und Oatly, setzen inzwischen fast allen ihren Produkten Kalzium und B12 zu, die in der Kuhmilch vorkommen. Dabei, so eine Sprecherin von Alpro, werden die Vitamine höher dosiert, damit die auf der Packung angegebenen Vitamingehalte bis zum Ende des Haltbarkeitsdatums stimmen. Das sei in der Lebensmittelbranche so üblich. Weder Alpro noch Oatly werben offensiv mit den Vitaminzusätzen – den Verbrauchern gehe es schließlich in erster Linie um den Geschmack.

Bei Bio-Hafermilch oder Bio-Sojajoghurt ergibt sich noch ein ganz anderes Problem: Sie dürfen gar keine Extra-Vitamine enthalten. Dafür gibt es ein Gesetz: Bio-Produkte dürfen nur durch Zusätze ergänzt werden, wenn sie lebensnotwendig sind. In diese Kategorie fällt aktuell als einziges Produkt Bio-Babymilchpulver.

Ist eine vegane Welt für die Masse also überhaupt möglich? Eine Frage ist, was in den Produkten drin ist und was hinein müsste. Die andere: Wie kommt so ein Produkt überhaupt in alle Kühlschränke? Diese Frage entscheidet sich am Preis.

Niko Rittenau, der vegane Influencer, der sein Schild auf dem Alexanderplatz hochhielt, hat mehrere Bücher herausgebracht, *Vegan Low Budget* heißt eins davon, alle Rezepte kommen ohne teure Zutaten aus, auf einer Seite lernt man, seinen eigenen Seitan zu machen. Da schließt sich die Frage an, ob jemand, der zu wenig Geld hat, um sich Seitan im Supermarkt zu kaufen, dann die Zeit und Muße hat, ihn selbst zuzubereiten. Wer bereits zwei Jobs hat, weil es am Geld für die Familie fehlt, ist eben froh über eine Fertiglasagne, die ohne Kochen innerhalb von 40 Minuten auf dem Tisch steht und alle satt macht.

Gerade für arme Menschen ist Fleisch noch immer überlebenswichtig

Und auch an die Extra-Vitamine kommt er oder sie schwerer. Im aktuellen System sind Fleisch und Milch gerade für arme Menschen überlebenswichtig. Für Menschen, die keine Zeit haben, sich über den Omega-3-Gehalt von Leinöl Gedanken zu machen, und kein Geld haben, Leinöl zu kaufen. Menschen, die darauf angewiesen sind, dass ein Joghurt 40 Cent kostet statt 1,40 Euro, der Preis eines Alpro-Sojajoghurts. Denn viele der Bestandteile von tierischen Produkten machen zwar krank – der Konsum von rotem Fleisch oder Wurst zweimal pro Woche erhöht bereits das Risiko, eine Herzkrankheit zu bekommen. Egal ob es sich um »Billigfleisch« oder eine Edel-Salami handelt. Aber viele andere Bestandteile im Fleisch sind nicht ganz leicht zu ersetzen.

Wenn Landwirtschaftsminister Cem Özdemir von den Grünen nun also ehrliche Preise für Lebensmittel verlangt, damit Fleisch nicht mehr »verramscht« wird, ist das einerseits gut: Wenn die Leute weniger tierische Produkte essen, dann essen sie wahrscheinlich gesünder. Fleisch wegzulassen ist erst mal nicht so schwer. Fleisch und Milch durch andere, ungewohnte Nahrungsmittel zu ersetzen ist allerdings kompliziert, wenn der Markt noch nicht darauf ausgerichtet ist. Die Frage ist also, was die Leute stattdessen essen würden. Ob sich jeder Mensch Hülsenfrüchte leisten kann, Kichererbsen, Linsen, Nüsse oder eben Gemüse, Leinöl, Algen, Sojamilch mit Kalziumzusatz. Diese Produkte müssten billiger werden, oder die Löhne und Sozialleistungen müssten deutlich steigen.

Für den durchschnittlichen Verbraucher, denkt der Produktentwickler Friedrich Büse, entscheiden am Ende der Preis und der Geschmack. Wenn vegane Schnitzel billiger sind als Schweineschnitzel, werden sie auch gekauft. In der Verantwortung der Politik würde es also liegen, den neuen Markt zu regulieren. Bedingungen herzustellen, die dafür sorgen, dass alle Menschen alle notwendigen Nährstoffe bekommen, auch wenn sie nicht dreimal pro Woche Fleisch essen. Das wäre die offizielle Empfehlung der Deutschen Gesellschaft für Ernährung.

Ebendiese DGE hat eine nicht repräsentative Studie veröffentlicht: Die Forscher verglichen jeweils um die 150 Kinder und Jugendliche, die sich vegan, vegetarisch und omnivor ernährten. Ein heikles Thema, da vegane Kinderernährung immer noch als Gefährdung gilt. Auch das ist letztendlich ein Mythos – vorausgesetzt eben, die Eltern achten darauf, ihrem Kind alle nötigen Nährstoffe anzubieten, was wiederum schon erhöhte Aufmerksamkeit erfordert.

Das Ergebnis der Studie war dementsprechend eher überraschend. Die veganen Kinder und Jugendlichen waren besser mit B_{12} versorgt als die vegetarischen, weil über 80 Prozent angaben, dass sie es als Nahrungsergänzungsmittel nahmen. Insgesamt zeigten die veganen Kinder keine Entwicklungsrückstände, aßen sogar weniger Süßigkeiten und Fertigprodukte. Und alle Kinder hatten unabhängig von ihrer Ernährung die gleichen Mängel: Vitamin D, Vitamin B_2, Kalzium – und Jod. Vielleicht ist die vegane Welt doch leichter zu erreichen, als wir denken.

GIFT AUS DER DOSE

Unser Alltag ist voller Umwelthormone, die krank machen
können. Die WHO nennt sie eine globale Bedrohung.
Jetzt will die Ampel-Regierung die Verbraucher schützen

VON KATHARINA HECKENDORF

Die gefährlichsten Dinge kommen oftmals besonders harmlos daher. Tomatensauce zum Beispiel. Früher machte ich
mir kaum Gedanken, wenn ich sie mir abends in der Küche zu-
bereitete. Zwiebeln, Knoblauch und Möhren anbraten, eine
Dose stückige Tomaten in den Topf, vielleicht ein paar Kräuter
dazu. Mit offenem Deckel einkochen, fertig.

Laufe ich heute im Supermarkt an einer Tomatenkonserve vorbei, schrecke ich zurück und denke: Was habe ich meinem Körper
damit nur jahrzehntelang angetan? Inzwischen weiß ich, dass in
der kleinen Dose aus Metall eine unsichtbare Gefahr lauert. Esse
ich die Tomaten, steigt das Risiko, dass ich unfruchtbar werde.
Männer können durch das Löffeln der Sauce ihren Spermien schaden. Kindern drohen Herzprobleme, und auch Fettzellen könnten
besser wachsen. Kurzum: Die Tomatensauce, die ich lange arglos
gegessen habe, kann krank machen und nebenbei noch dick.

Das liegt nicht an den Tomaten, sondern an ihrer Verpackung.
Damit das Metall der Konserve nicht rostet, wird die Innenseite mit
einer dünnen Schicht aus Kunststoffen überzogen. In dieser
Schicht stecken Chemikalien, die zum Feind für den Menschen
werden können. Indem sie dem Körper vorgaukeln, Hormone zu
sein, und ihn so gefährlich durcheinanderbringen. »Endokrine Dis-
ruptoren« werden sie genannt oder verkürzt »Umwelthormone«.

Umwelthormone erhöhen die Wahrscheinlichkeit, Diabetes,
Krebs, Endometriose oder ADHS zu bekommen. Babys im Mut-
terleib sollen in Gefahr geraten, im Erwachsenenalter krank zu
werden. Vor diesen Folgen warnt die Endocrine Society, ein internationaler Zusammenschluss von Ärzten und Forschern. Ob,

wann und durch welche Dosis der Umwelthormone jemand erkrankt, lässt sich nicht vorhersagen. Aber die Kosten der Krankheiten durch Umwelthormone werden allein in Europa schon jetzt auf mindestens 163 Milliarden Euro pro Jahr geschätzt, so eine Hochrechnung eines Forscherteams der New York University (NYU). Die WHO bezeichnet Umwelthormone daher als »globale Bedrohung«. Die UN stufen die Schadstoffbelastung der Erde als dritte weltweite Bedrohung neben dem Klimawandel und dem Verlust der Biodiversität ein.

Zum ersten Mal erfuhr ich an einem Abend vor zweieinhalb Jahren von Umwelthormonen, zufällig, aus einer Fernsehdoku. Wasser in Plastikflaschen, hieß es darin, sei teilweise mit hormonaktiven Substanzen belastet – trinken wir es, kann das gefährlich für uns werden. Nach diesem Abend nahm ich mir etwas vor, das mich bis heute an meine Grenzen bringt. Ich versuche, Umwelthormonen aus dem Weg zu gehen. Doch ziemlich schnell musste ich feststellen, dass das nicht so einfach ist. Um nicht zu sagen: Es ist unmöglich.

Wir haben unsere Welt im vergangenen Jahrhundert derart verschadstofft, dass unser Alltag heute voll von diesen Chemikalien ist. Auf mehr als 800 schätzt die WHO die Zahl der Umwelthormone. Tatsächlich könnten es noch mehr sein. In fast jedem menschlichen Körper sind sie inzwischen zu finden, sogar bei Kindern: Human-Biomonitoring-Untersuchungen des Umweltbundesamtes, für die etwa Urin- oder Blutproben von Kindern und Jugendlichen analysiert wurden, zeigen, welche Chemikalien sich in unseren Körpern tummeln. Die Forschenden fanden in fast allen Proben Hinweise auf Phthalate und Bisphenole, auf Parabene oder Perfluoroctansäuren. Die Chemikalien können in Outdoorkleidung, in To-go-Verpackungen, in Deo oder Makeup stecken. In beschichteten Pfannen und auf dem Bezug von Kinositzen. Durch den Einsatz von Pestiziden können so gut wie alle konventionellen Lebensmittel davon betroffen sein, aber auch Bio-Lebensmittel durch ihre Verpackung. Umwelthormone lauern also in fast jedem noch so kleinen Bereich unseres Lebens.

Zwar warnen Verbraucherschützerinnen seit Jahrzehnten davor, doch kaum jemand scheint ihnen zuzuhören. Auch in meinem Bekanntenkreis haben sich bisher die wenigsten damit beschäftigt. Bestenfalls die Eltern von kleinen Kindern, die im Supermarkt die Aufschrift »BPA-frei« gelesen haben, also den Hinweis, dass Bisphenol A nicht in einem Schnuller oder einer Babyflasche verarbeitet ist. Was aber auch viele von ihnen nicht wissen: Stattdessen stecken oft ähnliche Ersatzstoffe im Plastik. Einen Warnhinweis habe ich bislang auf keiner Verpackung gefunden. Und das, obwohl die Umwelthormone so gefährlich sein können.

Bisphenol A ist auch der Stoff, der in vielen Tomatendosen steckt. Eine Stichprobe des BUND im Jahr 2017 zeigte, dass mehr als die Hälfte der untersuchten Konserven aus deutschen Supermärkten mit BPA belastet waren. Das hat Folgen: Testpersonen einer Harvard-Studie, die für eine Untersuchung fünf Tage lang Dosensuppe aßen, wiesen einen um 1200 Prozent erhöhten BPA-Wert auf. Eine andere Studie des Forscherteams der NYU deutet darauf hin, dass eine gesteigerte BPA-Belastung das Sterberisiko erhöht. Die Studienteilnehmenden mit den höchsten BPA-Werten im Urin wiesen sogar ein rund 50 Prozent größeres Risiko auf, zu sterben, im Vergleich zu jenen mit den niedrigsten Werten. Warum nur habe ich all die Jahre nichts davon gewusst?

Eine erste Antwort auf die Frage entdecke ich auf LobbyFacts. eu. Sieht man auf dem Portal nach, welche deutschen Firmen und Organisationen am meisten Geld für Lobbyarbeit auf EU-Ebene ausgeben, findet man Bayer, BASF und den Verband der Chemischen Industrie unter den Top Five. Allein die drei kommen demnach auf mindestens elf Millionen Euro pro Jahr, schätzt LobbyFacts. Dafür, dass Politiker und am Ende Verbraucherinnen wie ich sich keine Gedanken um die Chemikalienbelastung machen, geben Konzerne viel Geld aus. So zeigen Recherchen der NGO Corporate Europe Observatory und der Journalistin Stéphane Horel, dass die Schadstoffe von den Unternehmen verharmlost und strengere Gesetze verzögert oder ganz verhindert werden. Sie nennen es »eine der größten Lobby-schlachten der EU«.

Lässt sich an dieser Bedrohung also nichts ändern? Ein Telefonat stimmte mich vor einigen Tagen zumindest etwas optimistischer. Am anderen Ende der Leitung war Alexandra Caterbow von der gemeinnützigen Umwelt- und Gesundheitsorganisation HEJSupport, die in mehreren Ländern aktiv ist, auch in Deutschland. Seit Jahren versucht sie, Politiker dazu zu bringen, das Problem ernster zu nehmen. Nun klingt Caterbows Stimme erleichtert. Und das hat mit dem Koalitionsvertrag der Ampel-Regierung zu tun. Zum ersten Mal werden darin die Umwelthormone in den Blick genommen. »Wir erarbeiten einen nationalen Plan zum Schutz vor hormonaktiven Substanzen«, steht da. »Dafür haben wir lange gekämpft«, sagt Caterbow. Was sie außerdem hoffnungsvoll stimmt: Mit Bettina Hoffmann und Sven Giegold von den Grünen sind gleich zwei Experten für Umwelthormone als Staatssekretäre eingeplant.

Will die Ampel etwas bewirken, bräuchte es statt kleiner zukünftig große Veränderungen. Und bestehende Chemikaliengesetze müssten öfter tatsächlich angewendet werden. Denn Untersuchungen zeigen, dass selbst längst verbotene Chemikalien noch auf unseren Tellern landen. Über Umwelthormone in Lebensmitteln müsste aufgeklärt, Verpackungen und Produkte müssten gekennzeichnet werden. Ökologischer Landbau müsste gefördert werden, und giftige Substanzen gehörten ganz verboten. Am Ende aber braucht es eine Wirtschaftsform, die insgesamt nachhaltiger und lokaler ist, damit gar nicht mehr so viele Schadstoffe nötig sind.

Wie die ersten Schritte klappen könnten, zeigen Dänemark und Frankreich. Die Länder klären die Bevölkerung mit Kampagnen über die Schadstoffe auf. Erst wenn das und mehr auch hier passiert, kann ich vielleicht mal wieder arglos im Supermarkt nach den Zutaten für mein Abendessen greifen.

Katharina Heckendorf hat zu diesem Thema auch ein Buch geschrieben: Umwelthormone – Das alltägliche Gift.

SCHATTEN AUF DER KINDERSEELE

Die Angst vor dem Klimawandel belastet die
Kleinen besonders – auch weil ihre Eltern das
Phänomen verdrängen

VON CLAUDIA WÜSTENHAGEN

Es war im Januar 2019 beim Weltwirtschaftsforum in Davos, als Greta Thunberg den Mächtigen der Welt in eindringlichen Worten wünschte, sie sollten Angst haben. Der Saal erstarrte regelrecht, als das 16-jährige Mädchen rief: »I want you to panic.« Und er begann zu verstehen, wie persönlich das gemeint war, als sie, weiterhin jedes Wort betonend, hinzufügte: »Ich will, dass ihr die Angst spürt, die ich jeden Tag spüre.« Aber auch außerhalb des Saals erreichte Thunberg an diesem Tag unzählige Zuschauer – unter ihnen viele Kinder. Junge Menschen auf der ganzen Welt teilen die Angst vorm Klimawandel. Das belegen auch Studien und Umfragen.

Als Psychologinnen der University of Bath kürzlich mit einem internationalen Team 10 000 Kinder und junge Erwachsene in Großbritannien, Australien, Indien, auf den Philippinen und in sechs weiteren Ländern befragten, bezeichneten 75 Prozent die Zukunft als beängstigend. Neben Angst verspüren sie demnach vor allem Traurigkeit und Wut, Macht- und Hilflosigkeit. Fast die Hälfte der jungen Menschen berichtete, dass diese Gefühle ihr tägliches Leben belasteten, sie um den Schlaf brächten und ihnen die Konzentration in der Schule raubten. Besonders ausgeprägt sind die Sorgen dort, wo der Klimawandel längst Albträume wahr werden lässt – auf den Philippinen etwa, wo Taifune vermehrt Häuser zerfetzen und Menschen töten. Oder im gerade von einer Hitzewelle gezeichneten Indien, wo mal Dürren, mal Überschwemmungen die Ernten vernichten. Aber auch in Europa haben junge Menschen Angst. In Großbritannien war fast jeder zweite Studienteilnehmer extrem oder sehr besorgt, in Frankreich waren es sogar fast 60 Prozent. Ähnliche Zahlen gibt es für Deutschland: In der Shell-Jugendstudie von 2019 lag der Klimawandel auf Platz drei all der Probleme, die Jugendlichen Angst machen. Als noch bedrohlicher empfanden sie nur die ja verwandte Umweltverschmutzung und die Gefahr von Terroranschlägen.

Wie Kinder, Jugendliche und junge Erwachsene mit diesen Sorgen umgehen, erforscht die schwedische Psychologin Maria Ojala von der Universität Örebro. Sie sagt: »Je jünger Kinder sind, desto weniger Bewältigungsmechanismen haben sie.« In einer von Ojalas Studien berichtet ein elfjähriges Mädchen beispielsweise, dass sie sich ängstige wegen der vielen Autos und ihrer Abgase. »Es wird immer heißer auf der Erde. Wenn viel Verkehr herrscht, gucke ich deshalb in die andere Richtung.« Für die einen sind die Abgase unerträglich, für andere ist es das Leiden der Tiere: »Ich empfinde Sorge, wenn es im Fernsehen heißt, dass die Eisbären aussterben. Wenn ich so was sehe, gehe ich aus dem Zimmer.«

Es sind rührende Schilderungen, aus denen große Hilflosigkeit spricht. Kinder sind in hohem Maße abhängig von anderen, vor allem von ihren Eltern, und wenn die kein Interesse haben, weniger Auto zu fahren, Energie zu sparen oder bei einer Demo mitzulaufen, sind die Kinder besonders ohnmächtig. Da bleibt zur Bewältigung nur die Flucht. Fernsehen aus. Tür zu.

Zugleich beobachtet Ojala bei Kindern Hoffnung. Gerade die jüngeren hätten oft noch Vertrauen, dass am Ende alles gut werde und zum Beispiel eine neue Technologie alle Probleme lösen könnte. Wenn Kinder älter werden, komme ihnen diese Hoffnung oft abhanden. Jugendliche haben demnach zwar mehr Möglichkeiten, selbst zu handeln, zugleich werden sie aber auch pessimistischer, weil sie ermessen können, wie komplex das Problem ist.

Fachleute warnen davor, dass der Klimawandel die psychische Gesundheit gerade von Kindern gefährdet. Sowohl Extremwetter-Ereignisse und Überschwemmungen als auch Dürren und Waldbrände können Menschen traumatisieren oder chronisch stressen. Psychologen aus Manila forderten deshalb schon im Fachmagazin *The Lancet Planetary Health*, die Klimaangst auf die Agenda der philippinischen Gesundheits- und Bildungspolitik zu setzen und Erste-Hilfe-Kurse für die psychischen Folgen von Naturkatastrophen einzuführen.

Unklar ist noch, wie sehr die Klimaangst das seelische Wohl von Kindern und Jugendlichen gefährdet, die bislang weniger vom Klimawandel betroffen sind und selbst noch keine traumatischen Folgen erleben müssen. Kann die bloße Angst vor dem Klimawandel junge Menschen in Deutschland krank machen? Und mehr noch: Soll man Kindern, die das Glück haben, in einem vergleichsweise sicheren Land zu leben, all die apokalyptischen Prophezeiungen überhaupt zumuten – oder muss man sie davor schützen, weil sonst Angststörungen und Depression drohen?

Was das Ringen mit dem Riesenproblem für die heimischen Kinder bedeutet, erlebt Inga Wermuth fast täglich: Die Kinderpsychiaterin von der Uni München merkt seit einiger Zeit, dass ihre jungen Patienten vermehrt den Klimawandel beklagen.

So hat sie beispielsweise beobachtet, dass diejenigen, die unter Essstörungen leiden, öfter auch Klimasorgen ansprechen. »Das sind häufig Kinder und Jugendliche, die ein sehr hohes Bedürfnis nach Sicherheit und Kontrolle haben«, sagt die Therapeutin. Weil der Klimawandel einen unermesslichen Kontrollverlust darstelle, sei der Gedanke daran für diese Gruppe umso schwerer zu ertragen.

Vorbelasteten Kindern und Jugendlichen kann das Thema also zusätzliche Sorgen aufbürden, bei anderen ist die Erkenntnislage noch unklar. In einem sind sich viele Fachleute aber weitgehend einig: »Die Angst vor dem Klimawandel ist an sich kein

Anzeichen psychischer Probleme, schon gar keine eigene Krankheit«, sagt Wermuth. Schließlich sei das keine irrationale, fehlgeleitete Emotion, sondern eine normale Reaktion auf eine reale Gefahr. »Diese Angst ist im Grunde völlig angemessen.«

Unpassend ist demnach schon eher, dass die Erwachsenen keine Angst haben. Kinder können sich zur Abwehr gegen das Bedrohungsgefühl noch nichts vormachen, ihre Eltern dagegen schon, nach dem Motto:

»Was ich tue, wird schon reichen.« Oder: »Da kann man ja ohnehin nichts mehr ändern, was soll ich mir Gedanken machen?« Wermuth sagt, solche Verzerrungen dienten Erwachsenen unter anderem dazu, sich funktionsfähig zu halten. Bloß würden sie beim Klima damit der realen Bedrohung nicht gerecht: Der Abwehrmechanismus hindert die Menschen daran, das Unheil abzuwenden.

Solche Eltern verweigern ihren Kindern automatisch die Auseinandersetzung mit dem Problem, klimabewusste Mamas und Papas dagegen fragen sich, ob sie ihren Kindern da etwas zumuten, das sie noch gar nicht hören sollten. »Das Klimathema ist bei Eltern oft mit einem subtilen Schuldgefühl verbunden«, sagt Lea Dohm. Sie ist Mitbegründerin der Psychologists for Future, einer Gruppe von Psychologen und Psychotherapeutinnen, die sich für den Klimaschutz engagieren. Für Dohm, die selbst Mutter ist, steht die Antwort fest: »Der Klimawandel ist eine wissenschaftliche Tatsache, und ich bin davon überzeugt, dass wir unseren Kindern die Wahrheit erzählen sollten.«

Die Klimakrise zu verschweigen würde ohnehin wenig nützen, denn dass die Welt im Umbruch sei, bekämen Kinder – wie auch den Krieg in der Ukraine – ohnehin mit. Umso wichtiger sei aber, sie dabei zu begleiten. Das Kinderhilfswerk Unicef hat deshalb einen Leitfaden entwickelt, wie Eltern mit ihren Kindern über den Klimawandel reden können. Ein wichtiger Punkt weit oben auf der Liste: Zuhören. Denn Kinder wissen oft viel mehr über das Problem, als Eltern ahnen. Und sie empfinden womöglich Nöte, die Eltern nicht wahrhaben wollen. Deshalb rät Unicef: »Versuchen Sie nicht, die Sorgen kleinzureden.«

Genau das tun viele Eltern. »Aber wir Erwachsenen müssen Kindern und Jugendlichen dabei helfen, den Umgang mit Sorgen und Gefühlen zu lernen – auch wenn wir dazu oft selbst gar nicht so gut in der Lage sind«, sagt Dohms Mitstreiter Felix Peter. Wann das richtige Alter für solche Gespräche sei, lasse sich nicht pauschal sagen. »Meist signalisieren Kinder von sich aus, wann sie alt genug sind. Sie stellen Fragen.«

Die Eltern sind nicht die Einzigen, die Felix Peter in der Verantwortung sieht. Er ist im Hauptberuf Schulpsychologe und weiß aus Erfahrung, dass viele Lehrer hier Nachholbedarf haben. »Man kann nicht im Schulunterricht über die naturwissenschaftlichen Fakten des Klimawandels sprechen und die Kinder dann einfach in die Pause entlassen.« Kinder bräuchten Angebote, um die beunruhigenden Informationen zu verarbeiten. Dabei gehe es nicht darum, die Angst abzustellen – sondern zu lernen, sich nicht von ihr überwältigen zu lassen und handeln zu können.

Schließlich ist es ein tief verwurzeltes Bedürfnis, selbst etwas bewirken zu können. Deshalb brauchen Kinder nicht nur Informationen von der Schule, sondern die sollte ihnen auch Handlungsmöglichkeiten aufzeigen und entsprechende Erfahrungen ermöglichen, sagen Experten wie Lea Dohm und Felix Peter.

Wo das ausbleibt, malen Kinder sich stattdessen selbst aus, wie sie die Erde retten können. Als Forscher neun- bis zwölfjährige Kinder der Ureinwohner Lapplands befragten, galt deren größte Sorge den Rentieren. Sie fürchteten, die Welt könne sich so stark erhitzen, dass die Tiere krank werden, ihr Fell verlieren und sterben. Doch die Kinder hatten auch Ideen, um das abzuwenden: Ein Junge malte zum Beispiel eine Glaskuppel, die er für die Rentiere bauen wollte.

Junge Menschen fühlen sich verantwortlich. Eine schwedische Jugendliche begann in Stockholm mit dem Schulstreik fürs Klima, andere folgten ihr bei Fridays for Future, und kurze Zeit später lehrte das Mädchen die globale Führungselite in Davos das Fürchten. Zusammen machen die jungen Leute wieder und wieder darauf aufmerksam, was der Erde bevorsteht. Sie pflanzen Bäume, organisieren Konferenzen, ersinnen Lösungen und verklagen mitunter sogar ihre Regierungen, weil die untätig bleiben.

»Manchmal habe ich das Gefühl, als hätte mir jemand meine Kindheit gestohlen«, schreibt die 16-jährige Octavia aus den USA in einem Beitrag des Buches *Klima ist für alle da*. Seit Jahren engagiert sie sich für den Klimaschutz und empfindet die fehlende Aufmerksamkeit der Politik als niederschmetternd. Einige Seiten weiter schreibt Lilith aus den Niederlanden, die größte Herausforderung für sie sei, mit all den Beschimpfungen und Beleidigungen zurechtzukommen, die sie als Aktivistin erfahre. Sie ist elf Jahre alt.

Es ist nicht nur die bloße Angst vor der Zukunft, die junge Menschen belastet, sondern auch die Tatsache, dass die Aufgabe zu groß für sie ist und sie sich alleingelassen fühlen. In diese Richtung deutet auch die internationale Studie der britischen University of Bath. Wie sehr die Befragten unter Klimasorgen leiden, hänge auch damit zusammen, wie angemessen ihnen die Politik ihrer eigenen Regierung erscheint. So wachse die Verzweiflung durch das Gefühl, verraten zu werden von denen, die nichts ändern, obwohl sie es könnten.

Die Hauptautorin der Studie, Caroline Hickman, hat besonders bewegt, was ein Junge von den Malediven ihr sagte: »Ich habe gelesen, dass die Menschen in Island eine Trauerfeier für einen Gletscher abgehalten haben. Wer wird für uns eine Trauerfeier machen? Wir werden bald unter Wasser sein.«

MÜSSEN WIR DA WIRKLICH HIN?

Öko-Tourismus gilt als eine Lösung, um das
Abholzen des Amazonas-Regenwaldes zu verhindern.
Nur fragt sich, wie nachhaltig man überhaupt
Urlaub machen kann

VON ANTONIA SCHAEFER

Da ist eine Lücke im Dickicht. Wer nicht genau hinschaut, übersieht sie. Und den kleinen braunen Steg, der zwischen tropischen Farnen hervorlugt. Erst als Nemecio Rodríguez Coello an diesem Tag das Motorkanu am Steg befestigt, entdecken die drei Touristen aus Deutschland und den USA, die darin auf den Bänken sitzen, das kleine Haus hinter den Pflanzen. Auf Stelzen gebaut und aus Holz, mit einem Dach aus getrockneten Palmenblättern. Gleich in der Nähe sollen sich rosa Delfine und Seekühe tummeln, im gemächlich dahinströ- menden, bräunlich-goldenen Wasser des Amazonas, der hier, unweit der Gemeinde Puerto Nariño, die Grenze zwischen Kolumbien und Peru bildet. Ein einsamer Tupfer menschlichen Lebens inmitten unberührter Natur.

Touristen wie die, die im Motorkanu von Rodríguez Coello sitzen, können sich das Häuschen für ein paar Tage oder länger mieten. Hier duschen sie mit Regenwasser, erledigen ihr Geschäft auf einer Komposttoilette. Ihr ökologisches Gewissen müssen sie auch sonst nicht allzu sehr belasten. Denn in diesem Gebiet gelten Fischereibeschränkungen und verschärfte Naturschutzregeln. Jeder, der hier Zeit verbringen will, muss im motorisierten Kanu erst einmal Kontrollpunkte passieren und seine Reise begründen. Und Öko-Tourismus ist ein Grund, mit dem man durchgelassen wird.

Rodríguez Coello weiß, wie das läuft. Immer wieder bringt er Touristen hierher. Der zertifizierte Öko-Guide aus Puerto Nariño sitzt am Heck seines Motorkanus, lugt unter seinem Käppi mit Nackenschutz hervor und schaut auf das goldbraune Wasser, immer auf der Suche nach den seltenen rosa Flussdelfinen. Er lebt davon, dass Menschen aus fernen Ländern in seine Heimatregion kommen und er ihnen in seinem Boot die Landschaft zeigt. Und solange sie sich respektvoll gegenüber der Natur verhalten, keinen Müll hinterlassen, die Tiere möglichst wenig stören, glaubt er, sei der Tourismus eine gute Sache.

Und doch, wer sich hier im abgelegenen Gebiet des Regenwaldes umsieht, kommt an der Frage nicht vorbei: Weshalb sollten ausgerechnet Touristen an diese unberührten Flecken reisen? Warum lässt man den Wald nicht einfach in Ruhe? Gerade jetzt, wo immer mehr Menschen klar wird, wie wichtig der Amazonas als sogenannte grüne Lunge der Erde ist, um die Klimakrise aufzuhalten.

Wer sich länger mit der Frage beschäftigt, der versteht: So einfach ist die Antwort nicht. Denn der Wald besteht nicht nur aus Bäumen. Etwa 30 Millionen Menschen leben im und vom Einzugsgebiet des Amazonas – einem der wichtigsten Ökosysteme der Welt. Dass der Mensch dem Wald meist schadet, ist kein Geheimnis: Entwaldung, illegale Goldgräber und die Jagd auf Wildtiere bedrohen seine Existenz. In Kolumbien genauso wie in Brasilien, wo in den letzten Jahren immer größere Flächen in Flammen standen. Die Satellitenbilder der Rauchschwaden gingen um die Welt.

Doch vor den Fernsehern in Europa hat man oft auch eine Sicht auf den Wald, die konträr zu den Lebensrealitäten der Bewohner der Region steht. Bewohner, die wie der Tourguide Rodríguez Coello vom Amazonas leben. Man kann den Menschen hier nicht einfach sagen: Lasst den Wald in Ruhe, berührt nichts, tötet keine Tiere. Vor allem nicht jenen, die sich aus Existenznöten am Raubbau an der Natur beteiligen statt aus Profitgier. Eine Lösung für diese Menschen und die Natur, so sehen es Experten, könnte da ausgerechnet der Tourismus sein. Jedenfalls dann, wenn die Betreiber auf Nachhaltigkeit achten.

Rund 70 Kilometer von Rodríguez Coello und seinem Boot entfernt liegt Leticia, die nächstgrößere Stadt. Hier gibt es Hotelbetreiber, die schon länger auf Nachhaltigkeit setzen. Ligia Porras und Francisco Alonso bieten seit mehr als 15 Jahren Öko-Tourismus an, lange bevor Nachhaltigkeit der Mehrheit der Besucher hier ein Begriff war. Hinter dem Holztor ihres Öko-Hotels Malokamazonas beginnt eine andere Welt. Mitten in der Stadt mit mehr als 26 000 Einwohnern – die sechstgrößte in der kolumbianischen Amazonasregion –, wo Motorräder kreischen und es nach einem Gemisch aus Benzin und Billigplastikwaren riecht. Wo Mülltüten und Einwegbecher den kleinen Urwaldhafen verschmutzen.

Hinter dem schweren Tor wirkt der Straßenlärm wie erstickt, stattdessen singen tropische Vögel. Das Ehepaar Porras und Alonso hat einen Garten mit lokalen Baum- und Blumenarten angelegt – die Brettwurzeln eines Weiße-Sapote-Baums zerteilen den Garten beinahe in der Mitte. Die Besitzer trennen den Müll, achten auf den Stromverbrauch, sparen Wasser. Hier gibt es keine Klimaanlage und Papierservietten nur auf Nachfrage. Die Ananas und die Bananen fürs Frühstück kommen von benachbarten indigenen Communitys, viele der Holzmöbel sind recycelt. Das Malokamazonas ist von der staatlichen Organisation Corpoamazonia als Öko-Hotel zertifiziert – als eines von nur vier in der gesamten kolumbianischen Amazonasregion.

Diese Zertifikate werden vergeben, wenn Normen eingehalten werden, die der kolumbianische Staat für Öko-Tourismus-Firmen festgelegt hat. Dazu zählt neben dem sparsamen Umgang mit Ressourcen auch, lokale Gemeinden einzubinden und Arbeitsplätze zu schaffen. 2019 brannten im Amazonas rund 500 000 Hektar Regenwald nieder. In dieser Zeit war die Region weltweit in den Nachrichten zu sehen. In Kolumbien selbst hat seitdem das Bewusstsein für Nachhaltigkeit zugenommen. Ende Juni wurde die bekannte Umweltaktivistin Francia Márquez zur Vize-Präsidentin des Landes ernannt.

Bislang allerdings sind Begriffe wie »Öko-Tourismus« in Kolumbien nicht geschützt. Rein rechtlich kann sich jedes Hotel, jede Agentur einen Öko-Anstrich verpassen. Hotelbetreiber Francisco Alonso ärgert das:

»Man investiert, gibt sich Mühe. Über Jahre. Und dann kommen andere und verdienen mehr mit weniger Aufwand. Manchmal frage ich mich, warum wir das alles überhaupt durchziehen.« Porras tätschelt ihm beruhigend den Arm und schaut dann in die Äste der Sapote hinauf. »Weil es unsere Überzeugung ist«, sagt sie. Es wirkt wie ein Gespräch, das das Paar nicht zum ersten Mal führt.

Dass es so wenige zertifizierte Tourismusunternehmen in der Region gibt, liegt nicht ausschließlich am fehlenden Willen. Denn um sich zertifizieren zu lassen, muss man komplizierte Anträge stellen und obendrein Mitgliedsbeiträge zahlen. Das Handbuch der Regierung weist sogar darauf hin, wie sich die Beiträge finanzieren ließen: zum Beispiel durch einen Kredit. Doch durch das Zertifikat gibt es kaum Vorteile – keine Werbung, keine höheren Einnahmen. Den Besuchern hier sind die Zertifikate meist gar kein Begriff.

Mit Öko ist es also bisher nicht weit her. Zumindest kann man sich als Besucher in den seltensten Fällen darauf verlassen. Ist Tourismus als alternative Einkommensquelle zum Waldabholzen also doch keine gute Idee?

Doch, sagt German Ignacio Ochoa Zuluaga, Leiter der Nationaluniversität Kolumbiens in Leticia. Die Universität liegt direkt neben der einzigen Landebahn, die Leticia mit der Außenwelt verbindet. Direkt hinter dem Campus beginnt der Regenwald. Ochoa läuft einen schmalen Pfad entlang, über eine überdachte hölzerne Brücke hinweg. Durch das dichte Blattwerk fallen nur vereinzelt Sonnenstrahlen. Vom Pfad aus sieht man unter anderem Amazonas-Hochlandwald und Sumpfwald. Im Hintergrund kreischen ein paar Affen. Auch Ozelote habe er hier schon beobachtet, sagt Ochoa.

Jahrelang haben sein Team und er die Auswirkungen des Tourismus auf den Amazonas untersucht. Er kommt zu dem Schluss, dass Tourismus dann eine Chance bietet, wenn lokale Gemeinden eingebunden und Arbeitsplätze vor Ort geschaffen werden. Denn jeder Bewohner der Region, der im Tourismus arbeitet, ist einer weniger, der potenziell Bäume fällt, mit Wildtieren handelt oder beim Goldextrahieren Quecksilber in den Fluss leitet.

Und die Tourismusszene in Leticia boomt. Zwischen 2002 und 2017 haben sich die Besucherzahlen mehr als verzehnfacht. Doch der überwiegende Anteil der Touristen nutzt die herkömmlichen Anbieter. Etwa um Tagestouren auf die Isla de Los Micos, die Affeninsel, zu unternehmen. Ein Exotentierhändler brachte in den Sechzigerjahren die ersten Totenkopfäffchen auf die Insel. Heute leben mehr als 1500 von ihnen dort. Sie locken bis zu 180 Menschen am Tag an.

Wenn die Touristenguides auf der Affeninsel pfeifen, kommt eine ganze Horde kleiner beige-schwarzer Äffchen von den Bäumen geklettert. An manchen Tagen drängen sich 50 Touristen auf einer kleinen Lichtung, wo sie sich mit den Äffchen auf ihren Schultern fotografieren lassen. Umweltorganisationen kritisieren die hohen Touristenzahlen und die enge Interaktion zwischen Mensch und Wildtier auf der Insel. Die Tourismusbetreiber wollen davon nichts wissen. Für die indigenen Tikuna-Gemeinden in der Umgebung ist der Tourismus eine wichtige Einnahmequelle. Denn die Tour über die Insel endet an Kunsthandwerksständen. Geschnitzte Flussdelfine liegen neben Armbändern aus Palmenfasern auf den verwitterten Holzauslagen. Ein Andenken bekommt man hier schon für zwei, drei Euro. Doch den indigenen Künstlern sichert das ihren Lebensunterhalt.

Die Frage, die sich letztlich stellt, ist die nach dem kleineren Umweltübel. Denn eine positive Klimabilanz können Touristen niemals erzielen. Schon allein, weil sie nur per Flugzeug in den Wald gelangen können. Und ein Flug von Frankfurt nach Leticia verursacht laut einem Rechner der NGO Atmosfair beispielsweise einen Ausstoß von 6248 Kilogramm CO_2, dreimal so viel wie der Jahresausstoß eines Durchschnittswagens. Allerdings stammen rund 75 Prozent aller Touristen, die nach Leticia kommen, aus Kolumbien. Bei einem Inlandsflug werden maximal 1241 Kilogramm CO_2 ausgestoßen. Ein Flug aus Deutschland verursacht also rund fünfmal so hohe Emissionen.

Kann das wirklich besser sein als die Rodung von ein paar Waldflächen? Einen passenden Vergleichswert zu finden ist kaum möglich. Doch vielleicht kann man sich der Schadensbilanz so annähern: Laut einer Studie französischer Forscher hat das Amazonasbecken von 2010 bis 2019 mehr CO_2 ausgestoßen als absorbiert.

Der Hauptgrund dafür sind den Forschern zufolge Brandrodungen. Und zwar hauptsächlich in Brasilien – doch auch in Kolumbien hat diese Form der Waldzerstörung wieder zugenommen. Im Jahr 2020 verlor das Land dadurch rund 1700 Quadratkilometer Regenwald, eine Fläche, etwa so groß wie der Pfälzerwald.

Selbstredend kommt zu den CO_2-Emissionen der Brände auch hinzu, dass die fehlenden Bäume kein neues CO_2 mehr speichern können.

In Kolumbien gibt es im Vergleich zu den anderen Amazonasstaaten neben der Goldgräberei, der Viehhaltung oder dem Sojaanbau einen zusätzlichen Grund für die Waldzerstörung: den illegalen Anbau von Kokapflanzen, den die Drogenpolitik der Regierung bisher nicht verhindern konnte. Experten dringen vor allem auf Alternativeinkünfte für die Kokabauern. Womit wiederum der Tourismus ins Spiel kommt.

Draußen in der Bucht des Amazonasstroms vor Puerto Nariño schippert Öko-Tourguide Rodríguez Coello an diesem Tag mit seinem Motorkanu noch an Mangrovenwäldern vorbei. Die drei Touristen sitzen auf Holzbänken unter einer blauen Plastikplane, die der Guide als Dach über das Boot gespannt hat. Sie halten nach rosa Flussdelfinen Ausschau. Rodríguez Coello nutzt kleine

Rotorblätter, damit er die seltenen Tiere nicht verletzt, fährt keine Manöver, um sie zum Hochspringen zu zwingen. So, sagt er, würden viele der anderen Tourismusbetreiber versuchen, die Erwartungen der Touristen zu erfüllen. »Hauptsache, am Ende haben sie das Foto mit dem Delfin.«

Die beiden Frauen und der Mann, die ihn begleiten, würden auch gern Delfine sehen. Aber eben nicht um jeden Preis. Rodríguez Coello stellt den Motor ab. Plötzlich stößt er ein kehliges Röhren aus. Gespannt starren die Besucher auf das Wasser. Zwei-, dreimal wiederholt er den Ruf. Und dann, ganz langsam, hebt sich ein Kopf aus dem dunklen Wasser – ein rosafarbener, dicker Nacken, ein langer, dünner Schnabel, kleine zusammengekniffene Augen: der Amazonasdelfin.

Auf dem Rückweg erzählt Rodríguez Coello seinen Kunden von der Bedeutung der Delfine für das natürliche Gleichgewicht in dieser Gegend. Wenn man ihn fragt, ist jeder Besucher auch eine Chance, die Schönheit seiner Heimat in die Welt zu tragen und die Gefahr, in der sie sich befindet. Denn für die Rettung des Amazonas müssen politische Entscheidungen getroffen werden, weit weg von dem kleinen Boot im Amazonas. Und zwar auch in den Heimatländern der Touristen, nördlich des Äquators, wo man für den größten Teil der Klimakrise die Verantwortung trägt.

FORSCHEN
&
ENTWICKELN

WAS WIR VERLIEREN

Wie verheerend sind die Kipppunkte im Klimasystem
der Erde? Auch wenn Forschende darüber streiten:
Für Korallenriffe, Gletscher und Grönlands
Eis ist es bald zu spät.

VON ELENA ERDMANN

Korallenriffe dürften eines der ersten Ökosysteme sein, das durch den Klimawandel zerstört wird. Wenn das Meerwasser zu warm wird, bleichen die Korallen aus und sterben. Mit ihnen verschwinden auch Fische und andere Meeresbewohner. Im australischen Great Barrier Reef lässt sich dieser Prozess bereits seit Jahren beobachten.

Im Sommer 2022 löste sich an der Marmolata in den Dolomiten eine Lawine, weil der Gletscher dort besonders schnell geschmolzen und instabil geworden war. Ein Vorzeichen für das, was vielen bevorsteht: Gerade in niedrigeren Hochgebirgen wie den Alpen dürften sie bald ganz verschwinden – der letzte deutsche Gletscher wohl in den kommenden zehn Jahren.

Grönlands Eisschild könnte einen Punkt erreichen, ab dem sich ein Abschmelzen des gesamten Eisschildes nicht mehr aufhalten lässt – und damit langfristig über die nächsten 1000 Jahre ein Anstieg des Meeresspiegels um sieben Meter. Der Westantarktische Eisschild könnte ebenfalls einen Punkt erreichen, ab dem ein Kollaps nicht mehr zu verhindern ist – und der Meeresspiegel damit langfristig um weitere drei Meter steigt. Die Entwicklungen, die gerade in Gang gesetzt werden, dürften sich noch in Jahrhunderten bemerkbar machen.

Korallenriffe, Gebirgsgletscher, die Eisschilde Grönlands und der Antarktis: Es gibt Warnzeichen dafür, dass es für sie bereits jetzt zu spät sein könnte. Sollte sich die Erde bis zum Ende des Jahrhunderts um mehr als 1,5 Grad Celsius erwärmen – wonach es derzeit aussieht –, dann werden sie womöglich verloren gehen.

Zu diesem Ergebnis kam im September eine Studie im Fachmagazin *Science* (McKay et al., 2022).

Dabei geht es um ein Thema, das die ganze Tragik dessen, was auf der UN-Weltklimakonferenz in Scharm el-Scheich diskutiert wurde, so deutlich macht wie kaum ein zweites: die sogenannten Kipppunkte. Punkte, bei denen, wenn sie erreicht werden, neue Dynamiken entstehen, ganze Systeme instabil werden, sich die Folgen selbst verstärken können und nicht mehr rückgängig machen lassen. »Das Problem mit den Kipppunkten ist, dass man eine Schwelle überschreitet und dann möglicherweise Prozesse in Gang setzt, die von uns Menschen unabhängig sind«, sagt der Klimawissenschaftler Sina Loriani, einer der Autoren der Studie. Während Hitze, Dürren und Überschwemmungen schon jetzt dramatische Schäden verursachen, so könnten die Kipppunkte ungleich schwerere Folgen haben – solche, die bislang kaum vorstellbar sind.

Der Grönländische Eisschild könnte so einen Kipppunkt haben: Wenn er schmilzt, verliert er an Höhe, und seine Oberfläche sinkt näher zum Boden, wo es ohnehin wärmer ist. Irgendwo hier liegt wohl eine Schwelle. Wird sie überschritten, so lässt sich ein kompletter Kollaps des Eisschildes selbst ohne zusätzliche Erderwärmung nicht mehr verhindern. Oder der Amazonasregenwald: Ein großer Teil des Niederschlages dort stammt aus dem Wasser, das über dem Wald verdunstet. Sterben Teile des Regenwaldes – sei es durch Hitze und Dürre oder durch Abholzung –, dann fällt auch weniger Regen und in der Folge gehen weitere Bäume, Pflanzen und Wälder verloren – bis aus dem Amazonas eine Steppe geworden ist.

Doch wie viele Bäume dürfen sterben, bevor der Regenwald seinen Kipppunkt erreicht? Bei welcher Höhe, bei welcher Temperatur kollabiert der Grönländische Eisschild? Und welche anderen Kipppunkte gibt es im Erdsystem? Die Fragen, die die *Science*-Studie beantworten will, ergründen Prozesse, die so noch nicht stattgefunden haben, seit Menschen auf der Erde leben.

Und so trifft die Studie mitten in eine wissenschaftliche Diskussion, die von großen Unsicherheiten geprägt ist und bei der sich Forschende gegenseitig mal als alarmistisch bezeichnen und mal vorwerfen, wichtige Risiken zu vernachlässigen.

Wann werden die Kipppunkte erreicht?

Kipppunkte gibt es nicht nur im Erdklima. Das Konzept beruht auf der Beobachtung, dass sich komplexe Systeme nicht linear verhalten, dass sie also bei einer kleinen Änderung von außen eine ganz neue Dynamik entwickeln können. Die dahinterstehende Theorie wurde etwa vom Mathematiker Henri Poincaré schon Ende des 19. Jahrhunderts beschrieben. Die erste umfassende Studie zu Klima-Kipppunkten erschien vor fast 15 Jahren (PNAS: Lenton et al., 2008). Darin formulierten Forschende vom Potsdam-Institut für Klimafolgenforschung (PIK) und von der University of Exeter in England das Konzept zum ersten Mal für die Klimakrise: ein Kippelement als ein bedeutsamer Teil des Erdsystems, der durch eine kleine Änderung in Richtung eines qualitativ anderen Zustands streben – eben: kippen – kann. Und dessen Kipppunkt als die kritische Schwelle, bei der diese Änderung eintritt.

Diese Kippelemente im Erdklima sind mittlerweile mehr als nur Theorie, in den vergangenen Jahren wurde viel daran geforscht. Einige der Mechanismen, etwa der Rückgang der Antarktisgletscher, wurden ausgiebig durch Messungen untersucht. Baumringe, Sedimente und Eisbohrkerne, die Hinweise auf das Klima von vergangenen Jahrtausenden liefern, weisen außerdem darauf hin, dass es solche abrupten Änderungen im Erdsystem bereits gegeben hat. Und schließlich zeigen auch Klimamodelle immer wieder Kipppunktszenarien.

Die genannte *Science*-Studie wertet diese neueren Untersuchungen aus und findet so neun globale Kippelemente, die weitreichende Auswirkungen auf das Weltklima hätten, und sieben weitere, die sich vor allem regional auswirken. Für jedes dieser

Kippelemente geben die Forschenden außerdem an, bei welcher Temperatur eine kritische Schwelle am wahrscheinlichsten erreicht würde: für den Grönländischen und den Antarktischen Eisschild bei 1,5 Grad Celsius Erwärmung, für den Amazonasregenwald bei 3,5 Grad. Vieles ist dabei weiterhin unsicher, die Spanne an möglichen Temperaturen ist groß. Es lässt sich nicht einmal mit Sicherheit sagen, ob einer der Kipppunkte bereits erreicht wurde. Allerdings – so bemerkt das Autorenteam – es könnte durchaus sein.

Unter den neun globalen Klima-Kippelementen taucht aber auch eines auf, das in der Öffentlichkeit oft mit besonders großer Besorgnis diskutiert wurde: die arktischen Permafrostböden, die laut der Studie wahrscheinlich bei vier Grad einen Kipppunkt erreichen könnten. Ihr Schmelzen würde im Boden gebundenes Methan freisetzen. Das Treibhausgas ist deutlich potenter als CO und könnte daher den Klimawandel verstärken, zu einer zusätzlichen Erderwärmung von 0,2 bis 0,4 Grad führen und im schlimmsten Fall sogar weitere Kipppunkte auslösen. »Es gibt Gründe, anzunehmen, dass die Kippelemente sich gegenseitig beeinflussen«, sagt der PIK-Forscher Loriani.

Kommt es zur Heißzeit?

Könnte also durch die Kippelemente sogar noch etwas Größeres durcheinandergeraten sein? Könnte womöglich das Klima selbst eine Art Kipppunkt haben, ab dem, wenn er denn einmal überschritten wurde, die Temperatur auch ohne menschliches Zutun immer weiter steigt? Diese Hypothese wird zumindest in einigen Studien als mögliches Worst-Case-Szenario beschrieben. In der neuen Veröffentlichung wird es nicht diskutiert – dürfte aber dennoch eine Rolle dabei spielen, warum die Kipppunkte immer wieder zu heftigen Diskussionen führen.

Erstmals erwähnt wurde es in einem Paper von 2018, an dem ebenfalls mehrere Autoren und Autorinnen des PIK beteiligt waren (PNAS: Steffen et al., 2018). Darin warnten sie, dass es eine

Schwelle geben könnte, ab der die Erde sich von allein immer weiter erhitzen könnte – bis zu einem Zustand, den die Autoren »Hothouse Earth« nennen. Ein solcher Punkt könne schon bei zwei Grad Erderwärmung liegen, genau ließe er sich aber nicht bestimmen.

Die mediale Aufmerksamkeit für diese Arbeit war groß – selbst die Gesellschaft für deutsche Sprache erklärte das Wort Heißzeit 2018 zum Wort des Jahres. Doch weil es bislang wenig Evidenz für die Hothouse-Earth-Theorie gibt, gibt es auch prominente Kritikerinnen und Kritiker. Da ist etwa der Klimaforscher Michael Mann. In seinem Buch *The New Climate War* nennt er die Theorie »Doomism« – eine wissenschaftlich unsaubere Übertreibung der Klimafolgen, die letztlich sogar von Lobbygruppen genutzt werden könnte, um ein Handeln gegen den Klimawandel zu verzögern.

Wie mit unsicheren, aber folgenschweren Ergebnissen umgehen?

Ähnliche Sorgen dürften eine Rolle spielen, warum sich auch zu dem neuen Kipppunktepapier manche Wissenschaftler kritisch äußerten. Denn auch bei den einzelnen Kipppunkten sind die Unsicherheiten weiterhin groß. »Für die Glaubwürdigkeit der Wissenschaft ist das meiner Ansicht nach riskant, denn wir diskutieren immer noch auf der Basis von relativ wenig Evidenz«, sagte etwa der Klima- und Umweltphysiker Thomas Stocker im Interview mit *ZEIT ONLINE*. Er setzt sich deshalb dafür ein, dass der Weltklimarat (IPCC) einen Sonderbericht zu den Kipppunkten anfertigt.

Bislang wurden die Kipppunkte in den Berichten des IPCC nur am Rande erwähnt: als Tabelle mit den wichtigsten Klima-Kippelementen im Sonderbericht zu 1,5 Grad, der 2018 erschienen ist, und als Ereignisse mit »kleiner Wahrscheinlichkeit, aber großem Einfluss« im neuen Sachstandsbericht. Eine ausführliche Evaluation hat der Expertenrat bislang noch nicht vorgelegt. Auch die Definition davon, was als Kippelement oder Kipppunkt anerkannt wird, ist in Studien und in IPCC-Berichten zum Teil noch unterschiedlich.

Einen Sonderbericht des IPCC wünschen sich deshalb auch die Autoren der *Science*-Studie. Und so liegt die Uneinigkeit der Forschenden wohl weniger in der Frage, ob es Kippelemente gibt, als vielmehr, bei welchen Temperaturen welche Prozesse ausgelöst werden, und vor allem, wie man diese ungewissen Ergebnisse am besten kommuniziert. »Ich sehe dabei vor allem den Risikoaspekt«, sagt PIK-Studienautor Loriani: »Gerade weil es bei den Schwellwerten und dem möglichen Kippverhalten Unsicherheiten gibt, ist umso größere Vorsicht geboten.«

Ganz unabhängig von dieser Diskussion zeigt die neue Studie einmal mehr, wie weitreichend und zuweilen komplex die Folgen der Klimakatastrophe sind. Viele Wunder der Natur werden verloren gehen, wenn sich die Erde weiter erwärmt. Letztlich fügt aber ein Kipppunkt einer langen Liste nur ein weiteres Argument hinzu, warum die Welt nicht nachlassen darf, jedes weitere bisschen Erderwärmung zu verhindern. Wo auch immer die Kipppunkte liegen.

DER GOLDRAUSCH BEGINNT

Auf der ganzen Welt versuchen Gründer, Industrien zu
revolutionieren – angeführt von Europa.

VON UWE JEAN HEUSER UND RICARDA RICHTER

M anchmal ist der Weg zur ersten Milliarde ganz kurz. Nur
zwei Jahre und acht Monate brauchte das europäische
Start-up Northvolt, um so viele US-Dollar wert zu sein. Kaum
länger als einst Facebook. Wenn ein junges Unternehmen diese
Grenze durchbricht, gehört es zu den sogenannten Einhörnern:
sehr wertvoll, sehr selten und schwierig zu finden. Und während
digitale Firmen wie Facebook anfänglich nur eine Software ins
Internet stellten, die sich beliebig oft nutzen lässt, ist das Wachstum bei Northvolt deutlich aufwendiger. Das Unternehmen baut
Dinge. Zunächst sogar ganz große Dinge.

Anfang Februar 2022 in der nordschwedischen Stadt Skellefteå, nur 200 Kilometer südlich des Polarkreises: Es ist zu warm
für die Jahreszeit, vier Grad unter null, und noch halb dunkel, als
der Bus sich seinen Weg nach Osten durch die Fichtenwälder
bahnt. Auf einmal taucht hinter der Baumlinie eine Wand auf,
38 Meter hoch und etwa 200 Meter breit. Die Stirnseite der ersten Produktionshallen, gigantische Metallblöcke inmitten von
Schnee und Eis. Die Sonne hat es noch nicht über den Horizont
geschafft, aber ihr Licht lässt die Hallen rosa erstrahlen.

Bagger und Lastwagen mit rotierendem Warnlicht fahren über
das Gelände, Menschen in neongelben Winterjacken passieren
die Drehkreuze. »Northvolt« prangt auf ihren Rücken. Wie
Klone verschwinden sie als kleine Punkte in den Schluchten aus
Metall.

Es wirkt, als habe man einen anderen Planeten betreten. So
groß sind die Ausmaße, so steril die Konturen, so unwirklich ist
die Stimmung.

An diesem surrealen Ort will Northvolt Batteriezellen für

E-Autos herstellen. In Europa für Europa – und besonders nachhaltig. Die beiden Gründer, der Schwede Peter Carlsson und der Italiener Paolo Cerruti, kennen sich aus. Bevor sie 2016 ihre eigene Firma anmeldeten, hatten sie bei Tesla als Manager für Lieferketten die erste »Gigafactory« für Batterien in der Wüste Nevadas hochgezogen. Jetzt haben sie ihr eigenes Nevada, nicht inmitten von Sand, sondern Schnee. Und mit grünem Strom. Unzählige große und kleine Flüsse, die dem Gebirge an der Grenze zu Norwegen entspringen, versorgen die Region mit Wasserkraft. »Allein dadurch, dass wir unsere Fabrik hier hinstellen, können wir unseren Einfluss aufs Klima kräftig reduzieren«, sagt Firmensprecher Jesper Wigardt. Und Geld sparen. Die Energie ist so günstig, dass sie die hohen Personalkosten im Vergleich zu Ländern wie China aufwiegt. Grün und günstig – auf einmal führt Europa den Wandel an.

In Skellefteå merkt man das. Wegen Northvolt sind schon Menschen aus knapp fünfzig Ländern hergezogen, bis 2030 soll die Einwohnerzahl der Gemeinde von derzeit gut 70 000 auf 90 000 weiter steigen. Einen ähnlich drastischen Zuzug erfuhr die »Goldstadt« in den 1920er-Jahren. Damals wurden in der Gegend große Erzvorkommen gefunden, eine der größten Minen Europas entstand. Hundert Jahre später erlebt man hier den zweiten Goldrausch.

Dieser grüne Goldrausch findet rund um den Planeten statt. Um herauszufinden, woher er rührt und wohin er führt, muss man Leute sprechen, die ihn vorantreiben: Gründerinnen mit ihren Ideen, Investoren mit ihrem Kapital. Expertinnen, die wissen, nach welchen Regeln er funktioniert.

Im vergangenen Oktober fachten zwei der mächtigsten Männer der Finanzwelt die Euphorie an. Larry Fink, der Chef des weltgrößten Vermögensverwalters Blackrock, erklärte, dass die nächsten tausend Einhörner aus der Klimatechnik kämen. Und Bill Gates, selbst ein führender Nachhaltigkeitsinvestor, tat seine Erwartung kund, dass aus der Entwicklung »acht bis zehn

Teslas« hervorgehen würden, Unternehmen so groß wie Apple oder Amazon. Sollte diese Prophezeiung eintreten, wäre das Internet im Vergleich eine eher lahme Veranstaltung gewesen.

Jedenfalls ist der jetzige Boom ein ganz anderer. Die digitale Revolution ließ eine neue, virtuelle Welt entstehen, die grüne verändert die alte, reale Welt. Fast jede Industrie muss sich wandeln, von A wie Agrar bis Z wie Zement. Und dieses Mal wird sich keineswegs alles an einem einzigen Ort wie dem Silicon Valley abspielen.

In einer der Produktionshallen bei Northvolt kommen zwei junge Frauen mit Staubsaugern auf dem Rücken den Gang hinunter. Kein Staubkorn soll die Qualität der Batteriezellen beeinträchtigen. In den schon fertigen Maschinenräumen herrscht deshalb Unterdruck. Große Türen aus grauer Plane wölben sich nach außen, hinter ihren Plastikfenstern sieht man Ingenieure, die noch am richtigen Maß feilen.

Das Unternehmen hat die Batterie nicht neu erfunden. Doch es will den massiven Einfluss der Produktion aufs Klima um rund 90 Prozent senken. Denn auch wenn ein Elektromotor im Gegensatz zum Verbrenner kein CO_2 in die Luft bläst, entsteht viel von dem Klimagas bei der aufwendigen Produktion der Akkus. »Wir wollen ein Problem lösen, ohne ein neues zu schaffen«, sagt Jesper Wigardt. Dazu gehört, den Verbrauch von Rohstoffen zu senken. Neben der Gigafabrik ist deshalb eine weitere für das Recycling geplant. Bis 2030 soll die Hälfte der nötigen Rohmaterialien von dort stammen.

Grünere Batterien für grüneres Fahren: Mit dem Versprechen hat es Northvolt zu einer der wertvollsten Klimafirmen gebracht, noch bevor die reguläre Produktion überhaupt läuft. Fünf Jahre nach der Gründung wird das Unternehmen auf knapp zwölf Milliarden US-Dollar taxiert. Ursprünglich wollte man in Nordschweden Batteriezellen für eine halbe Million E-Autos im Jahr bauen, wegen wachsender Nachfrage von Firmen wie Volkswagen, BMW oder Volvo sollen es jetzt eine Million werden. Vier

Hallen stehen bereits: eine zum Anmischen der Chemikalien, zwei für die Herstellung der Anoden und Kathoden, eine für die Ladung – eine gesamte Fertigungskette. Kurz vor Neujahr 2022 verkündete das Team, die erste Batteriezelle montiert zu haben. Jetzt stapeln sich in einem noch fast leeren Raum am Ende der Produktion ein paar Kisten mit weiteren Prototypen. Silbern glänzend, jede so groß wie ein Kofferradio. In ein paar Monaten soll die Massenproduktion beginnen.

Die Schweden sind nur ein prominentes Beispiel für den neuerlichen Goldrausch. Wer heute die Welt verändern will, hat gute Chancen, gerade weil der erste große »Cleantech«-Crash Ende der Nullerjahre längst bewältigt ist. Damals mussten viele Erneuerbare-Energie-Firmen aufgeben; die euphorischen Rechnungen ihrer Investoren gingen nicht auf. Andrew Beebe, inzwischen Direktor der grünen Beteiligungsfirma Obvious Ventures in San Francisco, erlebte die Zeit als Solarunternehmer mit. Solarpaneele hätten zehnmal so viel gekostet und seien auf staatliche Subventionen angewiesen gewesen. »Heute ist alles anders«, sagt er am Telefon. Grüne Technologien seien wettbewerbsfähig geworden. Die Politik gebe eine neue Richtung vor, Verbraucherinnen veränderten ihre Nachfrage und dadurch auch die Erwartungen der Aktionäre.

Bei Beebe in Kalifornien ist es sechs Uhr morgens, er ist bekennender Frühaufsteher. Die neue Qualität der grünen Revolution merkte er nicht nur, als er erstmals ein modernes E-Auto fuhr, sondern mehr noch, als sein Sohn in einen Burger von Beyond Meat biss. Vor rund sechs Jahren war das, erinnert sich Beebe, der Junge war neun Jahre alt und begeisterter Fleischesser. »Er wusste nicht, dass der Burger vegan war. Und er hat ihn geliebt«, sagt Beebe, der früh bei der 2009 gegründeten Firma aus Los Angeles investierte. Persönlich serviert hat den Burger damals der Gründer von Beyond Meat, Ethan Brown. Erlebnisse wie dieses beflügeln Brown. Denn genau das will er erreichen: dass pflanzliche Ernährung keine Umstellung mehr bedeutet.

Brown ist ein früher Held der zweiten grünen Welle. Der klimabewegte Manager hatte lange im grünen Stromsektor gearbeitet, als ihn das Fleischproblem faszinierte, wie er via Video erzählt: »Was, wenn man die Annahme, dass Fleisch von Hühnern, Kühen oder Schweinen kommt, ersetzt durch die Frage, woraus es besteht?« Tatsächlich seien sämtliche Bestandteile auch in Pflanzen enthalten, sagt Brown, die Proteine müsse man nur neu anordnen. Lange suchte er nach Forschern, die an dem Problem arbeiteten – und fand sie schließlich an der Universität von Missouri. Deren Antwort: Durch eine bestimmte Abfolge von Erwärmen, Abkühlen und Druck lassen sich die pflanzlichen Strukturen auflösen und »in diese faserige Textur von Muskeln« verwandeln. So ging es los.

Coca-Cola hat die Getränkeformel, Google den Suchalgorithmus – und Beyond Meat ist einem eigenen Code auf der Spur. Mithilfe eines führenden Stanford-Biologen legte Brown ein 200 Leute starkes Forschungsprogramm auf, um herauszufinden, »wie genau man Fleisch aus Pflanzen baut«. Burger und Würstchen, Gehacktes und Hühnchen-Nuggets. Ganz geknackt ist der Code bisher nicht und das vegane Fleisch noch vergleichsweise teuer, »aber wir werden da hinkommen«, sagt Brown beschwörend.

Leicht wird der Weg nicht, die emotionale Bindung vieler Menschen an »echtes« Fleisch und langjährige Essgewohnheiten ist enorm. Und anders als monopolistische Firmen im Internet hat Beyond Meat auch Konkurrenten auf Augenhöhe. Wegen schwachen Wachstums ist der Börsenkurs innerhalb eines Jahres um zwei Drittel gesunken. Hoffnung macht McDonald's, das den »McPlant« bereits in Filialen getestet hat und breitflächig anbieten könnte – und Europa. Brown gefällt der Ernst, mit dem die Menschen hier über Klima und Verantwortung reden. »Diese Bereitschaft, das Thema anzugehen« sei deutlich verbreiteter als in Amerika.

Vorteil Europa. Wer mit grünen Gründern und Expertinnen spricht, hört das oft. Die Verbraucher seien weiter, die Politiker mit dem European Green Deal und den nationalen Vorgaben oft auch – und teilweise sogar die Analysten und Investorinnen.

Lena Thiede ist so jemand. 14 Jahre lang war sie für das Bundesentwicklungsministerium tätig, kämpfte für Klimarettung und Biodiversität und lernte viel darüber, was wirklich nachhaltig ist. Als sie am Computer im Homeoffice über die grüne Gründerwelle spricht, ist bei ihr schon Sommer. Thiede lebt in Kapstadt – und gehört selbst zur Welle. 2020 gründete sie den Hamburger Wagniskapitalgeber Planet A mit, der nur in Firmen mit positiver Umweltwirkung investieren will. Zusammen mit Forschern bestimmt sie diesen »Impact«, schaut auf den ökologischen Fußabdruck von der Förderung der Rohstoffe bis zur Entsorgung; untersucht, ob dem Unternehmen ein langer Lebenszyklus und ein schnelles Wachstum beschieden sein dürfte. Ob es wirklich eine Systemveränderung bewirken kann. Und wie es relativ zu vergleichbaren Firmen abschneidet. »Impact ist ungleich Philanthropie«, sagt sie. Das Gute und das Geldverdienen gegeneinanderzustellen sei Vergangenheit.

Die Wette dahinter ist, dass sich Weltrettung und Geschäft ergänzen: Je stärker der Impact, desto größer die unternehmerischen Chancen. Wachstum, sagt Thiede, »ist dann etwas Positives«.

Ihre Logik: Da in Deutschland die CO_2-Emissionen in diesem Jahrzehnt halbiert werden sollen und die bestehenden Konzerne oft zu langsam sind, werden Start-ups dringend gebraucht. Die Newcomer treiben demnach die Entwicklung voran, egal ob sie hinterher selbst zu Konzernen werden oder in solchen aufgehen. Als Beispiel nennt Lena Thiede ein auf den ersten Blick einleuchtendes Beispiel: eine norddeutsche Firma, die eine echte Alternative zu Plastik gefunden hat.

Das Material, das an die Stelle von Plastik treten soll, ist gelb. Als Granulat sieht es aus wie gefärbter Rohrzucker, die Folie daraus spiegelt das Licht wie klassische Kunststoffverpackungen. Mechanisch stabil und elastisch zugleich, weist es Wasser und

Fette ab. Nur hat es einen entscheidenden Vorteil: Gelangt es in die Natur, zersetzt es sich innerhalb weniger Wochen und wird zu Kompost.

Das Labor, in dem es gerade optimiert wird, befindet sich in einer unscheinbaren Werkhalle in Buchholz bei Hamburg. Erst Anfang des Jahres sind sie hier eingezogen, die Chemiker und Ingenieurinnen des Start-ups Traceless. Auf einem Metallregal reihen sich Flaschen, Döschen, Proben aneinander, unter dem Waschbecken steht ein halb gefüllter Kasten Bier. Es sieht aus, als würden sie hier gerade erst loslegen. Dabei hat die Firma den ersten Durchbruch längst geschafft.

Die Chefin Anne Lamp hat das gelbe Material entwickelt. Es besteht aus Getreideresten der Agrarindustrie, von Bierbrauern und Stärkeproduzenten – alles biologisch. Keine künstlichen Polymerketten, keine Chemie. »Der Prozess ist leicht skalierbar und so designt, dass wir schon bei relativ kleinen Anlagen mit Kunststoff konkurrieren können«, sagt die Verfahrenstechnikerin beim Treffen in Buchholz. Mitte 2020 meldete Lamp das erste Patent an, heute erreichen sie und ihre Mitgründerin Johanna Baare jede Woche neue Kundenanfragen. Der Otto-Konzern will noch in diesem Jahr erste Versandtüten aus dem Produkt verschicken, Lufthansa die Verpackungen des Caterings an Bord ihrer Flugzeuge darauf umstellen.

Auch mögliche neue Geldgeber gibt es mehr als genug, weil die Zinsen gering sind und grün zu investieren im Trend liegt. Also können die Gründerinnen wählerisch sein: »Eine unserer ersten Fragen an Impact-Investoren ist: Was heißt Impact für euch? Da trennt sich dann die Spreu vom Weizen«, sagt Johanna Baare. Das Überangebot erlaubt ihnen, keine Kompromisse einzugehen und ökologisch sauber zu bleiben. Nur wer Nachhaltigkeit wirklich ernst nimmt, bekommt ein Stück von Traceless.

Das ist kein Einzelfall. Grüne Start-ups versuchen fast jeden Wirtschaftsbereich umzustülpen. Wenn es mit der Klimawende klappen soll, muss der CO_2-Ausstoß überall sinken. Oft heißt das nicht bloß, Software zu entwickeln, sondern vor allem Hardware. Dann ist mehr Kapital gefragt – und Geduld. Will eine Firma wie Climeworks aus Zürich mit riesigen Anlagen zum Auffangen von CO_2 aus der Luft auftrumpfen, dann setzt sie auf eine jahrzehntelange Entwicklung. Auch sogenannte E-Fuels, also Ökotreibstoffe für Flugzeuge oder Schiffe, werden noch viel Zeit und Geld brauchen. Wer am Ende vorne ist, dem winkt als Ausgleich ein gewaltiges Geschäft.

Die Weltrettung mit kapitalistischen Mitteln folgt ihren eigenen Gesetzen. Ist wie in der Autoindustrie der Wandel schon beschlossen, kann ein Northvolt schnell aufsteigen. Anderswo müssen die Revolutionäre erst mal durchhalten. Der Weg zur ersten Milliarde kann eben auch lang sein.

EIN MANN WILL NACH OBEN

Ein 91-jähriger Leipziger hat sich in den Kopf
gesetzt, die Windkraft neu zu erfinden.
Und womöglich gelingt ihm das auch

VON ANN-KATHRIN NEZIK

Horst Bendix hat Streit mit seiner Frau. Wegen des Windrads, natürlich. Seine Frau will, dass er Zeit mit den Enkeln verbringt. Aber er hat nur sein Windrad im Kopf. Seit Jahren geht das schon so. »Meine Frau schätzt das nicht«, sagt Bendix. »Und jetzt hängt der Haussegen schief.«

Ein Neubaugebiet in Leipzig, geklinkerte Einfamilienhäuser, gepflegte Vorgärten. An einem Sommertag sitzt Horst Bendix in seinem Arbeitszimmer, er trägt eine Strickweste, die Füße stecken in Lederpantoffeln. Bendix hat in dem niedrigen Raum sein gesamtes Windradwissen gesammelt: zusammengerollte Zeichnungen, Briefwechsel. Hunderte Seiten Papier, fein säuberlich abgeheftet in Aktenordnern. In der Ecke lehnt Bendix' Gehstock. Seine Beine wollen nicht mehr so wie er – Diabetes. Das ärgert ihn, aber was will er machen?

Bendix ist 91 Jahre alt.

In den vorangegangenen Monaten wurde viel über die Energiewende gestritten: darüber, wo all der grüne Strom für Autos, Fabriken und Heizungen herkommen soll. Wirtschafts- und Klimaminister Robert Habeck will das Tempo des Windkraftausbaus vervielfachen. Aber wie soll das gehen?

Horst Bendix hat da eine Idee. Seit zwölf Jahren hat sich der promovierte Maschinenbauingenieur dem Wind verschrieben. Herausgekommen ist eine Konstruktion, die mit allen Gesetzen der Branche bricht. Und von der Experten sagen, dass sie die Windkraft revolutionieren könnte. Es wäre der Beweis, dass ein

83

Einzelner sehr wohl etwas gegen den Klimawandel bewirken kann. Selbst wenn er 91 ist und taube Beine hat.

Bendix nimmt seinen Gehstock und schlappt rüber ins Wohnzimmer. Weil sein Schreibtisch zu klein sei, habe er hier oft auf dem Boden gelegen und seine Pläne gezeichnet, erzählt er. Dann tritt er durch die Terrassentür in den Wintergarten. Neben einem Gartentisch mit geblümter Wachsdecke steht es: ein Modell seines Windrads, so groß wie er selbst.

Ein normales Windrad sieht aus wie ein Bleistift: ein langer Turm aus Stahlbeton, an der Spitze der Rotor mit drei Blättern. Das Windrad von Bendix mit seinen drei dünnen Beinchen könnte man dagegen für ein übergroßes Fotostativ halten. Oben, an der Nabe, hängt auch keine Gondel mit den Maschinen. In Bendix' Konstruktion befindet sich der Generator am Boden. Ein Riemen überträgt die Kraft von den Rotorblättern dorthin, ähnlich wie beim Keilriemen im Auto.

Und: Bendix' Windrad – das ist der entscheidende Unterschied – soll riesig sein, 250 Meter vom Boden bis zur Nabe. Gut hundert Meter höher also als die meisten Windräder, die heute an Land gebaut werden. In 200, 300 oder 400 Metern Höhe weht der Wind viel stärker und beständiger als weiter unten, weil weder Siedlungen noch Wälder ihn bremsen. Der Konstrukteur glaubt, dass sein Windrad eine Leistung von zehn Megawatt haben wird – doppelt so viel wie ein normales Windrad an Land.

Wenn Bendix erklären soll, wie er zum Wind kam, landet er schnell bei seinem Lebensprinzip, dem er schon immer alles unterordnete: »Ungelöste Probleme müssen gelöst werden.« Er könne nicht anders, sagt Bendix mit seiner sehr hohen, sehr heiseren Stimme. Wenn er irgendwo ein Problem entdecke, müsse er es lösen.

Bendix hat sein halbes Leben in der DDR verbracht. Als talentierter und ehrgeiziger Ingenieur brachte er es bis zum Chefkonstrukteur des Kirow-Werks in Leipzig, eines über die Grenzen der DDR hinaus angesehenen Spezialisten für Kräne. »Ich war ein junger Mann, der etwas werden wollte«, sagt er über diese Zeit. Und ja, er sei auch in der SED gewesen, »weil ich wollte, dass Frieden im Land herrscht«. Jahrzehntelang löste Bendix technische Probleme der Deutschen Demokratischen Republik. Kleine – er erfand eine zusammenfaltbare Garage, weil er für seinen Wartburg keinen Unterstand fand. Und große – als Ende der Sechzigerjahre der Ostberliner Fernsehturm erstand, konstruierte Bendix einen Kran, um die Bauteile nach oben zu hieven. 60 Wirtschaftspatente will Bendix in seinem Leben angemeldet haben. 1995 ging er in Rente.

Vor zwölf Jahren stieß Bendix auf ein neues Problem, das bald zu seinem Lebensthema wurde: »Ich habe mir die Aufgabe gestellt, die Windkraft zu verbessern.« In einem Fachartikel eines Professors für Meteorologie, der ihm zufällig in die Hände geriet, hatte Bendix von der Kraft des Höhenwinds gelesen. Der Artikel brachte ihn auf eine einfache, aber bestechende Idee: Warum Windräder nicht einfach höher bauen und so den Wind nutzen, der weiter oben weht?

Jahrelang arbeitete Bendix allein in seinem Arbeitszimmer. Seine Tage sahen immer gleich aus: Um neun Uhr setzte er sich an den Schreibtisch und dachte über sein Windrad nach. Mittags rief ihn seine Frau zum Essen. Am Nachmittag ging es weiter. Und selbst abends, wenn seine Frau einen Film schaute, nahm er seine Hörgeräte raus und dachte weiter über das Windrad nach.

Er fuhr nicht in den Urlaub.

Er riskierte Streit mit seiner Frau.

Auch zwei Schlaganfälle stoppten ihn nicht. Seine Ideen hielt Bendix in einem kleinen blauen Buch fest. Die Pläne zeichnete er von Hand, nicht wie heute üblich am Computer.

Bendix ist kein Klimaaktivist. Er findet es zwar gut, dass junge Leute fürs Klima demonstrieren, er lobt Greta Thunberg. »Ideologisch unterstütze ich das voll«, sagt er. Es könne nicht sein, dass die Menschen jedes Jahr mit dem Flugzeug verreisten und ohne Ende konsumierten. Aber Bendix macht der Klimawandel keine

Angst. Er betrachtet ihn aus Sicht eines Ingenieurs. Er ist für ihn nur ein weiteres Problem, das gelöst werden muss. Und gelöst werden kann.

Auch an diesem Morgen hat Bendix schon E-Mails von seinem Computer verschickt, obwohl er das Ding hasst. Die Redakteurin eines Fachmagazins für erneuerbare Energien wollte etwas von ihm. Bendix ist heute ein gefragter Mann. Das war lange anders. Zehn Jahre lang versuchte Bendix, Partner für sein Windrad zu finden. Er ging auf Messen, schrieb Briefe an Windradhersteller. Manchmal bekam er gar keine Antwort. Dann wieder erhielt er höfliche Absagen: Man finde sein Projekt zwar interessant, aber wolle sich daran nicht beteiligen. Das finanzielle Risiko erschien den meisten zu hoch.

Es stimmt ja auch: Warum soll man ein Windrad überhaupt anders konstruieren? Die, die es gibt, liefern ja zuverlässig Strom. Und warum sollte das ausgerechnet ein 91-jähriger Einzelkämpfer schaffen, der seit 25 Jahren in Rente ist und keine Erfahrung als Unternehmer hat?

Die Ablehnung hat Bendix gekränkt, das merkt man. Sein gesamtes Berufsleben war er es gewohnt, dass man ihn und seine Arbeit schätzte. Die DDR verlieh ihm sogar zweimal den Nationalpreis, eine Auszeichnung für besondere naturwissenschaftliche oder technische Leistungen. Doch irgendwann kamen Bendix selbst Zweifel. Nicht an seiner Konstruktion, an die hat er immer geglaubt. Aber daran, dass es ihm gelingen würde, Partner zu finden, die sein Windrad bauen wollten.

Vor einigen Jahren sagte Bendix seiner Frau, dass er einen letzten Versuch starten werde. Er zog seinen Anzug an und ging auf eine Veranstaltung im Leipziger Zentrum. Die Bundesagentur für Sprunginnovationen feierte dort ihre Eröffnung, ein Institut, das im Auftrag der Bundesministerien für Wirtschaft und Bildung bahnbrechende Ideen fördern soll. Auf dem Gang vor den Toiletten sprach Bendix Rafael Laguna an, den Direktor, und übergab ihm sein blaues Buch, so erinnert sich Laguna.

Auch er habe den alten Mann zunächst für einen Spinner gehalten, sagt Laguna. »Aber wir suchen ja eine bestimmte Sorte Spinner.«

Laguna reichte das blaue Buch an seinen Kollegen Martin Chaumet weiter, einen Energieexperten, der sich kurz darauf meldete: Bendix' Idee habe vielleicht wirklich das Potenzial, die Windkraftbranche zu verändern. »Die Einfachheit und Schlichtheit seiner Konstruktion hat mich beeindruckt«, sagt Chaumet heute. »Die Kraft von oben nach unten zu leiten ist ein uraltes Prinzip. Windmühlen funktionieren so.« Wenn etwas kaputtgehe oder gewartet werden müsse, müsse nicht jedes Mal ein Arbeiter nach oben klettern. Das mache Bendix' Turm kostengünstiger und robuster.

Nun soll das Windrad Wirklichkeit werden. Chaumet hat ein Ingenieurbüro beauftragt, das Bendix' Konstruktion im Detail ausarbeitet. Es gibt eine Firma und mehrere Millionen Euro an Fördergeldern. Auch einen Namen gibt es schon: HBX1. HBX – so wie Horst Bendix E-Mails und Briefe unterschreibt. In ein bis zwei Jahren soll ein erstes, 30 Meter hohes Modell des Windrads stehen, in fünf Jahren schließlich ein Prototyp in Originalgröße. Einen Standort dafür zu finden wird nicht leicht. Im ganzen Land wehren sich Bürgerinitiativen gegen Windkraft. Wie wird das erst bei einem Riesenwindrad?

Rafael Laguna, der Chef der Agentur für Sprunginnovationen, schätzt die Erfolgschancen des Projekts auf »fifty-fifty«. So sei das bei einer potenziell bahnbrechenden Erfindung. Man wisse erst am Ende, ob sie in der Praxis funktioniere.

Ein Telefonat mit Bendix im August, zwei Monate nach dem Treffen in Leipzig. Seine Stimme klingt noch höher und heiserer als sonst, er wirkt aufgeregt. Die Windkraft habe mächtige Gegner, ruft er ins Telefon, und er wolle es sich auch nicht mit der Agentur für Sprunginnovationen verderben. Vieles dürfe er deshalb nicht erzählen. Zum Beispiel, wie viel Geld ihm die Agentur für seine Patente gezahlt habe ober wie die Firma heißt, die sein Windrad bauen soll.

Bendix fällt es schwer loszulassen. Ihm gefällt nicht, dass jetzt andere über seine Idee mitentscheiden. Am meisten ärgert ihn, dass alles so lange dauert. Bendix fürchtet, dass er den Bau des Prototyps nicht mehr erleben wird. Er merkt, dass seine Kräfte schwinden. »Ich muss es schaffen«, sagt er. Es wirkt wie eine Beschwörung. Wie viele Männer seiner Generation lässt sich Bendix Krankheiten nicht anmerken, Disziplin bis zur Selbstaufgabe. Fragt man ihn, wie es ihm geht, antwortet er: »Fragen Sie nicht. Es ist, wie es ist.«

Von seiner Frau erfährt man später, dass er nicht mehr stundenlang über sein Windrad reden könne, weil es ihm dann hinterher schlecht gehe. Aber seine Frau hat nach 45 Ehejahren ein bisschen resigniert. Es nutzt ja nichts. Sie weiß, dass sie ihn mit einem Windrad teilen muss.

JÄGERIN DER VERLORENEN DÜFTE

Die Botanikerin Luiza de Paula will seltene Pflanzen
retten, indem sie diese zu Parfüm verarbeiten lässt.

VON THOMAS FISCHERMANN

Luiza de Paula ist zu einer Expedition aufgebrochen, mit
Wanderschuhen und Rucksack, auf der Suche nach einem
Schatz. Die Botanikerin hat sich in den Kopf gesetzt, im kargen
Hochland des brasilianischen Nordostens nach einer seltenen
Blume zu suchen. In dieser Gegend sollen noch ein paar letzte
Exemplare von Griffinia gardneriana gedeihen, einem Narzis-
sengewächs, dessen geschwungene weiße Blütenblätter an eine
Lilie erinnern. Die Brasilianerin will diese Blume unbedingt fin-
den – und ein Parfüm für einen Kosmetikkonzern daraus ma-
chen.

Das Vorhaben klingt erst mal schockierend, denn es gibt ja einen Grund dafür, dass man diese Blume kaum finden kann: Sie ist
vom Aussterben bedroht. *Griffinia gardneriana* steht gleich auf mehreren Listen gefährdeter Pflanzenarten, weshalb sich de Paula
auch auf eine längere Suche einstellt. Sie weiß, dass diese Blume
karge, schwer zugängliche Stellen auf Hochebenen bevorzugt,
dass sie sich für große Teile des Jahres in eine Knolle unter der
Erdkruste zurückzieht und nur wenige Tage blüht. Das Aufblü-
hen brachte wissenschaftliche Forscher in der Vergangenheit regelmäßig ins Schwärmen: »Eine Blüte wie ein Urknall« wird in
alten Berichten beschrieben – und: »eine Explosion an Düften«.

Die Kosmetikindustrie einschließlich der Naturkosmetikbran-
che ist immer mal wieder wegen ihrer Ingredienzen in die Schlag-
zeilen geraten: Viele ihrer beliebtesten Stoffe wie Palmöl oder
Rosenholzöl mögen zwar »natürlich« sein, doch ebendeshalb
richtet ihr Abbau in der Natur manchmal Schaden an. Bedrohte

Blumenarten für besonders rare Parfümsorten zu jagen wirkt da wie eine besonders problematische Steigerung.

Aber de Paula behauptet: Falsch, ihre Expedition diene sogar dem Artenerhalt.

Die Botanikerin, die derzeit an der Universität des brasilianischen Bundesstaates Minas Gerais forscht, hat sich einer 2018 in den USA gegründeten Gruppe namens The Red List Project (TRLP) angeschlossen. TRLP verschreibt sich dem Schutz bedrohter Pflanzen. Die Gruppe betreibt und fördert wissenschaftlich konzipierte botanische Projekte in einem guten Dutzend Ländern, von Hawaii über Kuba bis Fidschi. Sie beschützt die Lebensräume bedrohter Pflanzen oder siedelt diese an geeignete neue Orte um.

Das geht ins Geld, sodass die TRLP-Gründerin Peggy Fiedler, eine emeritierte Biologieprofessorin von der Universität Berkeley, klagt: »Es ist sehr schwierig, Fördermittel für den Schutz seltener Pflanzen zu bekommen – Tierschützer haben es mit ihren Spendenaufrufen viel leichter!«

Da kommt Luiza de Paula mit ihren Rucksacktouren ins Spiel. Die Brasilianerin weiß, dass etliche bedrohte Pflanzen außergewöhnliche, exotische Duftnoten produzieren, die kaum ein Mensch kennt. So kamen sie bei TRLP vor einigen Jahren auf ihre Parfüm-Idee. Wie faszinierend wäre es denn, ein rares, teures Parfüm aus solchen Blüten oder Blättern zu gewinnen und mit den Einnahmen Umweltprojekte zu finanzieren? Könnte ein »Dior Extinction« oder »Death of a Flower by Chanel« vielleicht zum Markthit werden? Könnten Gewinne aus diesen Kreationen dringend benötigtes Kapital für den Pflanzenschutz einbringen?

»Wir leben nun mal im Kapitalismus«, sagt die TRLP-Gründerin Fiedler und zuckt mit den Schultern. »Wir hatten keine Berührungsängste gegenüber der Industrie.«

Das Problem mit der ursprünglichen Idee war allerdings, dass sie ein bisschen pervers wirkt: Wer würde vom Aussterben bedrohte Pflanzen ernten und zu Parfüm zu zermatschen? Selbst wenn dahinter die Absicht steht, Geldmittel für den Erhalt der

Lebensräume dieser Pflanzen aufzutreiben und auf diese Weise die Art vor dem Aussterben zu bewahren?

Das andere Problem mit der Parfümherstellung ist, dass sie in den meisten Ländern der Welt verboten wäre. »Vielerorts ist es schon schwierig genug, die Genehmigung für die wissenschaftliche Untersuchung solcher Pflanzen zu bekommen«, sagt Vanessa Handley, eine weitere Botanikerin, die TRLP wissenschaftlich berät. »An eine kommerzielle Nutzung ist dann erst recht nicht zu denken.«

So wurde der ursprüngliche Plan zurückgestellt, auch wenn Handley nicht ausschließen mag, in Zukunft ein paar bedrohte Spezies für Parfümzwecke in speziellen Gewächshäusern zu ziehen. Doch als die TRLP-Leute mit einigen führenden Kosmetikherstellern sprachen, stellten sie fest, dass es einen viel umweltverträglicheren Weg gab: virtuelle Parfüms.

In der Parfümindustrie ist es längst üblich, den Geruch bestimmter Pflanzen nicht mehr unbedingt aus ihren Blüten, Blättern, Stängeln oder Wurzeln zu gewinnen. Stattdessen wird der sogenannte headspace einer Pflanze analysiert – ihr Duft –, und der wird fürs Parfüm dann aus anderen pflanzlichen Essenzen oder mithilfe von Chemie wieder zusammengesetzt. Das ist eine hoch spezialisierte Arbeit, die bestimmte Chemiker und Parfümfachleute mit Supernasen leisten können.

Seit den 1980er-Jahren wurde dafür außerdem Hightech entwickelt: empfindliche Sensoren, die viele herumschwirrende Düfte über einer Pflanze identifizieren können. Auf diese Weise hat die Parfümindustrie es sogar geschafft, nicht nur den Duft einzelner Pflanzen zu reproduzieren, sondern den ganzer Blumenwiesen, Waldstücke oder exotischer Biotope.

Um sein Konzept zu demonstrieren, hat TRLP gemeinsam mit der niederländischen Parfümfirma Baruti erst mal zwei Düfte entwickelt, die testweise als Raumsprays auf den Markt gebracht worden sind: »Baruti Portlandia« ist auf der Basis eines Busches aus Jamaika entstanden, und »Palermo Violet« riecht wie ein seltenes Veilchen aus Sizilien. Beide Pflanzen stehen auf Listen bedrohter

Pflanzenarten, aber fürs Raumspray mussten sie nicht ausgerissen werden. Die Duftfachleute reisten stattdessen zu den Pflanzen hin.

Peggy Fiedler, die TRLP-Gründerin, rechnet pro Jahr mit »Zehntausenden Dollar« Gewinn aus diesen Projekten, die sie dann in den Pflanzenschutz stecken kann. Sie hofft auch auf pädagogische Effekte. Vielleicht könnten die betörenden Düfte bedrohter Pflanzen mehr Menschen für die Sache des Artenschutzes interessieren? Fiedler stellt sich vor, dass beispielsweise eine exklusive Hotelkette ein solches Parfüm als wiedererkennbares Signature-Spray für ihre Foyers oder ihre Bettwäsche benutzen könnte. In den Zimmern lägen dann ein paar Informationskärtchen über die Herkunft der Aromen, zusammen mit einer dezenten Werbung für mehr Engagement im Pflanzenschutz.

Aus dem seltenen Narzissengewächs, nach dem Luiza de Paula jetzt mit Rucksack und Wanderstiefeln sucht, soll aber kein schnödes Raumspray werden. TLRP verhandelt über diese Blume mit einem großen Hersteller für Damenparfüm. Aus der Literatur weiß die Botanikerin, dass der Geruch von Griffinia gardneriana stark süßlich ist. Sie ist fasziniert von dieser Blume, die in einer Gegend überlebt habe, in der sie sich immer wieder an sehr harsche Verhältnisse anpassen musste.

Doch gegen die neuesten Verhältnisse in Brasilien ist vielleicht selbst eine so widerstandsfähige Pflanze machtlos. Die Politik des Landes ist heute darauf ausgerichtet, möglichst schnell das Agrobusiness, Verkehrswege und Siedlungen in die riesigen Naturregionen des Landes vorrücken zu lassen, im Zeichen von Wirtschaftswachstum und Entwicklung.

Noch gilt Brasilien als das Land mit der weltweit größten Artenvielfalt im Tier- und Pflanzenreich, wo Botaniker jedes Jahr mehr als 200 neue Pflanzenspezies beschreiben. »Viele Arten, die jetzt aussterben, werden vielleicht gar nicht mehr entdeckt«, sagt de Paula, die selber schon in 15 Fällen an der Entdeckung neuer Arten beteiligt war. Sie will Blumen suchen, solange sie noch kann. »Und wenn sie gut riechen, machen wir daraus vielleicht das nächste Parfüm.«

MIT BRENNENDEN REIFEN

Ob für Schiffe oder Rolltreppen: Wer Stahl herstellt,
schadet dem Klima. In Australien soll das nun anders
werden – durch Müll.

VON VERA SPROTHEN

Das Stahlwerk der Firma Molycop ist leicht zu übersehen. Der Eingang liegt versteckt in einem Wohngebiet von Newcastle, mit den typisch australischen Vorstadthäusern, von deren Holzfassade die mintgrüne Farbe blättert. Ab und an hallt das Scheppern der Schrottmagnete über die Dächer. Und in der Stille, die darauf folgt, glaubt man das Flügelschlagen der Libellen zu hören, die durch den aufgewirbelten Staub fliegen, um dann auf einem rostigen Eisenteil zu verharren, einem Haufen verbogenen Drahts oder einem Sack voll rußiger Kohle. Wer hier über das Gelände läuft, würde wohl kaum auf die Idee kommen, dass hier ein vielversprechendes Projekt der Klimawende steht.

Das hat mit dem Stahl zu tun, der hier produziert wird. Wer ihn herstellen will, brauchte bisher Eisen – und klimaschädliche Kohle. Schon in der Eisenzeit schmiedeten anatolische Krieger damit ihre Dolche und später im Mittelalter deutsche Ritter ihre Schwerter. Bis heute bewegt Stahl, der mit Kohle geschmolzen wurde, unseren Alltag – in Containerschiffen, Rolltreppen, Schlittschuhen.

Doch die Zeiten ändern sich. Seitdem sich die Welt neue Klimaziele gesteckt hat, ist die Branche in Bewegung geraten. Konzerne rund um den Globus wollen auf neuartige Wasserstofftechnologie umschwenken, um ihre Abhängigkeit von schmutziger Kohle zu beenden. Das würde enorm viel Klimagas einsparen, denn im Schnitt verursacht jede Tonne Stahl zurzeit fast zwei Tonnen CO_2. Bis zu neun Prozent der weltweit ausgestoßenen Treibhausgase kommen laut World Steel Association aus der Stahlproduktion.

Obwohl man es nicht auf Anhieb sieht, dieses kleine Stahlwerk an der Ostküste Australiens ist ein Pionier der grünen Materialforschung. Denn Molycop hat eine ungewöhnliche Methode gefunden, Stahl ressourcenschonender und klimafreundlicher herzustellen, als es Produzenten bisher tun. Das Unternehmen ist dabei, die Kohle im Schmelzofen abzuschaffen und mit alten Autoreifen zu ersetzen. Es macht Stahl aus Müll.

Produzenten wie Molycop sind schon jetzt klimafreundlicher als die meisten anderen. Das liegt daran, dass sie Stahl nicht in einem traditionellen Hochofen produzieren, der Unmengen an Kohle zum Heizen benötigt. Vielmehr schmelzen sie alten Stahl zu neuem ein. Dazu braucht man schon jetzt wesentlich weniger Kohle, was Emissionen deutlich senkt. Und man kann einen elektrisch betriebenen Ofen nutzen. Rund 26 Prozent des weltweiten Stahls wurden nach Angaben der World Steel Association vergangenes Jahr so hergestellt. Elektrische Stahlwerke, sogenannte Lichtbogenöfen, soll es in Zukunft immer mehr geben, am liebsten mit Ökostrom betrieben. Das würde einen Teil des Klimaproblems der Branche lösen. Den anderen Teil soll Wasserstoff liefern – so macht es bereits der schwedische Hersteller SSAB vor.

Das klingt gut, doch Experten dämpfen die Vorstellung, es ließe sich bald massig »grüner Stahl« aus »grünem Wasserstoff« herstellen. Bis mindestens 2030 werde es EU-weit nicht genug grünen Wasserstoff geben, warnte ein Forscher-kollektiv des Energiewende-Projekts Ariadne erst im November. Die Herstellung ist schwierig, der Stoff teuer. Auch müssten Stahlwerke erst ihre gesamten Anlagen aufwendig umrüsten, bevor sie grün werden.

Sogar benutztes Kaffeepulver
taugt zur Produktion

Bis dahin wird die Stahlproduktion recht schmutzig bleiben. Es sei denn, man entdeckt Alternativen. In Australien findet Molycop sie im Abfall der gigantischen Rohstoffminen des Landes:

alte Lastwagenreifen, ausrangierte Förderbänder, abgewetzte Bergarbeiterschuhe. Das Unternehmen schreddert den Gummi und spritzt ihn tief in die luftarmen Glutschichten seines Stahlofens ein, wo die Temperatur gerade heiß genug ist, dass Autoreifen und Schuhsohlen in ihre Kernbauteile zerfallen: Kohlenstoff und Wasserstoff.

»Die Leute haben immer gleich diese Bilder im Kopf von brennenden Reifenbergen«, sagt Veena Sahajwalla, seufzt laut und kichert dann plötzlich. Sie ist die Erfinderin des Verfahrens, das sie Polymer-Injektionsverfahren taufte, und wurde für ihre Arbeit bereits mehrfach preisgekrönt. An der Universität von New South Wales in Sydney leitet sie das Zentrum für nachhaltige Materialforschung und -technologie.

»Es geht hier nicht ums Verbrennen. Es geht darum, zu zeigen, dass dieses Material eine wichtige chemische Reaktion im Stahlofen auslöst, für die bisher durchweg nur Kokskohle zuständig war«, sagt Sahajwalla. Das Prinzip funktioniert, weil reines Eisen in der Natur so gut wie nicht vorkommt, sondern nur als Eisenerz – eine Verbindung aus Sauerstoff und Eisen. Stahlkocher brauchen aber Roheisen. Daran kommen sie mit einem Trick, auch Reduktion genannt: Sie packen Kohle mit in den Hochofen. Wenn der heiß genug ist, lösen sich die Sauerstoffmoleküle vom Eisen und verbinden sich mit dem Kohlenstoff zum klimaschädlichen CO_2.

Bietet man ihnen stattdessen Wasserstoff als Partner an, werden sie zu harmlosem Wasserdampf

»Mit Wasserstoff kann man die Kohle komplett eliminieren«, sagt Sahajwalla. Diese Erkenntnis hat sie zum Nachdenken gebracht. Wo mag sich der Wasserstoff denn sonst noch verstecken? Seit Jahren untersucht die Forscherin Alltagsmaterial auf seinen Wasserstoffgehalt und hat Erstaunliches zutage gefördert: Nicht nur alte Reifen können die chemischen Prozesse im Innern eines Hochofens verbessern, sondern auch leere Tonerkartuschen, zerhäckselte Computertastaturen oder Laptopbatteriegehäuse. Selbst benutztes Kaffeepulver taugt, zeigen Sahajwallas Studien. Wasserstoffanteil: mehr als 6 Prozent. Die Idee, sagt sie und kichert wieder, sei ihr beim Kaffeetrinken gekommen.

Für Molycop ist Müll ein Wertstoff geworden. 40 Prozent seiner Reduktionskohle ersetzt das Stahlwerk bereits durch zerhäckselte Altreifen und Plastik. Bald sollen es 60 bis 70 Prozent sein, denn an Abfall mangelt es nicht. Allein 56 Millionen ausrangierte Reifen fallen jedes Jahr in Australien an. Mehr als die Hälfte wurde bisher im Ausland verklappt, verbrannt in Zementwerken in Malaysia oder Südkorea, der Rest mehrheitlich in den Weiten des Kontinents verscharrt. Am 1. Dezember aber hat Australien als weltweit erstes Land den Altreifen-Export verboten.

Molycop zählt alle wichtigen Minenbetreiber im Land zu seinen Kunden und hat mit einigen schon Abnahmedeals ausgehandelt. So fahren Molycops Trucks jetzt auf manchen Strecken frische Stahlprodukte ins Outback – Güterzugräder oder Mahlkugeln zum Zertrümmern von Gestein – und kommen bepackt mit Reifen zurück. Es ist ein Kreislauf, der allen nützt.

Gummi könnte die Lücke füllen, bis es genügend grünen Stahl gibt

Im Steuerraum des Stahlwerks stehen an diesem Tag dem Materialmanager Michael Davies Schweißtropfen auf der Stirn. Das digitale Thermometer an der Wand zeigt 1651 Grad Celsius, bei der Temperatur wird der Stahlofen zum Reaktor. Dann schmelzen Schrott oder Eisenerze, lösen sich Sauerstoffmoleküle, entsteht Stahl. Eine gleißende Flammenwolke schießt aus dem Kessel, Funken sprühen, dann fließt eine glühende, schaumige Schlackeschicht wie Lava aus einer Luke.

Die Schlacke sitzt auf dem flüssigen Stahl wie Cappuccinoschaum auf heißem Kaffee. Sie sorgt dafür, dass möglichst wenig Wärme verloren geht. Je besser sie isoliert, desto weniger Energie braucht man zum Stahlschmelzen. Für ein Stahlwerk wie das von Molycop, das die nötige Hitze im Kessel mit Strom erzeugt, ist das ein Gewinn.

Allein mit der Menge Elektrizität, die das Werk täglich frisst, käme eine Kleinstadt im Umland zwei Wochen lang aus, flachsen die Männer bei Davies im Kontrollraum. Was sich einsparen lässt, spart nicht nur Geld. In Australien, wo Strom noch immer weitgehend aus Kohle gewonnen wird, senkt es auch Treibhausgase – auch wenn Molycop schon zu 50 Prozent saubere Wind- und Sonnenkraft kauft.

Die Gummi-statt-Kohle-Methode ist insofern ein Puzzleteil im Bestreben der Stahlindustrie, ihre Kohleabhängigkeit zu mindern. Sie ist gemacht für den Einsatz in strombetriebenen Lichtbogenöfen, die ohnehin vergleichsweise wenig Kohle verbrauchen. Aber bis es endlich genug grünen Wasserstoff gibt, könnte Gummi die Lücke füllen.

Molycop senkt damit nach eigenen Angaben gut ein Prozent seiner CO_2-Emissionen und 2,5 Prozent des Energieaufwands. Das klingt nach wenig, summiert sich aber bei den Hunderttausenden Tonnen Stahl, die das Werk jährlich produziert. Wichtiger ist den Konzernlenkern ohnehin der Ausblick: »Wir machen Stahl nachhaltiger mit etwas, was sonst auf der Müllhalde landet. Wir brauchen nichts neu zu kaufen, nichts aus China anzuschiffen, nichts aus der Erde zu graben. Wir streben die Kreislaufwirtschaft an«, sagen sie.

Nur eines könnte die globale Verbreitung des australischen Stahl-aus-Müll-Prinzips bremsen: Konkurrenz um Rohstoffe. Denn auch andere erkennen den Wert von Abfall. Ein findiger Unternehmensgründer im Saarland etwa hat eine Art Hightech-Schwitzkammer entwickelt, in der sich Tonnen von Altreifen in ihre Grundstoffe Kohle, Gas und Öl zurückverwandeln.

Jahrelang nahm von der kleinen Pyrum AG kaum jemand Notiz. Dann aber wurde der Ludwigshafener Chemiekonzern BASF aufmerksam, stieg 2020 als Investor ein und sicherte sich gleich mehrere Jahresrationen des den Altreifen abgerungenen Öls, um daraus neues Plastik und andere Produkte zu machen. Reifenhersteller wiederum zahlen Pyrum gerade um die 700 Euro für eine Tonne zurückeroberten Kohlenstoffs. Firmen wie Pyrum, die sich auf sogenannte Pyrolyse spezialisiert haben, entstehen gerade überall in der Welt: in Australien, in Österreich, in Schweden.

»Gut so«, sagt Veena Sahajwalla. Die Materialwissenschaftlerin ist begeistert über den Wettbewerb um die Produkte von der Müllhalde. »Unsere Ressourcen auf diesem Planeten sind begrenzt. Warum sollten wir sie nicht endlich entsprechend wertschätzen?«

CO$_2$ GEHT INS GEFÄNGNIS

Forscher haben eine Technologie erfunden, die CO$_2$ aus
der Atmosphäre holt. Kann sie helfen, die Erde zu retten?

VON MAREN JENSEN UND RICARDA RICHTER

Inmitten einer grünen Berglandschaft in Island, rund 30 Kilometer östlich der Hauptstadt Reykjavík, steht eine Maschine, die den Menschen Zeit verschaffen soll. Mehr noch: Sie soll einen Teil der Zeit wieder zurückdrehen, die in den letzten Jahrzehnten verschwendet wurde. Acht rechteckige Container auf grauen Betonklötzen. Auf der einen Seite Lamellen vor einer Gitteröffnung, durch die Luft einströmen soll, auf der anderen je zwölf Ventilatoren. Sie sollen helfen, die Erhitzung der Erde zu stoppen, indem sie das CO$_2$ zurück aus der Atmosphäre holen. Wie ein riesiger Luftfilter.

Die Technologie mit dem Namen Direct Air Capture (DAC), die hinter der Anlage steckt, weckt große Hoffnungen für den Klimaschutz. Aber was kann diese Technologie wirklich? Ist sie nur ein schönes Versprechen, oder kann sie tatsächlich eine wichtige Rolle spielen? Wir haben uns auf eine Reise gemacht, die Antwort zu finden.

Die Anlage auf Island, Orca genannt, geht im September 2021 erstmals in Betrieb. Wer verstehen will, wie sie funktioniert und was sie besonders macht, muss aber zunächst in die Schweiz fahren, genauer gesagt: auf eine Müllverbrennungsanlage in der Ortschaft Hinwil. Dort oben auf dem Dach, mit Blick auf die nördlichen Ausläufer der Alpen, steht seit 2017 die erste kommerzielle DAC-Anlage der Welt. Sie ist so etwas wie der ältere Bruder von Orca, beide entwickelt und gebaut von dem Züricher Unternehmen Climeworks.

»Was wir hier machen, ist im Prinzip industrielle Fotosynthese«, sagt Christoph Beuttler, ein Mitarbeiter, der an diesem Tag über die Anlage führt. Er muss laut sprechen, das Dröhnen und

Piepsen des Heizkraftwerks mischt sich mit dem Rauschen der Ventilatoren. Die Umgebungsluft wird durch einen Filter gesogen, der das CO_2 absorbiert, erklärt Beuttler. Ist der Filter voll, schließen sich die Öffnungen auf beiden Seiten, das Innere wird auf rund 100 Grad erhitzt. Dadurch löst sich das CO_2 wieder und kann abgesaugt werden. Rund vier Stunden dauert ein Durchlauf.

Das Problem ist: Das gewonnene CO_2 muss auch wieder irgendwohin. In Hinwil wird es verkauft, einer der beiden Abnehmer ist der direkte Nachbar: ein Gewächshaus so groß wie sechs Fußballfelder, unter dessen Glasdächern Tomaten, Gurken, Auberginen und im Winterhalbjahr Feldsalat sprießen. »Von hier oben verläuft eine direkte Leitung bis zu den Pflanzen«, sagt Beuttler. Eine zweite Climeworks-Anlage am gleichen Standort versorgt seit 2019 Coca-Cola. Das CO_2 landet als feine Perlen im konzerneigenen Mineralwasser Valser. Will man aber die Erderhitzung nachhaltig bekämpfen, reicht es nicht, das CO_2 nur wieder zu verwerten, es muss verschwinden.

Dafür bietet die Anlage auf Island eine Lösung. »Der große Unterschied ist, dass wir das CO_2 von Orca nicht verkaufen, sondern in der Erde speichern«, sagt Beuttler. »Für mindestens 10 000 Jahre.«

Wie das aussieht, lässt sich schon heute beobachten – an einem Vormittag Ende August 2021, nur ein paar Hundert Meter von Orca entfernt. Kári Helgason sitzt mit Helm und neongelber Schutzweste in seinem Tesla und fährt über das Gelände des Geothermiekraftwerks Hellisheiði. Der Wind peitscht über die Ebene, unter den Reifen knirscht der Schotter der unbefestigten Wege. Helgason ist einer von neun Kollegen, die mit ihrem Verfahren Island zum Zukunftsstandort für die Endlagerung von CO_2 machen wollen. »Wir haben hier in Island gigantisch viel Platz«, sagt er. »Genug für das Hundertfache der jährlichen Emissionen weltweit.«

Helgason leitet die Forschungsabteilung des Start-ups Carbfix. Er und seine Kollegen haben eine Methode entwickelt, die das

CO_2 innerhalb von nur zwei Jahren zu Carbonat mineralisieren lässt. Das heißt: Das von Orca aus der Luft gesaugte CO_2 wird unter der Erde so fest wie Stein.

Auf dem Gelände des Kraftwerks Hellisheiði sieht es aus wie in einer anderen Welt. Silberne Iglus aus Stahl stehen auf der schwarzen Vulkanerde, in der Ferne steigt weißer Wasserdampf in den Himmel. Helgason parkt den Wagen und betritt eines der Iglus. Die Türen muss er offen lassen, um im Falle eines Lecks nicht zu ersticken. Im Inneren werden zwei massive Rohre zusammengeführt, die im Boden verschwinden. In dem einen kommt das CO_2 als eine Art Sprudelwasser an. Durch das andere fließt noch Salzwasser hinzu. 800 Meter tief wird das Gemisch in die Erde gepumpt.

In das, was hier auf Island geschieht, setzt Climeworks große Hoffnungen. Das Geschäftsmodell des Unternehmens beruht auf der Erkenntnis: Um die Ziele des Pariser Klimaabkommens einzuhalten, wird es nicht ausreichen, die Emissionen zu senken. Die meisten Szenarien gehen davon aus, dass das 1,5-Grad-Ziel schon in den nächsten Jahren überschritten wird. Das heißt: Die Welt muss sich spätestens in der zweiten Hälfte des Jahrhunderts bemühen, dahin zurückzukehren, und CO_2 entfernen.

Eine Woche vor der Eröffnung auf Island gibt sich einer der beiden Geschäftsführer von Climeworks, Christoph Gebald, in Zürich optimistisch. Orca sei die erste Anlage mit impact. »Damit haben wir Tag für Tag einen realen, direkten Einfluss und eine reale Kühlung der Atmosphäre.«

Was er nicht sagt und was man auch nur sehen kann, wenn man sich die Zahlen genau ansieht: Dieser Einfluss ist noch immer sehr gering. Zwar ist Orca die bisher größte Anlage weltweit. Doch auch sie kann nur 4000 Tonnen CO_2 im Laufe eines Jahres aus der Luft filtern. Zum Vergleich: Der weltweite Ausstoß beträgt rund 40 Gigatonnen im Jahr, zehn Millionen Mal so viel. Wie sehr Direct Air Capture dazu beitragen kann, das Klima zu retten, hängt also davon ab, was die Technologie kostet und wie viele Anlagen welcher Größe aufgestellt werden.

Ein Anruf bei Jessica Strefler vom Potsdam-Institut für Klimafolgenforschung soll Klarheit bringen. Sie untersucht das Potenzial der CO_2-Entnahme und sieht Chancen. Direct Air Capture brauche keine großen Flächen. »Im Prinzip kann man die Anlagen überall hinbauen«, sagt sie. »Sie brauchen nur genügend Energie und eine Speichermöglichkeit, dann können sie auch in der Wüste stehen.« Die Lagerung des CO_2 gelte als relativ sicher.

Ein Nachteil sei der enorme Energieverbrauch, der aus erneuerbaren Quellen gedeckt werden müsse. Das heißt: Man kann die Anlagen nur aufstellen, wenn es wie auf Island viel grünen Strom gibt. Ein anderer Nachteil sind die hohen Kosten. Finanziert wird die Industrie bisher vor allem von der Privatwirtschaft. Große Namen wie Microsoft und Audi haben investiert, im August verkündete der Schweizer Rückversicherer Swiss Re, CO_2-Entnahmen im Wert von zehn Millionen Dollar zu finanzieren. Auch Privatpersonen können sich beteiligen. Für 49 Euro im Monat verspricht Climeworks, rund 50 Kilogramm CO_2 aus der Luft zu saugen. Über 8000 Menschen haben mittlerweile ein Abo abgeschlossen, in der Hoffnung, dass die Technologie etwas ändert.

Um genauer zu verstehen, welche Zukunft ihr bevorsteht, gehen wir zurück in der Zeit und sprechen mit dem Mann, der die Idee dazu hatte. Klaus Lackner wohnt acht Zeitzonen westlich von Deutschland in der US-Stadt Phoenix. Über Zoom berichtet er, dass er eine Tonne CO_2 für 1000 Euro bei Climeworks gekauft habe. Lackner ist Direktor des Center for Negative Carbon Emissions an der Arizona State University, ohne ihn hätte es die Schweizer Firma vielleicht nie gegeben.

Lackner ist Physiker aus Heidelberg und kam Ende der 1970er-Jahre für eine Postdocstelle in die USA. 1999 veröffentlichte er eine Arbeit, in der er als erster Wissenschaftler das künstliche Einfangen von Kohlenstoffdioxid aus der Luft vorschlug, um der globalen Erwärmung entgegenzuwirken. Das Direct-Air-Capture-Verfahren wurde zu seinem Fachgebiet. Was ist notwendig, damit die Technologie sich durchsetzt? Lackner sieht den wichtigsten Hebel für Wachstum im Preis: »Wenn die CO_2-Entnahme 1000 Dollar pro Tonne kostet, sagt jeder, das geht nicht. Wären es fünf Dollar, würden wir uns schon nicht mehr darüber streiten.« Wie schnell eine Technologie günstiger werden könne, habe man bei Solar- und Windenergie Anfang der 2000er-Jahre beobachten können. Mit jeder Verdoppelung der Produktion sei der Preis um 20 bis 25 Prozent gesunken.

Lackner weiß aber auch: Der enorme Erfolg erneuerbarer Energien war der politischen Steuerung wie in Deutschland durch das Erneuerbare-Energien-Gesetz geschuldet. Und das Lagern von CO_2 erzeugt gerade in Deutschland auch Ängste.

Am Ende unserer Suche steht fest: Bis die Idee von Lackner die Welt den Klimazielen wirklich näher bringt, wird es dauern. Alle, die wir getroffen haben, sind sich außerdem einig: Direct Air Capture wird nur ein Puzzleteil von vielen sein. Eine Ergänzung zur massiven Verminderung von Emissionen, kein Ablass dafür.

Climeworks immerhin plant, in zwei bis drei Jahren bereits die nächste Anlage in Betrieb zu nehmen, zehnmal so groß wie Orca. In der zweiten Hälfte der 2020er will das Unternehmen die Megatonnen-Kapazität durchbrechen, ab 2050 jährlich eine Gigatonne CO_2 aus der Atmosphäre ziehen. Auch andere Unternehmen arbeiten weltweit am Durchbruch. Wenn Orca noch nicht die Lösung ist, dann zumindest ein Anfang. Zumindest drehen sich auf Island die Ventilatoren.

EIN NASSER HELD

Die Erderhitzung bedroht unsere Flüsse.
Ausgerechnet der Biber kann da helfen.

VON SOPHIE NEUKAM

Soll ein Biotop entstehen, dann ist das für den Menschen viel Arbeit, es kostet Zeit und Geld. Meist rollen Bagger und Schubkarren. Es braucht oft aufwändige Planungskonzepte und eine gezielte Bepflanzung. Lässt man Biber ans Werk, erledigen sie das Ganze zwar mit Nebenwirkungen. Dafür aber oft besser.

Um nachzuvollziehen, wie aus einem Biberrevier ein Biotop wird, muss man verstehen, warum der Biber tut, was er tut. Er hat nicht etwa ein Grundbedürfnis, Bäume zu fällen oder Landschaften umzugestalten. Es geht ihm vielmehr darum, die Natur für sich selbst passend zu machen.

Der Nager sucht sich sein Revier entlang von Flüssen, Bächen oder Teichen. Dort lebt er in einem sogenannten Wohnkessel, den er entweder als Loch in die Erde gräbt oder in eine frei stehende Burg aus Ästen und Zweigen baut. Egal welche Behausung er wählt, der Eingang ist stets unter Wasser, um ihn vor Feinden zu schützen. Um an so einem Ort zu leben, braucht der Biber eine Wassertiefe von mindestens 80 Zentimetern. Wenn diese nicht vorhanden ist, staut er das Wasser mit einem Damm auf. Oft reichen ihm kleine Dämme, sie können aber auch mehrere Hundert Meter lang werden.

Auf diese Weise entstehen Teiche, die mit ihren flachen Ufern zum Lebensraum für viele andere Arten werden. Amphibien, Libellen, Wasservögel siedeln sich an, sogar die Weidenmeise nutzt das morsche Holz für ihre Bruthöhlen, und neue Pflanzen gedeihen.

Für viele Fischarten bietet das Biberrevier den idealen Lebensraum. Hier lassen sich bis zu 80-mal mehr Fische finden als in biberfreien Gewässern. »Ein wesentliches Defizit an unseren

Fließgewässern ist das begradigte, befestigte und meist zu schmale Flussbett«, schreiben der bayerische Landesfischereiverband und das Landesamt für Umwelt. Sie weisen darauf hin, dass der Biber mit seinen Bauarbeiten diese Mängel von ganz allein beseitigt.

Der Biber ist ein sonderbares Wesen. In ihm steckt eine Mischung aus Genialität und Eigenbrötlertum. Auch weil er wohl das einzige Tier ist, das im Wasser lebt und das Geräusch von fließendem, platschendem Wasser nicht erträgt. Es löst immer wieder in ihm den Reiz aus, ein Leck zu finden und zu stopfen. Seine Mission ist es, eine volle Badewanne zu haben und keine, bei der der Stöpsel fehlt. Das Plätschern ist für ihn das Signal, dass sein Plan, Wasser zu stauen, schiefgegangen ist. Oft führt das für ihn zu Wartungsarbeiten, auch wenn es sich dabei um den Ablauf einer Kläranlage handelt.

Wenn man also über den Biber als Ökoingenieur spricht, muss man auch die Kehrseite beschreiben. So schön es auch ist, dass der Biber eine große Artenvielfalt schafft, gerät er dabei oft in Konflikt mit den Menschen. Das geschieht zum Beispiel, wenn er unterirdische Gänge zu seinen Futterplätzen gräbt und dabei Äcker unterhöhlt, die später unter der Last von Traktoren einbrechen. Oder wenn geflutete Bäume zu Totholz werden, anstatt als wertvolles Bauholz verwertet zu werden. Auch dass er sich mitunter durch Fischteiche gräbt und ganze Weiher leerlaufen lässt, macht ihn nicht beliebter.

Während das Tier sich dadurch nur schützen oder an Nahrung gelangen will, sind die Verluste für Land- und Forstwirte oft groß, und die Naturunternehmer werden meist nur teilweise entschädigt. Jagen oder vertreiben darf man den Biber nicht, er ist streng geschützt. Nachdem er in Deutschland schon in den 1960er-Jahren fast vollständig ausgerottet war, will man es diesmal besser machen. Auch weil sein Nutzen für den Menschen immer größer wird, je mehr sich die Klimakrise zuspitzt. Die Sommer werden heißer, die Landschaften trockener, das Wasser knapper.

Doch wie kann ein einzelnes Nagetier vom Gewicht eines Rehs daran etwas ändern? Wenn man ihn einfach machen lässt, ist sein Einfluss auf den Wasserhaushalt einer Region größer als Niederschlag, Temperatur und die klimatischen Bedingungen. Das fanden zwei kanadische Forscherinnen in einer Langzeitstudie heraus.

Unabhängig davon, ob es viel geregnet hatte oder trocken blieb, wurden die Gewässer in Biberrevieren neunmal größer als die ohne Nager. Die Größe eines Gewässers beeinflusst wiederum den Grundwasserspiegel. Die Rechnung ist einfach: Baut der Biber einen Damm, verlangsamt er die Fließgeschwindigkeit des Wassers. Dadurch hat es länger Zeit, im Boden zu versickern. Es entsteht mehr Grundwasser. Nördlich von München beobachtete man den Anstieg des Grundwasserpegels um 50 Zentimeter, nachdem ein Biber dort seinen Damm gebaut hatte.

Doch nicht überall ist es gut, wenn Wasser im Boden versickert. Im Permafrost der Arktis ist doppelt so viel CO_2 gespeichert, wie sich aktuell in unserer Atmosphäre befindet. »Wenn der Permafrost taut, wird das CO_2 in die Atmosphäre abgegeben«, erklärt der deutsche Permafrostforscher Ingmar Nitze. Das ist eine Folge der Erderwärmung. Eine andere Folge ist, dass sich der Biber in der arktischen Tundra zunehmend heimisch fühlt. Staut das Tier hier Teiche an, sickert das verhältnismäßig warme Wasser in den Boden und bringt den Permafrost noch weiter zum Schmelzen.

Inzwischen konnten Nitze und seine amerikanischen Kollegen mehr als 11 000 Biberteiche in der Arktis Alaskas zählen. Sie gehen davon aus, dass der Biber dort die Folgen des Klimawandels beschleunigt. Dennoch betont Nitze: »Das Hauptproblem ist der Klimawandel und nicht der Biber.«

Unabhängig davon, wo der Biber aktiv ist, berechnete die Universität Helsinki den CO_2-Ausstoß von Biberteichen. Das bizarre Ergebnis: Sie können sowohl jährlich bis zu 820 000 Tonnen ausstoßen als auch bis zu 470 000 Tonnen binden. Ein Grund dafür ist das Totholz. Stirbt ein Baum ab, weil seine Wurzeln dauerhaft unter Wasser stehen, setzt er das gespeicherte CO_2 wieder frei. Das Gas kann von den vielen Pflanzen, die sich im und um den Biberteich angesiedelt haben, aufgenommen werden oder am Boden des Sees absetzen. Je nachdem, in welchem Verhältnis CO_2 aufgenommen und abgegeben wird, ändert sich die CO_2-Bilanz.

Der Biber ist also kein Wundertier, das gegen den Klimawandel annagt. Aber es leben wohl inzwischen wieder über 40 000 von ihnen in Deutschland und können helfen, die Folgen des Klimawandels zu dämpfen. Dafür braucht es gute Kommunikation gegenüber den Bürgern in den betroffenen Regionen, faire Ausgleichszahlungen und den Willen, ihn einfach mal machen zu lassen. Ganz ohne Zugeständnisse an den Nager geht es nicht, dafür ist das Ergebnis oft besser als das von Menschenhand.

DER UNTERGANG MUSS WARTEN

Ende 2021 ging eine Hiobsbotschaft um die Welt:
Der riesige Thwaites-Gletscher könne schon in wenigen
Jahren abschmelzen und die Küsten der Welt überfluten.
Nun meldet sich ein Polarforscher und sagt:
Das ist ein Missverständnis!

VON RICARDA RICHTER

Als ob die Laune zum Jahresende nicht schon schlecht genug gewesen wäre, verbreitete sich in den letzten Tagen des Dezembers eine Nachricht, die bei so manchem eine akute Weltuntergangsstimmung auslöste: Der Thwaites-Gletscher in der Antarktis mit einer Fläche so groß wie Florida, einer der größten der Welt, stehe kurz vor dem Kollaps. Er allein werde den globalen Meeresspiegel in den nächsten Jahren um 65 Zentimeter ansteigen lassen – und damit die Küsten dieser Welt überschwemmen.

Einer, der es genau wissen muss, ist Robert Larter, britischer Meeresgeophysiker. Er war dem Gletscher so nah wie kaum ein anderer. 2019 leitete er eine Forschungsmission am Rande des Schelfs. Darauf in einer Mail angesprochen, meldet er sich sofort zurück – und zwar um etwas richtigzustellen: Viele hätten da etwas missverstanden, so Larter. Wenig später zeigt ihn seine Videokachel zu Hause im blauen Norwegerpulli, an der Wand hinter ihm hängen Landkarten des Südpolarmeers. »Das größte Problem ist, dass die meisten Leute nicht wissen, was ein Schelf ist«, sagt er. Denn nur dieses droht nun aufgrund des warmen Wassers im Pazifik in den nächsten zehn Jahren zu zerbrechen. Den Meeresspiegel würde das nicht verändern. Der Schelf sind nämlich nur die schwimmenden Ausläufer eines Gletschers.

Larter vergleicht: Schmilzt ein Eiswürfel in einem Wasserglas, ändert sich der Pegel aufgrund des Dichteunterschieds nicht. »Das hat schon Archimedes in der Antike bewiesen.«

Alles gut also? Das dann doch nicht. Der Schelf wirkt wie eine Bremse, die die Bewegung des Thwaites Richtung Meer verlangsamt. Bricht sie weg, droht sich seine Geschwindigkeit zu erhöhen und er dadurch schneller abzuschmelzen. »Unser Albtraum ist, dass uns der Gletscher davonlaufen könnte. Die Frage ist jetzt: Wie viel, wie schnell?«, sagt Larter. Doch selbst bei mehreren Kilometern jährlich würde es noch mehr als ein Jahrhundert dauern, bis der Thwaites tatsächlich verschwunden wäre. Dann aber könnten die umliegenden Gletscher nachrutschen. Denn der Thwaites wirkt aufgrund seiner Lage wie ein Stöpsel für die gesamte Westantarktis. Grund zur Entwarnung gibt also auch Robert Larter nicht.

DREI SCHRITTE ZUR NULL

Sønderborg will 2029 klimaneutral sein, die Hälfte
des Wegs ist schon geschafft. Wie den Dänen gelingt,
was den Deutschen schwerfällt

VON DIRK ASENDORPF

Direkt am Ufer der Ostsee gräbt ein Bagger, eine ferngesteu-
erte Planierraupe schiebt Erde vor sich her, ein Kran dreht
sich über der Baugrube. Hier soll ein 14-stöckiges Wohn- und
Gewerbegebäude entstehen. Zugleich ist es eine der Baustellen
des »Project Zero«. So heißt der Plan, mit dem die dänische
Stadt Sønderborg klimaneutral werden will. Bagger, Raupe und
Kran arbeiten deshalb nicht mit Diesel, sondern mit Strom. Für
öffentliche Bauten dürfen künftig nur noch solche elektrischen
Baumaschinen zum Einsatz kommen, das wird schon in der Aus-
schreibung festgelegt.

»Dank effizienter Hydraulik und Elektrik bewegen sie die gleiche Menge Erde mit einem Viertel der Energie klassischer Baumaschinen«, sagt Steen Rohleder von Danfoss Power Solutions,
der sich um die Vermarktung der Geräte kümmert.

Die Batterien reichten für einen vollen Arbeitstag, erklärt er,
über Nacht würden sie an einem Ladecontainer wieder gefüllt.
Klimaneutralität – das will die EU bis 2050 erreichen, Deutschland bis 2045, Sønderborg schon bis 2029. Mehr als die Hälfte
des Wegs hat die von Industrie und Hochschulen geprägte
75 000-Einwohner-Stadt in den vergangenen 15 Jahren bereits
geschafft. Dänemark wurde gerade am Rande der Weltklimakonferenz COP27 zum wiederholten Mal zum klimafreundlichs-
ten Staat der Welt gekürt.

Auf der anderen Seite der Grenze, nur ein paar Kilometer
von Sønderborg entfernt, verfolgt auch das etwa gleich große
Flensburg einen recht ambitionierten Klimaplan. Doch die Stadt
ist damit nur halb so weit vorangekommen wie ihr dänischer

Nachbar – dabei liegt Flensburg bei der Erreichung seiner Klimaziele deutlich über dem deutschen Durchschnitt. Wie gelingt den Dänen, was den Deutschen so schwerfällt?

»Mutige lokale Akteure mit einem ehrgeizigen Ziel«, sagt Allan Pilgaard-Jensen, das sei die erste Voraussetzung. Der Betriebswirt leitet das siebenköpfige Kernteam von Sønderborgs Project Zero. Die zweite Zutat zum Erfolgsrezept sei »ein ausgefeilter Plan, dessen Einhaltung wir auch bei wechselnden Mehrheiten im Stadtrat immer genau kontrolliert haben«.

Dieser Plan beruht auf der Einsicht, dass der Weg zur Klimaneutralität am besten in drei Schritten zu bewältigen ist: Als Erstes muss der Energieverbrauch reduziert werden. Als Zweites werden alle Energieerzeuger und -verbraucher klug vernetzt. So dient etwa die Abwärme aus Industriebetrieben anderswo zum Heizen. Und erst an dritter Stelle geht es darum, den übrig bleibenden Bedarf mit erneuerbarer Energie zu decken. Erst gemeinsames Handeln, dann Technik und Gesetze. In Deutschland wurde das Problem genau andersherum angegangen: Die Aufmerksamkeit lag hier lange Zeit vor allem darauf, fossile Energie durch erneuerbare zu ersetzen. Sparmöglichkeiten und Effizienzgewinne wurden eher vernachlässigt; erst seit Beginn des Kriegs in der Ukraine bekommen sie größere Aufmerksamkeit.

Auf einem Stadtplan zeigt Allan Pilgaard-Jensen die drei Energienetze, die zusammen das Rückgrat der Sønderborger Energiewende bilden: Das Gasnetz, in dem fossiles Erdgas zunehmend durch Biogas ersetzt wird. Das Stromnetz, von Windparks am Stadtrand bereits komplett mit erneuerbarer Energie gespeist. Das wichtigste Netz bilden die Fernwärmeleitungen, die mehr als 70 Prozent aller Haushalte erreichen (in Deutschland sind es nur 14 Prozent). »Über das Wärmenetz werden wir in Zukunft mehr als ein Drittel unseres gesamten Wärmebedarfs mit Abwärme decken«, erklärt Pilgaard-Jensen. Erste Industriebetriebe und Biogasanlagen speisen bereits überschüssige Wärme ein, bald folgen eine große Ziegelfabrik und auch das kommunale Klärwerk. »Dort können wir dem relativ warmen Abwasser eine Menge Energie entziehen«, sagt Pilgaard-Jensen.

Ein Supermarkt im Vorort Høruphav zeigt, wie auch kleine Wärmequellen erschlossen werden. Auf 2000 Quadratmetern bietet Super Brugsen ein volles Sortiment an frischen Lebensmitteln, vieles davon liegt in Kühltruhen. »Und die sind eine Energiequelle«, erklärt der Elektrotechniker Henry Steffensen. Dünne Rohre leiten die Abwärme der Kühltruhen in einen Nebenraum. Dort erhitzt sie einen großen Wassertank auf 95 Grad. »Damit decken wir im Jahresdurchschnitt drei Viertel des Bedarfs an Raumwärme und Heißwasser zum Waschen und Putzen«, erklärt Steffensen. An kalten Wintertagen liefert die Fernwärmeleitung zusätzliche Heizenergie, im Sommer speichert der Supermarkt überschüssige Wärme in das Rohrnetz zurück.

Die nötigen Wärmetauscher hat Danfoss installiert. Der Elektrokonzern wurde vor 90 Jahren in Sønderborg gegründet und steuert heute von seinem dortigen Hauptsitz fast 100 Fabriken in 20 Ländern. Danfoss ist auf Wärme- und Kältetechnik spezialisiert und hat 1968 das Thermostatventil erfunden, das heute weltweit an fast jedem Heizkörper zu finden ist. Für Project Zero ist das Unternehmen ein idealer Partner. Zusammen haben alle Industriebetriebe der Stadt ihre Treibhausgas-Emissionen seit 2007 um 60 Prozent reduziert, Danfoss war der Spitzenreiter, seit diesem Jahr arbeitet die Fabrik mit ihren 3000 Beschäftigten klimaneutral. Auch dort bestand der Weg aus einem Dreischritt: Mit sparsameren und optimal eingestellten Maschinen und besserer Isolierung wurde der Energieverbrauch gesenkt. Alle dann noch im Produktionsprozess entstehende Abwärme wird eingefangen und für die Klimatisierung der Fabrikhallen genutzt.

»70 Prozent unseres Wärme- und 43 Prozent des Strombedarfs haben wir damit seit 2007 eingespart«, erklärt Torben Christensen, der Chef des Danfoss-Gebäudemanagements, auf einem Rundgang über das Fabrikgelände. »Den Restbedarf decken wir inzwischen ausschließlich mit erneuerbarer Energie.«

Zentrales Element ist das Ventilationssystem. Es sammelt die Abwärme direkt an den Maschinen ein und verteilt sie als Prozess- und Heizwärme weiter. Große Wärmetauscher bringen dafür Wasser oder Luft auf die jeweils gewünschte Temperatur. Ist zu viel oder zu wenig Wärme im System, sorgt ein benachbartes Biogaskraftwerk über das Fernwärmenetz für den Ausgleich. Statt wie üblich mit zwei großen Kesseln ist es nur mit einem ausgestattet.

»Bei technischen Problemen oder Wartungsarbeiten übernimmt unser Heizkessel die Versorgung«, erklärt Christensen, »das spart beiden Seiten Geld.« Ein Zehnjahresvertrag regelt die gegenseitige Unterstützung. »Das setzt natürlich Vertrauen voraus«, sagt Project-Zero-Chef Pilgaard-Jensen. Schließlich könnten viele Privathaushalte plötzlich im Kalten sitzen, wenn Danfoss seine Verpflichtung nicht einhält. »Das Unternehmen ist aber sehr heimatverbunden.« Und weil es nicht börsennotiert sei, könne es langfristiger planen und auf kurzfristigen Profit auch einmal verzichten.

Die größte Baustelle auf dem Weg zur Klimaneutralität in Sønderborg ist noch der Verkehr. Schon 2009 hat die Stadtverwaltung begonnen, ihren eigenen Fuhrpark auf Elektroautos umzustellen, auf die Elektrifizierung des Privatverkehrs hat sie dagegen kaum Einfluss. Dänemarks Zentralregierung hatte bereits vor vier Jahren ein Verbot neuer Autos mit Verbrennungsmotor ab 2030 verkündet, war damit aber zunächst an EU-Regeln gescheitert. Mit vielen öffentlichen Ladesäulen an reservierten Parkplätzen will die Stadt den Umstieg jetzt zumindest möglichst leicht machen. Oder gleich für den Abschied vom eigenen Auto sorgen. An vielen Hauptstraßen sind Fahrradschnellwege entstanden, statt Ampelkreuzungen gibt es Unterführungen für die Radler.

Rein elektrisch ist Ellen unterwegs, so heißt die Autofähre, die Sønderborg seit drei Jahren mit der 20 Kilometer entfernten Insel Ærø verbindet. 30 Tonnen Lithium-Ionen-Batterien sind in zwei feuerfest voneinander getrennten Räumen im Unterdeck verstaut, geladen werden sie vor allem über Nacht mit Windstrom, ergänzt von kurzen Zwischenladungen bei jedem zweiten Hafenstopp. »Der Wartungsaufwand ist geringer als bei einer klassischen Autofähre, und die zusätzlichen Kosten haben sich nach fünf Jahren amortisiert«, sagt Henrik Mikkelsen. Der Physiker hat Bau und Betrieb der Elektrofähre wissenschaftlich begleitet. Die Erfahrung ist so positiv, dass in der jüngsten Ausschreibungsrunde für zwölf neue Fähren in Dänemark nur noch Angebote für Elektrofähren abgegeben wurden.

Auch in anderen Bereichen sei fehlende Technik kein Hinderungsgrund mehr auf dem Weg zur Klimaneutralität, versichert Allan Pilgaard-Jensen. Finanziell lohne sich die Umstellung auf energieeffiziente Technik meist schon nach wenigen Jahren. Im Plan ist die Wirtschaftlichkeit jeder Maßnahme ausgewiesen. »Die Akteure müssen wissen, dass Energieeffizienz ein gutes Geschäft für sie ist, sonst machen sie nicht mit.«

Ein Problem sieht der Chef des Project Zero im Fachkräftemangel. Mit der richtigen Feinjustierung könnten zum Beispiel die Wärmeverluste im Fernwärmenetz um 30 Prozent reduziert werden, oft fehle es dafür aber noch an gut geschulten Hausmeistern. Trotzdem wird in der jüngst überarbeiteten Version des Plans am ursprünglichen Ziel festgehalten: Schon 2029 soll Sønderborg klimaneutral sein. Allerdings bezieht sich das nur auf lokal messbare Treibhausgase, nicht eingerechnet werden die Emissionen der Bürger, die sie mit dem Konsum importierter Waren in anderen Weltgegenden auslösen oder auf Reisen selber erzeugen. Sønderborg hat nur ein kleines Flugfeld, wer in den Urlaub fliegen will, startet in Kopenhagen oder Hamburg. Die Emissionen dieser Flüge tauchen in der Sønderborger Bilanz nicht auf. Doch auch ohne all die indirekten Emissionen ist der Weg zur Klimaneutralität ein Marathon.

»Alle tief hängenden Früchte haben wir schon geerntet«, sagt Pilgaard-Jensen, »die zweite Hälfte unseres Wegs wird immer schwieriger.« In den nächsten Jahren sollen die drei bisher noch getrennten Netze für Wärme, Strom und Gas zusammenwachsen, damit sie Energie untereinander austauschen können. Das soll auch den Bedarf an großen Energiespeichern reduzieren, die für Tage ohne Wind und Sonne und im kalten Winter gebraucht werden. Neben Biogas soll künftig auch Wasserstoff, der mit überschüssigem Windstrom hergestellt wird, ins Gasnetz eingespeist werden. 2029 will der Distrikt sogar mehr Gas aus erneuerbarer Quelle erzeugen, als er selbst verbraucht.

»Robert Habeck kennt den Sønderborger Weg genau, in seiner Zeit als schleswig-holsteinischer Umweltminister war er mehrmals hier«, sagt Jürgen Fischer. Der Ökonom gehört zum Danfoss-Vorstand, lebt aber in Hamburg. Entsprechend gut ist er mit beiden Ländern vertraut. »Dänemark ist ein kleines Land, da ist es viel nötiger, dass Wirtschaft, Verwaltung und Politik eng kooperieren«, sagt er. So liefen Entscheidungen einfacher und schneller. Riesig sei der Unterschied aber nicht. »Es gibt überhaupt keinen Grund«, sagt er, »warum in Flensburg nicht auch funktionieren sollte, was in Sønderborg möglich ist.«

HERSTELLEN
&
VERBRAUCHEN

WAS KOSTET UNS DAS GRÜNE LEBEN?

In jedem Fall muss es günstiger sein als das umweltschädliche. Doch danach sieht es gerade nicht aus

VON UWE JEAN HEUSER UND MARK SCHIERITZ

D ie Frage nach den Kosten des grünen Lebens beginnt schon frühmorgens mit der Milch im Kaffee: Bei der Herstellung von Kuhmilch leidet das Klima. Das Futter muss erst großflächig wachsen, die Tierhaltung ist aufwendig, und dann entlassen die Kühe auch noch Unmengen des klimaschädlichen Gases Methan in die Atmosphäre. Nach allen Untersuchungen verursacht zum Beispiel die Hafermilch ungleich weniger Schaden. Doch bisher kümmert das den Staat nicht. Im Gegenteil. Kuhmilch belegt er mit 7 Prozent und Hafermilch mit 19 Prozent Mehrwertsteuer – auf diese Weise trägt er dazu bei, dass die umweltfreundliche Getreidemilch im Supermarkt ins Hintertreffen gerät.

Und so läuft es nicht nur bei der Milch. Das Umweltbundesamt hat errechnet, dass die öffentliche Hand das alte klimaschädliche Leben Jahr für Jahr mit rund 65 Milliarden Euro subventioniert. Doch statt sich darüber aufzuregen, kämpft die Nation gerade mit Corona und steigenden Preisen. Bloß auf eines können sich die Deutschen in diesem Winter, in dem vieles unsicher scheint, verlassen: Das Leben wird teurer. Für einen Liter Diesel wurden schon über 1,55 Euro fällig – 50 Cent mehr als vor einem Jahr. Und weil der Preis für Gas am Weltmarkt noch stärker stieg als der für Öl, stehen vielen Haushalten auch da Erhöhungen von mehr als 20 Prozent bevor.

Claudia Kemfert lässt sich von dieser Momentaufnahme nicht irritieren. Geht es nach ihr, könnte der Betrag auf dem Kassenzettel noch weit höher sein. »Das Fossile ist zu billig«, sagt die

119

Energieprofessorin ruhig, als bemerke sie die Provokation nicht. Für sie ist der gegenwärtige Zustand einfach unhaltbar, »denn die ganzen Kosten werden heimlich beglichen – vor allem für die Reichen, deren ökologischer Fußabdruck besonders groß ist!«

Wohlhabende profitieren, doch alle bezahlen die Rechnung: einerseits durch den Verlust von Umwelt und Natur, andererseits durch Subventionen für Sprit oder Kühe. »Die Kostenwahrheit muss ans Licht«, fordert Kemfert.

Dass viele Verbraucher mehr auf aktuelle Preise als auf die Bedrohung der Natur achten, ist für Claudia Kemfert auch das Resultat einer Art Gehirnwäsche. »Grün ist Luxus« – dieses Narrativ sei den Menschen eingetrichtert worden, konstatiert sie: »Das ist aber ein Trick!« Energie werde nicht teurer, wenn sie aus Sonne und Wind stammt, sie werde billiger, das zeigten internationale Studien. Und tatsächlich stellt etwa das Institut Aurora Energy Research fest, dass die deutschen Strompreise bis 2030 um 14 Prozent sinken könnten, wenn Wind- und Sonnenenergie schnell ausgebaut würden.

Folgt man dieser Logik, ist die Lösung offensichtlich. Ökostrom gibt es günstig, die schmutzige Energie verteuert sich. Die Zahlen über die Klimawirkung liegen auf dem Tisch, sie müssen nun bloß in konkrete CO_2-Steuern umgewandelt werden. Dann stiege zum Beispiel der Benzinpreis nach und nach auf etwa 2,50 Euro pro Liter.

Klingt nach viel. Doch die Summe, die der Staat über die CO_2-Abgabe insgesamt einnimmt, solle ja an die Bürger zurückfließen, sagt Claudia Kemfert – jeder bekäme dann den gleichen Betrag erstattet. Auf diese Weise wäre der schnelle Wechsel zur erneuerbaren Energie ratsam und sozial zugleich. »Das ist wie beim Rauchverbot«, fährt Kemfert fort. »Jahrzehntelang haben dort falsche Studien und bezahlte Gegenargumente die Einsicht aufgehalten – aber dann ging es.«

CO_2 gefährdet Ihre Gesundheit! Also wird das fossile Leben teuer und das grüne Leben billig: Das klingt nach einem Deal, den man den Deutschen tatsächlich anbieten könnte. Doch Ottmar Edenhofer ist er zu einfach. Der Chef des Potsdam-Instituts für Klimafolgenforschung wendet sich vehement gegen die Idee, die Klimawende sei zum Nulltarif zu haben. Damit Deutschland wie versprochen bis 2045 klimaneutral werde, sei deutlich mehr nötig, als bloß nachhaltig zu fahren und zu heizen. So benötige die Industrie teure Antriebsmittel wie grünen Wasserstoff oder synthetisches Flugbenzin, von großen Anlagen für das Auffangen von CO_2 ganz zu schweigen. Der Aufwand für die Energie steige im Vergleich zum Ölzeitalter: »Es wird nie wieder so billig wie heute.«

Klagen gibt es schon jetzt von allen Seiten. Familien auf dem Land sehen keine Alternative zu ihrem Diesel-SUV, weil der öffentliche Nahverkehr nicht funktioniert und ihnen ein großes E-Auto trotz staatlicher Unterstützung viel zu teuer ist. Wer in der Stadt Vegetarier werden will, beklagt die Preise nachhaltiger Lebensmittel im Supermarkt, wo das Fleisch in der Kühltruhe aufreizend billig ist. Und alle zusammen wundern sich über den teuren Strom, wo doch Wind und Sonne angeblich ein Geschenk der Natur sind. Deshalb fühlen sich ärmere Menschen an die Existenzgrenze gedrängt, und andere stellen den Klimaschutz lieber hintan.

Dieser berechtigte Zorn war den Verhandlern in den Ampelgesprächen wohl bekannt – doch sie hielten tapfer an den fossilen Subventionen fest. Ein Berater berichtet erstaunt, wie »fein ziseliert« die Argumente zur Verteidigung jedes einzelnen Postens gewesen seien – »unglaublich«. Schaltet die Ampel wirklich auf Grün? Macht sie das fossile Leben tatsächlich teurer und das nachhaltige Leben günstig? Fördert und fordert sie – wie versprochen?

Im Koalitionsvertrag ist davon nicht allzu viel übrig. Die Regierung von Olaf Scholz hält an Angela Merkels behutsamer Vorgabe fest, dass der CO_2-Preis bis 2025 langsam auf 55 Euro steigen soll. Im Gegenzug soll zwar der Strompreis etwas sinken, eine weiter gehende Kompensation will man aber allenfalls »entwickeln«.

Statt einer deutlichen Preiserhöhung und eines Klimageldes gibt es nun eine moderate Steigerung und wenig Rückerstattung. Die Ampel will die Wende weniger über Anreize als über massive Investitionen vorantreiben: Windräder, Solaranlagen, Stromtrassen, Ladestationen, Elektroautos allüberall. Um das Geld dafür trotz Schuldenbremse zu besorgen, schafft man Schatten- und Nebenhaushalte und startet mit einem besonderen Trick: Weil 2022 wegen Corona das Schuldenmachen noch erlaubt war, sollte gleich ein Sonderfonds für Klimaschutz mit neuen Krediten für die Jahre danach befüllt werden.

Das Fördern-statt-Fordern folgt einem politischen Kalkül. Olaf Scholz will die »große industrielle Modernisierung auf den Weg bringen« und gleichzeitig den »gesellschaftlichen Zusammenhalt stärken«. Das funktioniert aus seiner Sicht nicht, wenn das Benzin zu teuer wird. Er kann auf Studien des Deutschen Instituts für Wirtschaftsforschung verweisen, wonach höhere Energiepreise vor allem einkommensschwache Haushalte belasten. Forschungen zeigen zwar, dass ein Klimageld pro Kopf viele Ärmere sogar besserstellen könnte als bisher, doch das ist der SPD – wie aus dem Scholz-Umfeld zu hören ist – immer noch zu gefährlich. Für Einzelne verteuere sich das Leben dann eben doch. Dazu gehörten Arbeitnehmer, die lange Strecken zum Arbeitsplatz fahren, oder Mieter, die wegen schlechter Dämmung besonders viel heizen müssen.

Die Klimawende im Schongang lässt den Menschen also die Wahl zwischen dem alten fossilen Lebensstil und dem neuen grünen, der attraktiver werden soll. Arbeitgebern wie Gewerkschaften gefällt dieser Ansatz. Doch ob die Rechnung aufgeht, ist alles andere als klar. Die spendierfreudige Ampel könnte sich verausgaben, die Wende sich verzögern.

Dabei ist beim Klima das Tempo doch alles. Gar kein Tempo gibt es beim Abbau der umweltschädlichen Subventionen.

Davon entfällt fast die Hälfte auf den Verkehr. So wird die private Nutzung von Dienstwagen mit rund drei Milliarden Euro pro Jahr unterstützt, die Steuervergünstigung für Dieselmotoren kostet gut acht Milliarden. Mit dem Geld hätte man das grüne Leben erleichtern können.

Das Umweltbundesamt hat zum Beispiel vorgeschlagen, die Mehrwertsteuer auf pflanzliche Lebensmittel abzusenken – der Gemüseauflauf würde günstiger als das Nackensteak. Auch nachhaltig erzeugte Möbel oder Kleidungsstücke könnten steuerlich bevorzugt werden. Im Koalitionsvertrag steht aber nur, man wolle »überflüssige, unwirksame und umwelt- und klimaschädliche Subventionen und Ausgaben abbauen«.

Ob das Folgen hat, darf angesichts der Schlappe bei der Mobilität bezweifelt werden. So wollten die Grünen die Pendlerpauschale abschaffen, weil sie als Hilfe für Autofahrer die Verkehrswende ausbremse. Doch die FDP sagte Nein. Und wie Diesel künftig besteuert wird, soll jetzt die EU entscheiden. So ist es immer. Die SPD sorgt sich um die Ärmeren, die FDP will »versteckte Steuererhöhungen für die arbeitende Mitte« unterbinden. Und die Grünen trauen sich nicht, Krach zu schlagen. Da bleibt für sie wenig übrig.

Völlig unklar ist zudem, wie schnell die klimafreundlichen Alternativen wirklich bereitstehen. Nach neuesten Berechnungen konnte die Koalition zwar durch diverse Haushaltstricks jährlich an die 45 Milliarden Euro für Investitionen aufbringen. Aber noch weiß niemand, ob der Trick mit dem Klimafonds auch wirklich verfassungsgemäß ist. Und selbst wenn das Geld flösse, ist noch keine Ladestation für E-Autos gebaut. Zuletzt wurden staatliche Investitionsprogramme allenfalls in Zeitlupe abgerufen. Mal trödeln die Kommunen, mal ziehen sich komplizierte Genehmigungsverfahren hin, und wenn das alles überwunden ist, tauchen die Bauarbeiter wegen Überlastung nicht auf.

Fragt man also, wie teuer die Klimawende für Deutschland wird, gibt es eine Art Entwarnung für die Bürger. Doch die hat ihren Preis. Der Versuch, das fossile Leben zu schonen, droht das grüne Leben aufzuhalten. Forscher der Hochschule für Technik und Wirtschaft in Berlin kommen schon zum Ergebnis, dass der Koalitionsvertrag den Anforderungen des Pariser Klimaschutz-abkommens »nicht genügt«. Am Ende hieße das: Es wird lang-fristig teurer für alle. Genauer gesagt um 730 Milliarden Euro teurer. Derart hohe Kosten durch Unwetter und Handelsausfälle sagt das Deloitte Economics Institute den Deutschen voraus, wenn der Klimawandel nicht mit Schwung bekämpft wird.

DÜRFEN WIR WEITER WACHSEN?

Vor 50 Jahren wies der Club of Rome der Wirtschaft einen
neuen Weg. Sie kann ihn immer noch nehmen

VON UWE JEAN HEUSER

Man kann *Die Grenzen des Wachstums* heute auf zwei Arten
lesen. Als Ausdruck menschlicher Weisheit und als Erinnerung an unsere Dummheit. Der ursprüngliche *Bericht des Club
of Rome zur Lage der Menschheit* wurde Mitte dieser Woche vor genau 50 Jahren präsentiert, seine Autoren waren erstaunlich weit
und weise. Was die Welt mit den Erkenntnissen anfing, war es
nicht. Mithilfe damaliger Großcomputer, deren Leistung heute
ein kleiner Laptop aufbringt, berechneten die Wissenschaftler,
wann und wo die Welt und ihre Wirtschaft an die planetaren
Grenzen stoßen würden – wenn sie so weitermachten wie zuvor.
Wenn also die Industrialisierung sich dauerhaft so schnell aus-
dehnen würde wie damals, die Bevölkerung so wüchse, der Abbau der Rohstoffe und der Raubbau an Natur und Umwelt.

Das Ergebnis von eineinhalb Jahren Forschung war alarmie-
rend und beruhigend zugleich. Denn das neuartige »Weltmo-
dell«, in dem sich Geburten, Konjunktur und Umweltausbeu-
tung gegenseitig wie in einer Kettenreaktion beschleunigten, sagte erstens: Innerhalb der nächsten hundert Jahre zerstört sich die
Weltwirtschaft selbst, aus Wachstum wird unweigerlich eine har-
te Schrumpfung, wenn wir uns nicht gewaltig verändern. Aber
zweitens sagte es auch: Dieses Schicksal lässt sich gut abwenden,
wenn die Menschheit reagiert. Oder in den Originalworten der
amerikanischen Umweltforscherin Donella Meadows, des Ökonomen Dennis Meadows und ihrer 15 Mitstreiter am Massachu-
setts Institute of Technology:

»Es erscheint möglich, die Wachstumstendenzen zu ändern
und einen ökologischen und wirtschaftlichen Gleichgewichts-
zustand herbeizuführen, der auch in weiterer Zukunft aufrecht-

erhalten werden kann. Er könnte so erreicht werden, dass die materiellen Lebensgrundlagen für jeden Menschen auf der Erde sichergestellt sind und noch immer Spielraum bleibt, individuelle menschliche Fähigkeiten zu nutzen und persönliche Ziele zu erreichen.«

Dennis Meadows, der seit einem halben Jahrhundert für die gewonnene Einsicht kämpft, war sich immer bewusst: Man kann den menschlichen Drang nach Neuem und nach Mehr nicht einfach abstellen. Nur das Wachstum zu stoppen ist für die meisten keine erstrebenswerte Vision. Der Anfang des nicht mal 200 Seiten schmalen Bandes handelt daher auch von den Menschen und ihrer Art, mit Problemen umzugehen. Unsere erste Sorge gelte dem, was heute um uns herum droht, und nicht etwa langfristigen, globalen Fragen, heißt es. So verständlich das sei, so verheerend könne die enge Sicht der Dinge werden, wenn all unsere Bemühungen im Kleinen durch Trends im Großen zunichtegemacht würden. Der Bericht ist vor allem anderen eine Aufforderung an die Menschen, den Blick zu heben und zu weiten – um unter modernen Bedingungen zu überleben und einzusehen, dass wir ein anderes und langsameres Wachstum bräuchten.

Als besonders wahrhaftig bleibt das Ende des Reports im Gedächtnis, das Nachwort des Club of Rome, jener 1968 von dem italienischen Unternehmer Aurelio Peccei und dem britischen Energieexperten Alexander King ins Leben gerufenen Expertenvereinigung, die den Bericht in Auftrag gab. Die führenden Leute des Clubs weisen darauf hin, »dass der Mensch sich selbst, seine Ziele und Wertvorstellungen ebenso erforschen muss wie die Welt, die er zu verändern sucht. Beides erfordert nicht endende Hingabe und Anstrengungen.«

Genau jene Aufmerksamkeit also, die der Einzelne wie auch die Politik so schwer dauerhaft aufbringen können. Nimmt man Anfang und Ende des Reports zusammen, ist dort alles schon angelegt, die Erfahrung des nächsten halben Jahrhunderts. Der Mensch untersucht die Lage, er sieht ein, dass etwas zu tun ist –

und wird dann wieder abgelenkt von der nächsten Herausforderung, egal ob Ölpreis- oder Finanzkrise, Flüchtlingsstrom oder Pandemie. Und jetzt natürlich vom Krieg.

Das ist es, was den Bericht heute so wertvoll macht – und nicht etwa die einzelnen Szenarios, die nie als Vorhersagen gedacht waren. Schließlich sollte deren Berechnung ja als Warnung dienen und gerade verhindern, dass sie eintreten. In vielen Bereichen hat die Welt sich gewandelt. So hat allen voran China mit seiner Bevölkerungspolitik dafür gesorgt, dass es nicht so viele Menschen gibt wie vorhergesagt. Moderne Industrien schaffen es nun auch vermehrt, mehr Produkte mit weniger Rohstoffen herzustellen, sodass die Ressourcenschätze der Erde nicht so schnell schwinden. Und durch Technologie und Planung konnte die Nahrungsmittelproduktion mehr als mithalten, als die Zahl der Menschen auf der Erde sich in 50 Jahren verdoppelte. Zudem haben Unternehmen und Staaten etwa bei Öl und Gas viel mehr Vorräte gefunden, als damals bekannt waren, und mit Techniken wie dem Fracking der Erde zu entreißen gelernt.

Bloß bei dem, worüber sie ständig redet und verhandelt, hat die Welt das Szenario von einst kaum korrigiert: beim Klimaschutz. Bis zur Jahrtausendwende hat sich der CO_2-Gehalt in der Atmosphäre fast genauso beschleunigt, wie Meadows und Co. das schrieben. Auch danach stieß die Welt noch immer mehr Klimagas aus und verdoppelte den jährlichen Ausstoß, und erst in der entschleunigenden Corona-Pandemie nahm er vorübergehend ab. Man kann es auch so sagen: In keinem Bereich ist die globale Wirtschaft den Grenzen des Wachstums schneller entgegengeeilt als beim Umweltschutz.

Mit einer Million Mark hat die deutsche Volkswagen-Stiftung den Report damals finanziert, und man darf behaupten: Das Geld hätte man schlechter anlegen können. Rund 30 Millionen Mal wurden *Die Grenzen* verkauft, in 30 Sprachen übersetzt, im Grunde kann seither niemand mehr sagen, er habe nichts gewusst vom Kollisionskurs der Menschheit. Die MIT-Forscher stellten die eine Frage, die aktueller ist denn je: Machen wir das Wachstum kaputt, wenn wir weiterwachsen wie bisher? Und die nachdrückliche Antwort war damals und ist heute: Ja, tun wir.

Das Weltproblem ist entstanden, weil die Völker und allen voran die im Westen die Natur als Geschenk ausgebeutet haben. Das begrenzte, das knappe Gut der Natur bekam einfach keinen Preis, man konnte es folgenlos mit Klimagasen oder Artenvernichtung beschädigen und auf diese Weise den Planeten seinen Grenzen entgegentreiben. Statt diesen Fehler zu beheben, wurde lange Zeit ein Konflikt zwischen Umwelt und Wirtschaft konstruiert. Tatsächlich aber ging es immer um die richtige Ökonomie, darum nämlich, dem Preislosen einen Preis zu geben.

Die Erkenntnis verbreitete sich durchaus in den Jahrzehnten nach dem Aufschlag des Club of Rome. In Rio traf sich die Welt schon 1992 zur UN-Konferenz für Umwelt und Entwicklung, in Kyoto bekannte sie sich 1997 zum Klimaschutz, und gerade die Deutschen zogen Konsequenzen, erforschten und entwickelten Antworten bis hin zum Konzept einer Ökosteuer, deren Einnahmen die Rentenversicherung entlasten würden. 1999 setzte Rot-Grün sie um – und stoppte sie schon zwei Jahre später wieder, aus Angst vor dem Zorn der Wähler. Was Deutschland nur in Ansätzen schaffte, versuchte der große Rest der Welt lange Zeit gar nicht erst, reagierte höchstens in Trippelschritten, tröstete sich mit einzelnen Fortschritten und der Hoffnung auf Technologien wie die Energieerzeugung durch kalte Fusion oder das Auffangen von CO_2 aus der Luft.

Es bewahrheitete sich, was am Anfang des Berichts über die Aufmerksamkeit der Menschen steht: Mal galt sie der Umwelt, dann wieder nicht. Geht es so weiter, müssen wir irgendwann ganz »Nein« sagen zum Wachstum, dann treten tatsächlich die Grenzen des Wachstums mit unmittelbarer Wucht in Kraft. Deshalb, daran erinnert der Geburtstag, sollten wir heute umso schneller »Nein« sagen zu fossilem Wachstum und uns auf ein Abenteuer einlassen – nämlich die wirtschaftlichen Rahmenbedingungen sukzessive und erwartbar zu verändern und unsere Gesellschaft vom Schulunterricht bis zum Aufbau lokaler Gemeinschaften zu transformieren.

Dann erst – das ist das Abenteuer – werden wir sehen, wie stark wir in der neuen grünen Welt wachsen. Falls die Menschen lernen, einen Globus im Gleichgewicht und die eigene Naturerfahrung wertzuschätzen, falls sie mehr aufs Erleben als aufs Besitzen setzen und stolz sind, wenn alles wieder verwendet wird, dann ändert sich die Idee von Wohlstand, und es entsteht Raum für neues Wachstum. Deshalb arbeiten so viele Experten bis hin zum deutschen Wirtschafts- und Klimaschutzminister Robert Habeck an alternativen Maßen für den Wohlstand jenseits des klassischen Bruttoinlandsprodukts. Doch es nützt wenig, ein solches Alternativmaß von oben vorzugeben, die Menschen müssen es verinnerlichen und als Konsumenten und Konsumentinnen täglich leben.

Das ist, neben Energiewende und CO_2-Steuer, neben dem Aufbau neuer Strom- und Verkehrsnetze, neben Innovationen für klimagerechtes Wirtschaften, die wichtigste Entwicklung. Greifen dagegen der Zorn über steigende CO_2-Preise und der Verteilungskampf um alten Besitz um sich und klammern wir uns weiter an das alte Verständnis von Wohlstand und an die Idee, dass jeder und jede ein möglichst großes Auto sein Eigen nennen sollte, E-Auto oder nicht E-Auto, dann krachen wir tatsächlich an die Grenzen des Wachstums. Das also ist das Abenteuer, das schon früher hätte beginnen sollen: die Frage, ob der Wertewandel so gelingt, dass aus Verlustangst ein Gewinngefühl wird.

Die Herausforderung bleibt auch jetzt bestehen, da Putins Krieg und seine Auseinandersetzung mit dem verhassten Westen oberste Priorität haben. Der Blick 50 Jahre zurück zeigt, dass die neuen Gefahren auf Dauer nicht als Anlass für erneute Umweltignoranz herhalten dürfen. Sonst wäre es die Fortsetzung der alten Dummheit unter veränderten Bedingungen. Wenn diese Wochen eines unter Beweis stellen, dann dass Deutschland eine resiliente Gesellschaft braucht und keine, die donnernd auf die Grenzen des Wachstums zurast. Eine Wirtschaft, die sich ihre Energie mit Wind und Sonne selbst macht und von Russland und anderen Lieferländern unabhängig wird. Ein auch ökonomisch wehrhaftes Gemeinwesen eben.

Womit wir am Ende des Berichts angelangt sind, beim Menschen selbst, seinen Zielvorstellungen und Werten. Und was ist Wohlstand, wenn nicht die Summe unserer Werthaltungen. Beim Forschen darüber, so wie es die Initiatoren vor einem halben Jahrhundert vorschlugen, merkt man schnell: Klima- und Naturschutz sind keine Schwäche, sie sind eine Stärke, weil sie uns vom Zusammenprall mit den Grenzen des Wachstums abhalten.

»JEDER MENSCH HAT DIE WAHL«

50 Jahre lang hat der Autor von »Die Grenzen
des Wachstums« versucht, den Planeten zu retten.
Jetzt redet er zum letzten Mal darüber.

EIN INTERVIEW

DIE ZEIT: Am Anfang und am Ende von *Die Grenzen des Wachstums* schrieben Sie nicht über Umwelt, sondern über menschliches Verhalten. Stehen unsere Verhaltensmuster uns im Weg?
DENNIS MEADOWS: Ja. Der Homo sapiens ist seit mindestens 300 000 Jahren auf der Erde unterwegs. Während der Zeit haben die Leute, die zu überleben wussten, ihre Gene weitergegeben – und die anderen eben nicht.

Nur leider hing das Überleben damals davon ab, auf die momentane, lokale Situation zu achten. Nehmen Sie zwei Höhlenmenschen, auf die ein Löwe zukam. Wer sofort loslief, war besser dran als jemand, der erst mal das Gesellschaftssystem analysierte. Heute ist es aber eine Tragödie, dass Menschen programmiert sind auf das Hier und Jetzt. Schließlich haben wir es mit Problemen zu tun, deren Folgen die Welt über Jahrhunderte betreffen.

ZEIT: Vor 50 Jahren erschien Ihr Report *Die Grenzen des Wachstums.* Die dunklen Vorhersagen von damals scheinen sich vor allem beim Klima zu erfüllen. Andere Bedrohungen wurden eingehegt, das Bevölkerungswachstum nimmt rapide ab …
MEADOWS: Vorsicht! In Wahrheit sieht man überall Zeichen, dass das Wachstum zu weit gegangen ist. Bei der Bodenerosion oder der Ozeanverschmutzung und allemal bei der Bevölkerung. Noch immer kommen jährlich 50 bis 100 Millionen Menschen hinzu. Da zu sagen, wir sollten glücklich sein, dass die Rate sinkt, ist etwas verzweifelt.

ZEIT: Viele Menschen streben heute nach immer mehr Wohlstand. Da liegt der Schluss nahe: Wir brauchen weiter Wachstum, damit die Gesellschaften nicht in Verteilungskämpfen untergehen. Andererseits hat die Menschheit bis vor 200 Jahren praktisch ohne Wachstum gelebt. Wie also hängen unsere Verhaltensmuster und die Wachstumsdebatte wirklich zusammen?

MEADOWS: Ja, erst in den vergangenen Jahrhunderten haben wir uns an Raten von zwei, drei oder auch fünf, sechs Prozent gewöhnt. Jetzt definieren viele Menschen ihr Glück als Wachstum statt einfach als das, was sie haben. Das Motto: Mein Haus ist besser, das Vermögen größer, das Auto schneller. Doch jedes System, das auf immer höheres Wachstum zielt, explodiert irgendwann – egal ob es sich um einen Automotor oder eine Volkswirtschaft handelt. Eine Voraussetzung für eine nachhaltige Gesellschaft ist, dass die Menschen nach einem »Genug« streben statt nach einem »Mehr«.

ZEIT: Statt mit Weltuntergang zu drohen, wäre es vielleicht besser, zu beschreiben, wie eine lebenswerte, nachhaltige Zukunft aussehen könnte.

MEADOWS: Das stimmt. Die Menschen setzen sich nicht zusammen, schauen auf die dunkle Zukunft und nehmen dann Reformen vor. Große Veränderungen kamen bisher fast immer reaktiv: Wenn die alten Maßnahmen nicht mehr funktionieren und man einen Zusammenbruch erleidet, dann reagiert man – und das manchmal sogar konstruktiv.

ZEIT: Manchmal?

MEADOWS: Es gibt Beispiele im alten Byzanz oder im Römischen Reich, wo die Menschen auf ein Problem mit klugen Veränderungen reagierten, die dann lange funktionierten. Viel öfter aber gibt es allzu späte, chaotische Krisenreaktionen, die das Problem nicht lösen. Schauen Sie sich nur um. Die Nato reagiert jetzt auf eine Krise, die lange vorhergesagt war. Wir wissen, dass Bürger und Politiker oder auch soziale Systeme nicht auf negative Szenarios eingehen. Es braucht schon eine Hoffnung auf Besserung. Da liegt auch mein Bedenken bei der »Degrowth«-Bewegung gegen Wachstum. Diese legt ihren Finger in die Wunde, hat aber keine konstruktive Alternative zu bieten.

ZEIT: Haben Sie ein Beispiel, wie es besser geht?
MEADOWS: Eine Freundin in Tokio schrieb mir, sie wolle in Japan eine Degrowth-Gesellschaft aufbauen. Ich antwortete, sie solle sie anders nennen. Also schuf sie das Institut zur Erforschung des menschlichen Glücks. Es hat die gleiche politische Agenda. Aber jetzt empfängt der Premier sie. Also ja, wir brauchen die positiven Alternativen. Bloß gibt es da ein Dilemma.

ZEIT: Welches?
MEADOWS: Mit acht Milliarden Menschen auf dem Planeten in seinem heruntergekommenen Zustand, dazu mit unseren Zielen von Gleichheit und Wohlstand, gibt es keine realistischen und attraktiven Szenarios. Darin liegt ja meine Frustration. Und deshalb ist dies auch mein letztes Interview über die Grenzen des Wachstums.

ZEIT: Könnte nicht Hoffnung entstehen durch eine andere Idee von Wohlstand, die uns wegholt vom Immer-Mehr an Ressourcen und Materialien? Die nichtmaterielle Dinge wertschätzt wie die Nähe zur Natur oder die gesundheitsfördernde Kraft einer nachhaltigen Gesellschaft?
MEADOWS: Sie fragen nach Hoffnung. Worauf?

ZEIT: Darauf, dass eine solche Idee positive Veränderungen hervorbringt.
MEADOWS: Zwei Dinge dazu. Erstens glaube ich eben nicht, dass man sich eine glückliche globale Zukunft mit dieser Anzahl Menschen vorstellen kann. Die würde zu viele physikalische Gesetze

verletzen. Und wie es bei uns heißt: »Die Natur ist als Letzte am Zug.« Zweitens könnte es aber auf der lokalen oder regionalen Ebene schon zu einem solchen Wandel kommen, wenn etwa eine Stadt oder auch ein Land die richtigen Werte hat. Eine Frage: Haben Sie Kinder?

ZEIT: Zwei.

MEADOWS: Okay. Bei der Geburt waren Sie stolz, wenn die Kinder stark und schwer waren. Auch als sie etwas älter wurden, waren Sie froh zu sehen, dass sie wuchsen und zunahmen. Aber irgendwann wollen Sie, dass das Wachstum aufhört und die Kinder an ihrer Entwicklung arbeiten. Dann sollen sie sich nicht Pfunde zulegen, sondern Sprachkenntnisse. Und genau diesen Übergang haben wir als Gesellschaft nicht geschafft. Wir sind immer noch besessen von physischer Expansion. Wenn wir damit aufhören und uns auf Zufriedenheit und Wohlstand, Gesundheit und Freundschaft konzentrieren könnten, wäre eine attraktive Gesellschaft innerhalb der planetaren Grenzen im Prinzip vorstellbar. Allerdings schreitet der Klimawandel jetzt schon außerhalb unserer Kontrolle voran und wird das wahrscheinlich noch das Jahrtausend über weiter tun. Es ist nämlich so: Wenn das Klima sich erst mal wandelt, dann dauert das – mit der Ausnahme der kleinen Eiszeit – tatsächlich Jahrtausende.

ZEIT: Das Wirtschaftswachstum nimmt im Westen schon länger ab. Die Schulden sind so hoch wie nie, und die Umweltkosten steigen. Stoßen wir jetzt an die Grenzen des Wachstums?

MEADOWS: Sie und ich hatten das Glück, in einer Zeit zu leben, die für die weißen, reichen Länder phänomenal war. Diese Zeit geht vorbei. Das heißt nicht, dass wir jetzt gegen eine Wand prallen. Wir sagten schon in dem Buch, dass Bevölkerungswachstum und materieller Konsum die endlichen Ressourcen des Planeten erschöpfen und man mehr und mehr Kapital brauchen wird, um das auszugleichen. Irgendwann fehlt Kapital, um das Wachstum

aufrechtzuerhalten, und ab einem gewissen Punkt hört das Wachstum dann auf.
Wir sind jetzt in dieser Phase, auch wenn das noch zugedeckt wird von aktuellen Fragen.

ZEIT: Und danach kommt was?
MEADOWS: Ich weiß nicht, welche Veränderungen das alles auslösen wird. An der Stelle endet auch unsere Arbeit von damals.

ZEIT: Brauchen wir also eine neue Studie?
MEADOWS: Heute würde ich es ganz anders anstellen als damals. Ich war 29 Jahre alt, Professor am MIT und reichlich naiv. Ich dachte, man identifiziert ein wichtiges Problem, erforscht die Lösungen und zeigt sie allen, und dann setzen die maßgeblichen Leute das um. Tun sie aber nicht. In Wahrheit muss man taktieren. Muss die Ziele und Wünsche der entscheidenden Leute kennen und eine Schnittmenge finden mit den richtigen Lösungen. Die schlägt man dann vor und schafft es, dass die Politiker glauben, sie hätten diese Lösungen selbst erfunden.

ZEIT: Klingt machbar.
MEADOWS: Vorsicht. Zur Lösung der Probleme braucht man einen langen Horizont. Diesen Horizont gibt es bei den einzelnen Menschen, die an ihre Kinder und Enkel denken, nicht aber bei der US-Regierung oder internationalen Organisationen. Nur sind sie es leider, die Macht und Ressourcen haben. Um etwas zu verändern, würde ich also nicht mit Washington und auch nicht mit den Vereinten Nationen und ihren Klimakonferenzen arbeiten, sondern mit einer Vereinigung von Städten, die etwas unternehmen wollen.

ZEIT: Ist vielleicht die Demokratie die falsche Struktur, um solche Veränderungen hinzukriegen?

MEADOWS: Das Thema ist nicht die Regierungsform, sondern der Zeithorizont. Und Sie brauchen in der Gesellschaft möglichst einheitliche Werte – nicht wie die Bundesebene der USA, die durch zwei ganz unterschiedliche Weltsichten fast komplett gelähmt ist. Ein Kollege brachte es mal auf den Punkt: Für die Rechte bedeutet der Waffenbesitz Freiheit und die Abtreibung Tod, für die Linke ist es genau umgekehrt.

ZEIT: Trotzdem hat man manchmal den Eindruck, man könne den chinesischen Klimaversprechen eher vertrauen als den europäischen.
MEADOWS: Es ging ja vielen so, dass sie von China und seinen Plänen fasziniert waren. Aber unter Präsident Xi schottet China sich teilweise von der Welt ab und riskiert seinen Wohlstand. Die Kommunistische Partei stellt ihr eigenes kurzfristiges Überleben über das Wohl des Ganzen.

ZEIT: Wenn sich politische Systeme verändern – verändert das dann auch die Menschen?
MEADOWS: Ich glaube, es ist andersherum: Die Menschen bekommen die Systeme, die sie verdienen. Wenn Leute sagen, der Kapitalismus verursacht das Problem, dann antworte ich, nein, wir verursachen es, und der Kapitalismus ist eines der Instrumente, mit denen wir das machen.

ZEIT: Da Sie nicht mehr über die Grenzen des Wachstums reden wollen, Ihre Neugier aber ungebrochen scheint – womit beschäftigen Sie sich?
MEADOWS: Mich interessiert die Frage der Resilienz. Wie verändert man ein System, egal ob Ihre Familie oder eine Region, damit es mit unerwarteten Schocks fertigwird? Die vergangenen 20 Jahre haben da schon viele Veränderungen gebracht – mehr als das ganze Jahrhundert zuvor. Aber die nächsten 20 Jahren werden von noch mehr ökologischem, sozialem, politischem und

wirtschaftlichem Wandel geprägt sein. Da ist die Frage wichtig, welche grundlegenden Ziele wir haben und wie wir sie unter Schockeinwirkung einhalten.

ZEIT: Gerade reden schon alle über Resilienz.
MEADOWS: Ja. Psychologen. Ökonomen. Epidemiologen. Doch jede Gruppe hat eine eigene Sprache, eigene Konzepte und Ideen dafür. Und ich interessiere mich dafür, welche Grundlagen sie gemeinsam haben. Wie schafft man eine Art Checkliste dafür, was zu tun ist?

ZEIT: Und – schon irgendwelche Ideen?
MEADOWS: Ein Weg ist es, die Puffer zu vergrößern. Also vor allem die Vorräte. Wie bei den riesigen Gastanks, die gerade in Deutschland eine große Rolle spielen. Oder bei Lebensmitteln zu Hause.

ZEIT: Wäre ein wichtiger Puffer gegen soziale Unruhen und wirtschaftlichen Niedergang nicht auch, weniger abhängig von Wachstum zu sein?
MEADOWS: Absolut.

ZEIT: Und wie kommt man dahin?
MEADOWS: Geben Sie mir ein konkretes System.

ZEIT: Deutschland.
MEADOWS: Fragen Sie die Menschen in einer Umfrage, was ihnen am wichtigsten ist. Sechs Wörter, mehr nicht. Was werden sie sagen? Gesundheit. Liebe. Religion und so weiter. Dann kriegen Sie eine Liste. Und Sie entwickeln die Strukturen, um zu messen, wie es den Leuten in diesen Kategorien wirklich geht. So erhalten Sie ein Gegengewicht zum täglichen Aktienreport oder zum Drang, mehr und mehr zu konsumieren. Wichtig wäre es auch, sich Ihr Land mit Nullwachstum vorzustellen, aber ohne

hohe Arbeitslosigkeit oder Sozialstreiks. Es ist absolut möglich, sich Deutschland auch dann als attraktiven Ort zu denken. Man muss das nur wollen und Zeit dafür investieren.

ZEIT: Ihre konstruktive Antwort zeigt doch, dass Sie immer noch diese langfristige Perspektive verfolgen – und Hoffnung haben, dass die Menschen sie irgendwann teilen.

MEADOWS: Ich bin Wissenschaftler und schaue mir die Beweislage an. Die meisten Menschen gehen aber anders vor. Sie wissen, was sie glauben wollen, und suchen dann nach Beweisen dafür. Ich sehe daher nicht, wie die Gesellschaften langfristig denken und konstruktiv handeln sollen.

ZEIT: So können Sie nach 50 Jahren nicht aufhören. Wir brauchen ein hoffnungsvolleres Ende.

MEADOWS: Ich verstehe Sie. Es hilft wirklich nichts, nur von Untergang zu schreiben. Wenn ich etwas Hoffnungsvolles zu sagen habe, dann dieses: An jedem Punkt hat jeder Mensch die Wahl zwischen verschiedenen Aktionen, einige machen die Situation besser, andere schlechter. Also sollte man immer versuchen, sie besser zu machen, auch wenn das noch kein Utopia erzeugt. Das heißt es doch, ein menschliches Wesen zu sein.

DAS GESPRÄCH FÜHRTE UWE JEAN HEUSER

LASST DIE SONNE REIN

Mit Solarenergie ließe sich viel mehr Strom erzeugen,
als Deutschland braucht. Warum wird sie kaum genutzt?

VON MARC WIDMANN

Wer sich Deutschland von oben anschaut, mit den Satellitenbildern von Google Maps, kann die Misere schnell erkennen. Man sieht Wälder und Felder, endlose Straßen und jede Menge Dächer. Ein Gemälde in Grün, Braun, Grau und Rot. Nur eines sieht man kaum: Solarmodule. Man muss sie schon suchen, in vielen Dörfern genauso wie in Großstädten. Gerade einmal sieben Prozent der technisch geeigneten Dachflächen deutscher Gebäude sind damit belegt, dazu ein paar Wiesen entlang von Autobahnen und Schienen oder in Gebieten, wo sonst wenig los ist. Ein Trauerspiel.

Deutschland von oben, das ist vor allem ein gewaltiges ungenutztes Potenzial. Denn jeden Quadratmeter des Landes bestrahlt die Sonne täglich mit kostenloser grüner Energie; auch wenn es bewölkt ist, kommt noch ein Teil davon an. Wir müssten sie nur ernten. Die Technologie dafür ist längst vorhanden. Doch wir versagen dabei, sie zu nutzen.

Was wir da aufbauen könnten, haben Wissenschaftler des Fraunhofer-Instituts für Solare Energiesysteme in Freiburg ausgerechnet, die sich seit 41 Jahren mit der Fotovoltaik befassen: 3160 Gigawatt. So viel könnte im besten Fall erschlossen werden, wenn wir alle Flächen nutzen würden, die nach heutigem Wissensstand technisch geeignet sind. Jedes Gigawatt installierter Leistung kann gut ausgerichtet im Jahr rund 1000 Gigawattstunden Strom erzeugen. Das wäre dann gut das Dreifache dessen, was unsere Industrienation benötigt, selbst wenn in Zukunft auch Autos und Heizungen im großen Stil mit Strom funktionieren statt mit Öl und Gas.

»Das Potenzial ist gigantisch«, sagt Harry Wirth, Bereichsleiter für Fotovoltaik-Module im Fraunhofer-Institut. Wir müssten es nicht einmal ansatzweise ausschöpfen. »Den gesamten Energiebedarf Deutschlands aus Fotovoltaik zu decken ist möglich, aber das wäre zu teuer«, sagt Wirth, schon weil man dafür enorme Speicher und Umwandlungstechnik wie Elektrolyseure bräuchte. »Wir sind in der glücklichen Lage, dass sich Wind- und Solarstromerzeugung ziemlich gut ergänzen.« Wenn über Deutschland die Sonne nachlässt, frischt meist der Wind auf, und andersrum, zusammen sind sie ein perfektes Paar. Das heißt: Schon geschätzte 400 statt der rechnerisch möglichen 3160 Gigawatt an installierter Fotovoltaik-Leistung dürften reichen, um die Energiewende zu schaffen, also unabhängig zu werden von Gas, Öl, Kohle und Kernkraft. Klingt gar nicht nach so viel. Doch bislang wurden in all den Jahren gerade mal 60 Gigawatt installiert.

Allein auf den deutschen Dächern ist noch jede Menge Platz für Solarmodule – nicht nur auf privaten Einfamilienhäusern mit kleiner Fläche, sondern vor allem auch auf den großen Mietshäusern der Städte und den wuchtigen Gewerbehallen, von denen die meisten noch obenrum kahl sind. Das ist besonders tragisch. Denn auf Gebäuden lohnt sich der Sonnenstrom gleich doppelt, weil er direkt dort verbraucht werden kann und man sich teure und bei Anwohnern verhasste Stromtrassen quer durch die Republik erspart. 560 Gigawatt an Leistung auf Dächern seien möglich, haben die Wissenschaftler errechnet.

Ein noch viel größeres Potenzial von bis zu 1700 Gigawatt hätte die sogenannte Agri-Photovoltaik. Das sind Solarmodule, die nicht wie bisher einfach auf eine Wiese gesetzt werden – sondern auf ein drehbares Gestänge in zwei bis fünf Meter Höhe, etwas luftiger verteilt, je nach Lichtbedarf der Pflanzen darunter. Am Boden können die Landwirte weiterhin geeignete Kulturen wie Beeren, Salat oder Kartoffeln anbauen, die trotzdem gut wachsen würden und im Sommer ein wenig vor der sengenden Sonne geschützt wären. »In Deutschland ist die Agri-PV noch im Dornröschenschlaf«, sagt Harry Wirth, »aber in Japan, China,

Südkorea oder Frankreich gibt es schon große Programme.«
Bei uns verlieren die Bauern bislang noch ihre Subventionen,
wenn sie Solarmodule über ihre Felder bauen. Das soll sich zum
Jahreswechsel endlich ändern, und man fragt sich, warum erst
dann.

Noch naheliegender und landschaftsverträglicher ist die Idee,
Solarmodule als Schatten spendende Dächer über die bundes-
weit rund 360 000 größeren Parkplätze zu bauen. Oder über
breite Straßen, wo sie sogar per Oberleitung fahrende Lkw laden
könnten. Sie könnten auch in Lärmschutzwände integriert werden – oder gleich, farblich angepasst, in die Dächer von E-Fahr-
zeugen; pro Jahr könnte das laut dem Fraunhofer-Forscher Wirth
mehrere 1000 Kilometer Fahrleistung bringen. Sie könnten als
künstliche Inseln auf Baggerseen oder gefluteten ehemaligen Ta-
gebauen schwimmen, was im Ruhrgebiet bereits im kleinen Stil
zu sehen ist. Und natürlich kann man sie nicht nur auf Gebäude-
dächer montieren, sondern auch in die Fassaden integrieren.
Dort könnten sie Glas einsparen und morgens oder abends noch
Energie liefern, wenn das Dach wenig Sonne abbekommt.

Könnte, könnte, könnte. Diese Ideen haben eines gemeinsam:
Sie sind faszinierend, werden teilweise in anderen Ländern schon
umgesetzt, nur im einstigen Solar-Vorzeigeland Deutschland
passiert so gut wie nichts. Und das, obwohl man für sie keine
einzige neue Fläche beanspruchen müsste und die Bevölkerung
damit wohl besser leben könnte als mit Tausenden neuen Windrädern in der Landschaft.

Das größte Hindernis in Deutschland waren in den vergangenen Jahren zwei Ängste, die in der Bundesregierung und bei den
Betreibern der Stromnetze regiert haben: die Angst vor explo-
dierenden Stromkosten und die Angst vor Kontrollverlust und
Chaos im Stromnetz, wenn statt wenigen großen plötzlich unzählige kleine Kraftwerke Strom ins Netz einspeisen. Zusammen
mit dem deutschen Regulierungswahn ergab das eine toxische
Kombination.

Es ist noch nicht so lange her, da lag Deutschland ganz vorn bei Entwicklung, Herstellung und Ausbau der Fotovoltaik. Die Blüte wurde mit viel Geld erkauft. Am Anfang waren die Module teuer, vor zwölf Jahren kosteten sie noch zehnmal so viel wie heute. Deshalb bekam jeder, der sie installierte, hohe Subventionen, die der Staat dann allerdings einfach allen Privathaushalten mit auf die Stromrechnung schreiben ließ. Das Ergebnis: Mit jedem Jahr stieg der Strompreis und wurde bald der höchste in Europa. Die Bundesregierung unter Angela Merkel musste handeln, doch sie tat das Falsche. Anstatt die Finanzierung besser zu regeln, bremste sie den Ausbau der Solarenergie aus, sodass er ab dem Jahr 2012 fast zum Erliegen kam. Parallel dazu entstand eine groteske Bürokratie, die bis heute selbst viele Gutwillige davon abschreckt, sich Solarmodule aufs Dach zu setzen.

»Das ist, wie wenn Sie durch einen Wald gehen, und überall sind Brombeerranken am Boden. Sie fallen ständig hin und haben irgendwann keine Lust mehr.« So beschreibt Robert Busch vom Bundesverband Neue Energiewirtschaft die Erlebnisse von Vermietern von Gewerbehallen, die ein Solardach daraufsetzen und den Strom an ihre Mieter verkaufen wollen – als Erlebnis für Abenteuerlustige. Ganz ähnlich ist der Leidensweg für die Vermieter von Wohnhäusern, auch ihr bürokratischer Aufwand ist enorm, sie müssen jede Menge Zähler installieren lassen, Formulare ausfüllen und verlieren in manchen Fällen sogar noch steuerliche Vorteile. Deshalb lassen sie es einfach bleiben.

Für die Eigenheimbesitzer gibt es ein anderes Problem. Hier hat der Staat die Förderung so stark abgesenkt, dass sich nur noch Solaranlagen für selbst verbrauchten Strom lohnen, nicht mehr aber solche, die größere Strommengen ins öffentliche Netz einspeisen. Deshalb werden selbst große Hausdächer derzeit oft nur noch mit kleinen Solaranlagen bebaut. Bei Unternehmen ist es genauso.

Busch kennt gruselige Geschichten von Menschen, die Freiflächen-Solarparks gebaut haben und schon seit einem halben

Jahr auf die nötigen Bestätigungen von ihrem Netzbetreiber und der Bundesnetzagentur warten, ohne die die Anlage nicht ans Netz gehen darf. Deutschland benimmt sich, als wolle es unbedingt von Putin abhängig bleiben.

Die deutsche Solarpolitik braucht einen Neustart, da sind sich alle Experten einig. »Das muss alles viel einfacher gehen«, sagt Busch, »Plug-and-play.« Er ist für mehr »italienische Leichtigkeit«, für mehr pauschale Berechnungen, anstatt mit überpenibler Gründlichkeit das Errichten von Solaranlagen zum Marsch durch ein Dornengestrüpp zu machen.

Die gute Nachricht: Die neue Bundesregierung will zumindest einige Fesseln der Solarenergie lösen. Der Zubau in Deutschland soll auf neue Rekordhöhen wachsen.

Bis zu 20 Gigawatt sollen künftig im Jahr installiert werden, fast dreimal so viel wie im bisherigen Spitzenjahr 2011, mit modernerer und effizienterer Technik. Aber ist ein solches Tempo wirklich machbar?

Kaum jemand hat das Auf und Ab der deutschen Solarindustrie so nah erlebt wie Gunter Erfurt. Der Physiker promovierte 2003 im sächsischen Freiberg und arbeitete dann als Entwicklungsingenieur und Manager in der ostdeutschen Solarindustrie. Er musste miterleben, wie »Deutschland und die EU die Fotovoltaik in den Merkel-Jahren leider politisch haben fallen lassen«, wie hoch subventionierte chinesische Firmen mit westlicher Technik die deutschen Firmen aus dem Markt drängten.

»Heute ist Europa bei Solarmodulen fast zu 100 Prozent abhängig von China, das die Solarmodule zu künstlich niedrigen Preisen verkauft«, sagt Erfurt. »Kaum ein Unternehmen dort verdient Geld, China kauft sich aus strategischen Gründen den Markt, um die wichtigste Energieerzeugungsform der Zukunft zu besitzen.« Für Europa bedeutet das: Wenn China nicht mehr liefert, kann hier nichts mehr zugebaut werden.

Doch Erfurt arbeitet daran, das zu ändern. Der 48-Jährige leitet inzwischen die Schweizer Firma Meyer Burger, die früher

Produktionsmaschinen nach China verkauft hat, jetzt aber lieber selbst Solarzellen herstellt und sie zu Modulen verarbeitet. Im vergangenen Mai eröffnete sie in Thalheim in Sachsen-Anhalt wieder eine Fabrik für Solarzellen – mitten im Solar Valley, wo schon einmal die deutsche Solarindustrie boomte.

»Wir werden die Produktion Ende des Jahres auf 1,4 Gigawatt hochgefahren haben«, sagt Erfurt. Den ganzen Gewinn will er gleich wieder in die Ausweitung der Kapazitäten investieren.

In Thalheim entstehen nicht die Perc-Solarzellen, wie sie in Massen aus China kommen, sondern bereits die nächste Generation: patentgeschützte Heterojunction-Zellen, mit zwei zusätzlichen hauchdünnen Siliziumschichten auf jeder Seite. Sie sind leistungsstärker, halten länger, benötigen kein Blei und deutlich weniger Silber, bei der Produktion entsteht auch viel weniger CO_2. Sie sind zwar etwas teurer als die chinesische Konkurrenz, aber Erfurt hat keine Probleme, Käufer zu finden. »Wir könnten auch bis Ende nächsten Jahres eine Produktion von fünf Gigawatt hinstellen«, sagt er, Voraussetzung sei die Finanzierung. Dabei sind die Summen, die er benötigen würde, gar nicht so gewaltig. »Um den heutigen EU-Bedarf an Solarmodulen von jährlich 25 Gigawatt zu liefern, bräuchten wir eine Investitionssumme von einmalig zehn Milliarden Euro«, sagt der Unternehmer. Das sei gerade einmal die Hälfte der 20 Milliarden, die Deutschland allein im vergangenen Jahr für russisches Öl und Gas ausgegeben habe.

Den wichtigsten Rohstoff für seine Module, das Polysilizium, bezieht Erfurt vom Münchner Chemiekonzern Wacker. Der lässt wissen, dass er genug Kapazitäten habe, um die heimische Nachfrage zu decken. Auch bei SMA, dem größten Hersteller von Solar- und Batterie-Wechselrichtern und einzig verbliebenen deutschen Solarunternehmen mit Börsennotierung, wäre man gern beim nächsten Boom dabei. »Wenn die Rahmenbedingungen stimmen, brauchen wir nur sechs bis zwölf Monate, um uns auf eine drastische Produktionssteigerung einzustellen«, sagt Andreas

Gast, der Vertriebsleiter für Zentraleuropa. »Wir sind bereit, optimistisch zu planen und in Vorleistung zu gehen.«

Ein zweites deutsches Solarwunder wäre also möglich. »Die Unternehmen sind noch da, man kann diese Industrie wieder zur Blüte führen«, sagt Gunter Erfurt. In keinem Bereich der erneuerbaren Energien ließe sich so schnell so viel Potenzial mobilisieren, und das auch noch zu sehr günstigen Stromkosten zwischen vier Cent pro Kilowattstunde auf Freiflächen und zwölf Cent auf kleineren Hausdächern. Rechnet man die Klimakosten ein, ist Solar- wie auch Windstrom unschlagbar günstig. Wer sein E-Auto mit selbst produziertem Solarstrom betankt, zahlt auf 100 Kilometern gerade mal zwei Euro.

Was dafür nötig ist? Eine Bundesregierung, die sich zu Fotovoltaik bekennt und den Ausbau diesmal verlässlich unterstützt, anstatt sich wieder wegzuducken. Eine Verwaltung und Netzbetreiber, die Hürden abbauen, anstatt Menschen in die Verzweiflung zu treiben. Eine Baubranche, die Fotovoltaik in Gebäude integriert. Handwerksbetriebe, die Fachkräfte einstellen und sie fortbilden zu Klimateuren oder Installatronikern, anstatt wie heute solarwillige Kunden abzulehnen oder monatelang zu vertrösten. Dazu neue Speicher, um die Sonnenenergie auch in schattigen Zeiten nutzen zu können: Batterien für die Nächte und große Elektrolyseure, um Sonnenenergie in Wasserstoff umzuwandeln, der sich speichern und vielfältig nutzen lässt; auch die Batterien von E-Autos könnten als riesiger Speicher dienen. Und natürlich ein bisschen Sonne im Herzen.

FISCH VOM LAND

Die Überfischung der Weltmeere bedroht
unsere Ernährung und das Ökosystem.
Aber es gibt einen Ausweg

VON GÖTZ HAMANN

Eine gute Nachricht zuerst: In nur fünf bis zehn Jahren könnten die Meere rund um Europa, von der Ostsee bis zum Mittelmeer, wieder prall gefüllt mit Leben sein. Fische im Überfluss würde es geben, »die Fischer könnten mehr fangen als heute, aber ohne die Schwärme zu gefährden«, sagt der führende Meeresbiologe in Deutschland, Rainer Froese.

Eigentlich ist Froese für seine düsteren Prognosen bekannt, für seine Kritik an der deutschen Fischereipolitik, an Schleppnetzen und Todeszonen in der Ostsee. Und es stimmt ja: Es steht schlecht um den Fisch, zwei Drittel der Bestände sind überfischt oder existenziell bedroht. Wie schonungslos der Mensch die Meere ausbeutet, konnten Millionen Zuschauer so eindrücklich wie nie zuvor in der Dokumentation Seapiracy auf dem Streamingportal Netflix beobachten.

Und dennoch: Anderswo mögen Korallen bleichen, Vögel aussterben und Wüsten wachsen. Aber das Ökosystem in den europäischen Meeren ist fähig zur Regeneration. Und zwar erstaunlich schnell: »Ein großer Fisch wie der Dorsch legt mehrere Millionen Eier im Jahr. Das ist doch eine gute Ausgangslage. Wir müssen ihm nur ein wenig Ruhe gönnen«, sagt Froese.

Eine wenig Ruhe würde heißen: Die Europäer verzichten auf einen großen Teil ihrer Fischerei – und zwar für mehrere Jahre. Dorsch und Dorade, Seezunge und Seeteufel würden aus dem Supermarkt verschwinden.

Aber dazu wird es nicht kommen. Die Landwirtschaftsminister in der EU schaffen es nicht mal, eine einzige Art wirkungsvoll zu schonen, bevor sie fast ausgerottet ist. Importe aus Afrika oder

Asien wären ökologisch betrachtet keine Alternative und erinnern ohnehin an koloniale Ausbeutung.

Also muss das Ökosystem anders gerettet werden, zumal der Fisch dem Fleisch in vielen Dimensionen überlegen ist. Greenpeace, WWF und Ernährungswissenschaftler rechnen es vor: Um ein Kilo Rindfleisch zu erzeugen, braucht es im Schnitt viermal so viel Energie wie für ein Kilo Fisch. Zählt man Wasser- und Flächenverbrauch hinzu, kommt das Institut für Energie- und Umweltforschung in Heidelberg zu dem Schluss, dass der CO_2-Fußabdruck von Rindfleisch im Schnitt sechsmal größer ist als der von Meeresfischen.

Deshalb widmen Unternehmer und Forscherinnen, Fischzüchter und Ingenieurinnen ihr Leben inzwischen der Frage: Wenn die Meere katastrophal überfischt sind, wenn Verzicht unwahrscheinlich und ein biblisches Wunder ausgeschlossen ist – könnte der Mensch die fehlenden Fische nicht an Land züchten? Ob das gelingen kann, darum geht es, und die Recherche führt weit weg vom Meer, nach Wiesbaden und in die Alpen, bevor sie in Bergen op Zoom an der Nordsee endet.

Auf der Rückseite eines Rewe-Marktes in Wiesbaden hängt neben einer Tür das Schild »Fisch vom Dach«. Eine Treppe führt von dort nach oben ins Technikgeschoss über dem Supermarkt, wo seit diesem Frühjahr die modernste Aquaponik-Anlage in Europa steht. Sie verbindet Fisch- und Gemüsezucht miteinander. Jannis Grothaus ist dort Produktionsleiter und erzählt: »Ursprünglich bin ich Teichwirt, gelernt habe ich mit Forellen. Aber hier züchten wir Tilapia.«

Mehrere Tausend Tilapia, auch Afrikanischer Buntbarsch genannt, schwimmen also im Technikgeschoss eines Rewe-Marktes. Sie leben in 13 runden Bassins, die kleinsten links vorne, die größten rechts hinten – und eine Treppe höher, auf dem Dach, sprießt Basilikum in einem Gewächshaus. Es wird dort schneller groß als üblich, weil es mit CO_2 geduscht wird, das die Fische liefern oder besser gesagt ihre Ausscheidungen.

Eine Biokläranlage reinigt das Fischwasser, bevor es erneut in den Kreislauf fließt. Dabei entsteht das CO_2.

»Wir züchten hier etwa zehn Tonnen Fische im Jahr, alle zwei Wochen bekommen wir Jungfische, die sind nur ein paar Gramm schwer, und ziehen sie über acht Monate groß, dann sind sie küchenfertig«, sagt Grothaus.

Er überwacht das alles per Monitor. Sensoren zeigen ihm, wie hoch die Temperatur und der Sauerstoffgehalt im Wasser sind, ob genug Frischwasser nachläuft, ob der UV-Filter leuchtet und ob die Bakterien in der Kläranlage ihre Arbeit verrichten. Wenn er nach den Fischen schaut, zieht Grothaus eine Plastikhaube über den Kopf und über die Schuhe. Die Tiere sollen sich bloß nichts einfangen.

»Als ich noch draußen mit Forellen gearbeitet habe, bin ich nach jedem Starkregen raus an die Teiche und habe die toten Fische eingesammelt, die vertragen extremes Wetter nicht gut«, sagt Grothaus. »In heißen Sommern trieben ebenfalls viele mit dem Bauch nach oben. Vögel schleppten Krankheiten und Parasiten ein.« Das ist in Wiesbaden ausgeschlossen, weil sich ein Handwerk, das den Naturgewalten unterworfen war, in eine planbare Produktion verwandelt hat.

Die Anlage deckt den Bedarf an Tilapia in 40 Supermärkten und mit ihrem Basilikum sogar den von 400 Supermärkten in Hessen und Rheinland-Pfalz. Entwickelt wurde sie von Nicolas Leschke und seinem Unternehmen ECF Farmsystems. Leschke sagt, er könne in Serie gehen. »Wir hoffen auf weitere Projekte mit Rewe. Denn Aquaponik funktioniert auch mit Zander und Baramundi. Andere Kräuter und Gemüse wie Tomaten und Auberginen haben wir auch schon gezogen.«

Aber, dämpft Leschke gleich, es werde noch dauern, bis die Anlagen überall stehen. »Wir brauchen mindestens zwei Jahre für die Planung und die Genehmigung. Außerdem subventionieren wir die Tilapia derzeit noch mit den Kräutern, unsere Fische kosten einfach mehr als die gefrorene Importware. Das heißt, auf Dauer müssten die Verbraucher höhere Preise akzeptieren.«

Was Leschke nicht sagt: Der Tilapia gehört zum normalen Angebot im Supermarkt, ist aber bei Weitem nicht so beliebt wie der Lachs. Die Deutschen essen pro Jahr mehr als zwei Millionen Tonnen Fisch, mehr als 80 Prozent davon werden importiert, allen voran Lachs. Jeder fünfte verkaufte Fisch ist einer, er ist das Schnitzel der Meere.

Wer es nun ernst mit dem Schutz der Meere und der Tiere meint, darf diesen Standardlachs nicht mehr essen. Zum einen wachsen diese Fische in kreisrunden Zuchtanlagen heran, wie sie zu Tausenden vor der norwegischen Küste im Meer treiben, und in manchen davon geht es zu wie in übler Hühnermast. Zum anderen müssen aber, um den Lachs zu füttern, große Sardinenschwärme gefangen und viele Hundert Millionen Sprotten und Heringe zu Fischmehl geschreddert werden. Diese Schwärme fehlen als Nahrung für andere Fische im Meer, und so trägt die Lachszucht erheblich zur Überfischung bei.

Veganer würden spätestens hier sagen: Was soll das Ganze? Esst einfach keinen Fisch. Doch 450 Millionen Europäer werden nicht über Nacht zu Veganern. Und deshalb braucht es so dringend einen anderen Weg – auch für den Lachs.

Der gedankliche Sprung vom Champagner zum selbst gezüchteten Lachs war für Ronald Herculeijns nicht so groß. Herculeijns arbeitete in der Schweiz als Verkaufschef von Dom Pérignon, Veuve Clicquot und Moët & Chandon, und auch der Lachs, der ihm vorschwebte, war ein Luxusgut: antibiotikafrei, ohne Mikroplastik, stressfrei gezüchtet und unbelastet von den vielen Krankheiten, die einen Lachs in den kreisrunden Netzgehegen im Meer befallen können. Dazu sollte er in Schweizer Quellwasser schwimmen, von einer Gegenstromanlage fit gehalten werden, abgeschirmt von äußeren Einflüssen. Die Energie sollte aus einem nahen Wasserkraftwerk kommen, und die Ausscheidungen der Fische sollten zu Biogas verdampfen.

Mit diesem Plan gründete Herculeijns vor sieben Jahren seine Firma Swiss Lachs, und auch wenn ein paar mühevolle Jahre folgten: Heute steht seine Halle in Lostallo in der italienischen Schweiz, rund hundert mal hundert Meter misst sie, und drinnen schwimmen seine Fische. Eine zweite, doppelt so große Anlage ist bereits geplant.

Als Herculeijns an einem Tag im März durch den Betrieb führt, hält er bei ein paar flachen Blechen an, durch die frisches Wasser strömt: »Das ist unser künstlicher Bach. Wir simulieren nach und nach die verschiedenen Lebensphasen, die ein Fisch durchläuft. Die Lachseier kommen zunächst in den Bach, sind die Jungfische geschlüpft, schwimmen sie in mehreren Süßwasserbecken, dann folgen Brack- und schließlich Salzwasser. Das Salz dafür beziehen wir aus Schweizer Salinen.«

40 000 norwegische Lachseier holt Herculeijns alle zwei Monate vom Flughafen ab.

»Die größten Verluste haben wir, bis die Tiere ein paar Zentimeter lang sind, und dann noch einmal, wenn sie vom Süß- ins Brackwasser kommen. Die Schwachen überleben das nicht. In der Natur auch nicht. Da werden sie von Raubvögeln und anderen Fischen gefressen.«

Die Frage nach dem Tierwohl stellt sich trotzdem, weil die Lachse in der Schweiz nie das Tageslicht sehen und die meiste Zeit ihres Lebens in ringförmigen Becken gegen einen künstlich erzeugten Strom anschwimmen. Auf der anderen Seite haben sie offenbar recht wenig Stress. Die schlachtreifen Tiere gleiten langsam durch ihren Tank, sie schwänzeln im Schwarm vor sich hin, und es ist kaum ein Fisch zu sehen, der im Lauf der Zeit von seinen Artgenossen verletzt wurde. Aus der Massentierhaltung von Hühnern und Schweinen sind ganz andere Bilder bekannt.

Swiss Lachs hält auch deutlich weniger Tiere pro Kubikmeter Wasser, als es der Erbauer der Anlage vorgesehen hatte. Aber es wachsen pro Jahr immer noch rund 300 Tonnen Lachse in

Lostallo heran, es ist und bleibt ein mittelständischer Industriebetrieb mit dem Zweck, mehrere Hunderttausend Verbraucher zu versorgen.

Dass sich Herculeijns um das Wohl seiner Tiere sorgt, erklärt er so: »Als ich vor sieben Jahren eine Fernsehdokumentation darüber gesehen habe, unter welchen Umständen die Lachszucht in Netzgehegen in Teilen der Industrie betrieben wird, habe ich gedacht: Igitt, so etwas kann man doch nicht essen.« Er, der ehemalige Champagner-Manager, wollte Lachs wieder zu einer Delikatesse machen. »Das beste Filet entsteht nur, wenn es den Fischen gut geht.« Deshalb werde er auch an einer Studie zum Stresslevel der Fische teilnehmen. »Dabei wird der Cortisol-Gehalt der Haut gemessen. Das interessiert mich. Denn wenn ich den Lärm der Maschinen in unserer Halle höre, dann frage ich mich schon, was das mit den Tieren macht.«

Als Herculeijns und seine Geldgeber vor einigen Jahren ihre geschlossene Zuchtanlage bauten, war das noch eine Rarität. Inzwischen sieht die Unternehmensberatung von EY einen regelrechten Hype. Weltweit seien neue Anlagen für fast so viele Lachse geplant, wie heute im Meer gezüchtet werden. Eine wachsende globale Mittelschicht in einer wachsenden Weltbevölkerung verlange danach.

Für die Meere ist das eine schlechte Nachricht, weil für jedes Kilo, das ein Lachs in der Zucht zulegt, weit mehr als ein Kilo Wildfisch sterben muss. Immerhin hat sich Swiss Lachs von dieser ökologischen Last befreit. Das Unternehmen verwendet ein Futter der französischen Firma Biomar, deren Fischmehl aus Schlachtabfällen anderer Speisefische gewonnen wird. Aber was eine Lösung für die Schweizer ist, taugt nicht für die gesamte Industrie.

Eigentlich müssen die Lachse etwas anderes fressen lernen, und Kees Aarts wettet in einer Stadt an der niederländischen Nordseeküste seine Zukunft darauf. Aarts ist Gründer und Vorstandschef der Firma Protix in Bergen op Zoom.

In seinem Unternehmen dreht sich alles um eine Fliege, die Schwarze Soldatenfliege, und es ist ebendiese, weil ihre Larve so genügsam ist und jeden Biomüll frisst. Zucht und Kreuzung haben sie inzwischen ein Viertel größer werden lassen als in der Natur, aber noch bevor sich die Larven verpuppen, endet ihr Dasein. Protix verarbeitet sie zu einer festen Paste aus tierischem Protein.

Übers Jahr fahren also 3000 Laster mit Biomüll vor, und den verwandelt Protix über die Fliegenlarven in mehrere Tausend Tonnen Eiweiß. Es ist die weltweit erste industrielle Produktion dieser Art, und bisher geht die Paste vor allem an die Hersteller von Hunde- und Katzenfutter. Aber das eigentliche Ziel ist die Fischindustrie.

»Wir haben gemeinsam mit den großen Lachs-Konzernen bereits ein Futter ohne Fischmehl und Fischöl entwickelt«, sagt der Firmengründer Aarts. »Die Lachse wachsen damit genauso schnell wie vorher, sie haben sogar bessere Leberwerte. Aber ich kann noch nicht genug Eiweiß liefern. Ein Vorstandschef eines Lachs-Konzerns hat mir gesagt, wenn ich ihm 10 000 Tonnen im Jahr fest zusagen könne, dann sei ich wichtig. Weniger sei für ihn wie eine Prise Salz: Das verändere die Welt nicht.«

Aber in wenigen Jahren könnte Aarts so weit sein. Protix hat bei Investoren weitere Millionen eingesammelt, um die nächsten Werke zu bauen.

So endet der Text, wie er begonnen hat: mit einer guten Nachricht – oder wenigstens mit einer nicht so schlechten. Krasser Verzicht auf Fisch ist nicht die einzige Lösung zum Schutz der Meere. Inzwischen ist alles erfunden, was der Mensch braucht, um beliebte Arten nachhaltig an Land zu züchten. Und auch der Schritt von der Forschung, von den ersten Pilotanlagen hin zur industriellen Produktion ist gelungen.

Doch um dem Meer nach und nach eine Ruhepause zu gönnen, wären nun enorme Investitionen nötig. Alles müsste sich

vervielfachen für die Fische an Land: das Kapital, die Unternehmen, die Fischereibiologen, die Anlagenbauer, die Teichwirte.

In fünf Jahren ist das nicht zu schaffen. Der Weg ist länger als
der des reinen Verzichts. Aber er hat einen Vorteil: Er existiert
wirklich.

IN NEUEM FAHRWASSER

Auf dem Weg zur Klimaneutralität ist die
Schifffahrt sehr spät dran. Jetzt versucht der
Branchenriese Maersk den Wandel

VON RICARDA RICHTER

Fast alles, womit die Deutschen ihre Häuser füllen, kommt
mit einem Schiff hierher. Das Hemd im Kleiderschrank, der
Fernseher an der Wand, der Stuhl auf dem Balkon. Bevor die
Dinge im Laden zum Verkauf stehen oder im nächsten Logistik-
zentrum in einen Pappkarton gepackt werden, hebt ein Kran sie
vom Deck eines Frachters. Verstaut in einem Container — der
Kiste, die einst den Welthandel revolutionierte. Und ihn wachsen
ließ. Immer weiter wachsen.

Heute, rund 70 Jahre später, brauchen die Lieferanten der
Weltmeere dringend eine neue Revolution. Rund 100 000 kommerzielle Schiffe umrunden die Kontinente, queren die Ozeane,
damit all die Waren zu den Kunden kommen. 300 Millionen
Tonnen Treibstoff benötigen sie dafür im Jahr. Und aus jedem
ihrer Schornsteine steigen nicht nur Rußpartikel, sondern auch
Treibhausgase in den Himmel. Die Schifffahrt ist eine schwer-
fällige Industrie. Doch jetzt bewegt sich die zweitgrößte Con-
tainer-Reederei.

53° 35′5″N, 8° 30′53″O, Bremerhaven

Es ist ein Abend Ende August, kurz nach halb zehn, als Kapitän
Brian Sørensen auf der Brücke der Vistula Maersk das Kom-
mando zum Ablegen gibt. Neun Stockwerke tiefer nimmt der
Schiffsingenieur seinen Anruf entgegen. Ein Zischen ertönt im
Maschinenraum, dann beginnen die sechs Kolben des Motors zu
arbeiten.

Das Herz des Schiffes hat zu schlagen begonnen, Treibstoff
pumpt durch seine Adern. Doch es ist nicht einer, für den der

Motor gebaut wurde, kein tiefschwarzes Schweröl, kein grünlicher Schiffsdiesel. Seit gut einem Jahr fährt die Vistula Maersk mit Biobrennstoff, einer durchsichtigen Alternative aus Abfall- und alten Speisefetten. Es ist der erste Schritt einer langen Reise, der Anfang eines industriellen Wandels. Und die Frage ist, ob die Branche diesen Wandel schafft, bevor alles zu spät ist.

Oben auf der Brücke steht Kapitän Brian Sørensen in der Dunkelheit, links von ihm sitzt der Lotse und sagt dem Steuermann den Kurs an, 305 Grad. Ab und zu rauscht das Funkgerät, sonst ist es still. Die Vistula Maersk schiebt sich mit 16 Knoten die Weser hinunter. Hinaus auf die Nordsee, hinein in die Nacht.

Rund drei Prozent des globalen CO_2-Ausstoßes stammen aus der Schifffahrt, so viel wie aus dem Luftverkehr, mehr, als ganz Deutschland emittiert. Ohne neue Schiffsantriebe wird die Industrie zum Öko-Außenseiter. Doch bei Maersk, der Reederei mit dem weißen Stern und den hellblauen Schiffen, gibt es einen Mann, der das verhindern will.

350 Kilometer weiter nordöstlich in Kopenhagen steht direkt am Wasser die Maersk-Zentrale, das »Haus mit den blauen Augen«, wie die Einheimischen sagen, ein heller Kasten mit blau verspiegelten Fenstern. Hinter einem von ihnen arbeitet Morten Bo Christiansen vor einer Weltkarte an der Wand. Er hat mehr als 50 Mitarbeiter und nur einen Auftrag: das Unternehmen so schnell wie möglich vom CO_2 zu befreien.

Vier Jahre ist es her, dass Maersk als erste Reederei das Ziel ausrief, bis 2050 klimaneutral zu werden. Was für andere Industrien mittlerweile normal scheint, galt unter Reedern lange als unrealistisch. Die International Maritime Organization gab im gleichen Jahr nur vor, die Schifffahrt solle ihre Emissionen bis 2050 halbieren. Und auch heute ist die UN-Behörde, mächtigster Regulierer der Branche, nicht weiter.

Für Maersk aber änderte sich im Herbst 2020 etwas Grundlegendes. Auf einmal ging es nicht mehr nur um die Erde, es ging ums Geld. Auf ihrem jährlichen Strategietreffen fragten sich die

Manager, was ihr Geschäftsmodell erschüttern könnte. Auf der Tagesordnung: der Klimawandel. »Diese Sitzung hat mir die Augen geöffnet«, sagt Christiansen. Entweder würde die Politik der Erderwärmung mit Verboten und schnell steigenden CO_2-Preisen begegnen und damit die weltweite Logistik durcheinanderwirbeln. Oder es drohte ein ungebremster Klimawandel mit Wetterextremen, steigendem Meeresspiegel und dem Zusammenbruch der Transportschifffahrt. Besser, man wäre vorbereitet.

Lange war Maersk die führende Containerreederei der Welt, besaß das größte Schiff, die größte Flotte, die größte Kapazität. Schließlich gab man das Wettrüsten auf und wurde vom schweizerisch-italienischen Konkurrenten MSC überholt. Doch längst hat Maersk ein neues Rennen begonnen, das zur Klimaneutralität. Der laut Christiansen »größten Geschäftsmöglichkeit, die es jemals gab«.

Morten Bo Christiansen wurde Leiter Dekarbonisierung, seine Aufgabe zur zentralen Strategie. Im Frühjahr 2021 sei der Vorstandsvorsitzende von Maersk, Søren Skou, mit der Frage auf ihn zugekommen: »Wenn dies das Wichtigste ist, was wir tun müssen: Wie schnell können wir sein?« Also beschäftigten Christiansen und sein Team sich mit der Flotte, entwarfen Szenarios, rechneten. Und kamen zu dem Schluss, dass es auch zehn Jahre früher ginge. Klimaneutral bis 2040. Nicht nur der Treibstoff, auch der Stahl für die Schiffe, die Lkw, die die Container an Land an ihr Ziel bringen, alles.

53° 36′50″N, 5° 20′32″O, Nordsee

Die Vistula Maersk, benannt nach einem polnischen Fluss, ist ein großes Schiff unter den kleinen, 200 Meter lang, 36 Meter breit. Vor Putins Überfall auf die Ukraine fuhr sie zwischen Rotterdam und St. Petersburg; seitdem quert sie zweimal im Monat den Atlantik, bringt Tulpenzwiebeln und Lithiumbatterien nach Kanada und gefrorenen Fisch zurück nach Europa. 2190 Container hat sie an diesem Tag an Bord. Rot, grau und blau stapeln sie sich an Deck. Was sich in den meisten von ihnen befindet, ist niemandem an Bord bekannt. Nur über den Inhalt der 169 Kühlcontainer wird Buch geführt: Schokolade, Kekse, Suppentüten, Medikamente, Erbsen, Käse und Zitrusfrüchte.

Eigentlich könnte die Vistula Maersk ihren nächsten Hafen, Rotterdam, bereits am Mittag erreichen. Doch der Terminal ist belegt, der Lotse kommt erst um 21 Uhr an Bord. Deshalb hat der Offizier in der Nacht die Geschwindigkeit gedrosselt, mit nur sechs Knoten schiebt sich das Schiff am nächsten Morgen querab von der Insel Terschelling durch die Nordsee. Um Treibstoff zu sparen. »Für eine perfekte Reise muss man die exakte Ankunftszeit wissen«, sagt Kapitän Brian Sørensen auf der Brücke, die Hände in den Hosentaschen vergraben. Die perfekte Reise, das sei die mit dem geringstmöglichen Verbrauch. Und doppelte Geschwindigkeit bedeute viermal so viel Treibstoff.

So viel hatte Maersk längst erkannt: Profit und Umweltschutz schließen sich nicht aus, im Gegenteil. Je weniger Öl verbrannt wird, desto weniger CO_2 steigt aus dem Schornstein, desto besser für die Gewinnrechnung. Auch deshalb wird heute jedes Schiff genau überwacht, riesige Mengen Daten laufen in einem Programm zusammen und werden live nach Kopenhagen übertragen. Doch man weiß auch, dass Effizienz allein nicht reichen wird.

Der Maschinenraum der Vistula Maersk ist groß und lichtdurchflutet, eine Kathedrale aus Schrauben und Stahl. Drei Stockwerke winden sich um den Motor bis hinunter zur Antriebswelle, an der sich die Schiffsschraube dreht. Äußerlich deutet nichts darauf hin, dass er mit Biobrennstoff läuft. Nur der beißende Geruch nach Öl ist von Bord verschwunden. Aber der neue Brennstoff verursacht viel zusätzliche Arbeit. Die Einspritzdüsen müssen regelmäßig ausgetauscht werden, die Filter verstopfen häufiger.

Die Vistula Maersk und ihr Schwesterschiff Vayenga Maersk sind die Testlabore, die ausschließlich mit dem neuen Brennstoff fahren. Er gilt als klimaneutral, weil das CO_2, das nach wie vor aus dem Schornstein steigt, zuvor von den Pflanzen aus der Atmosphäre gezogen wurde. Doch die verfügbare Menge an alten Speisefetten ist begrenzt – und wird es bleiben. In Asien scheitern neue Verträge bisher, weil die Herkunft des Öls aus reinen Abfällen nicht sichergestellt werden kann. Aber was wäre eine Alternative? Welcher Treibstoff kann die Zukunft der Schifffahrt sichern?

Es ist eine Frage, die Reedereien und Institute auf der ganzen Welt umtreibt. Auch das Team von Morten Bo Christiansen. Auf den Fluren in Kopenhagen stehen die Schiffe von Maersk in Modellgröße, seit dem Ende der Dampfschifffahrt hat sich ihr Antrieb nicht wesentlich verändert. Doch es gibt einen Stoff mit Potenzial, der schon heute Motoren antreibt: Methanol.

Um diesen speziellen Alkohol herzustellen, braucht es Kohlenstoff und Wasserstoff. Zieht man den Kohlenstoff aus der Atmosphäre und gewinnt den Wasserstoff mithilfe von erneuerbarer Energie, gilt es als grün. »Aber Methanol wird heutzutage noch aus fossilem Gas hergestellt, die Produktion von grünem Methanol ist bei null«, sagt Christiansen hinter seinem blauen Fenster. Brauchte es also erst das Angebot? Oder erst die Nachfrage? Ein typisches Henne-Ei-Problem.

Maersk entschied sich, die Henne zu sein. Im Juli 2021 bestellte das Unternehmen einen ersten mit Methanol betriebenen Frachter in Südkorea. Nur 172 Meter lang, gedacht für den Verkehr in Nordeuropa. Inzwischen sind auch 18 größere Schiffe bestellt. Die Baukosten liegen 10 bis 15 Prozent über denen herkömmlicher Schiffe, auch weil Methanol doppelt so große Tanks verlangt.

Rund 700 Schiffe fahren für Maersk, etwa die Hälfte gehört dem Konzern selbst. Bei den neueren ließe sich der Motor auf Methanol umrüsten. Doch etwa 290 hauseigene Schiffe müssen bis 2040 ersetzt werden.

Neben Bioöl und Methanol gelten Methan und vor allem Ammoniak als zukunftsfähige Treibstoffe. Sie alle, damit rechnen

Experten, werden bis 2030 Teil des Energiemixes sein. Aber welcher sich durchsetzen wird, vermag niemand vorauszusagen.

Morten Bo Christiansen rechnet: »Laut Pariser Abkommen müssen sich die Emissionen jedes Jahrzehnt halbieren. Also reicht es nicht, auf eine Lösung zu warten, die vielleicht 2030 kommt. Dann werden wir es nicht schaffen.«

Nach und nach verkündete Maersk die ersten Partnerschaften für die Produktion von grünem Methanol. In Nord- und Südamerika, in China – und in Dänemark. In Apenrade, kurz hinter der deutschen Grenze, entsteht derzeit der größte Solarpark Nordeuropas. 10 000 Tonnen Methanol sollen damit pro Jahr produziert werden.

52° 8′31″N, 3° 45′43″O, Nordsee

Auf der Vistula Maersk hat Brian Sørensen mit der Mannschaft nach dem Abendessen noch Darts gespielt. Jetzt sitzt er im Büro seiner Kapitänskajüte auf Deck E. Der Wind hat zugenommen, vor dem Fenster senkt und hebt sich der Horizont. Sørensen hat die Welt gesehen, ist die Standardroute von Asien nach Europa gefahren, Westafrika, Südafrika, viele Jahre entlang der Ostküste von Südamerika, dort gefiel es ihm besonders gut. Bald aber wird er wohl auf der Ostsee bleiben – als Kapitän des ersten Methanol-Schiffs.

Von den neuen Schiffen erfuhr er aus dem Flotten-Newsletter, der ihn alle zwei Monate erreicht. »Da dachte ich: Ich will eines von denen«, sagt er lachend und lässt seine Finger nacheinander auf die Tischplatte klopfen. Er bewarb sich und hatte zwei Gespräche, zur Schiffsführung und zur Sicherheit. Schon länger sieht er anhand der Wetterdaten, wie die Temperatur der Meere ansteigt, er merkt, dass die Stürme, die er durchquert, stärker werden. Angst vor der Zukunft? Nein, die habe er nicht. Der Kapitän glaubt an Lösungen.

Maersk gefällt sich in der Rolle des Musterschülers. Die Mitarbeiter sind stolz auf ihren Arbeitgeber, auf den großen Player aus dem kleinen Land. Dabei wurde auf den Schiffen der Reederei nicht nur über 100 Jahre lang das besonders schädliche Schweröl verbrannt – bis 2016 bohrte Maersk selbst in der Nordsee nach fossilem Treibstoff, bevor es diesen Teil des Geschäfts verkaufte.

Auch Morten Bo Christiansen war über ein Jahr in der Ölförder-Sparte beschäftigt. So habe die Welt nun einmal funktioniert, sagt er. »Früher dachte ich noch, drei Grad Erwärmung wären nicht so schlimm. Jetzt weiß ich, dass sie eine absolute Katastrophe wären.« Auf einmal wird seine Stimme leiser. Was, wenn Maersk nicht schnell genug sei? Was, wenn die Wettbewerber nicht nachzögen?

So ganz unwahrscheinlich ist das nicht. Nicht nur die neuen Schiffe sind teurer, auch der Treibstoff kostet noch gut doppelt so viel wie herkömmliches Öl. »Irgendwann werden erneuerbare Energien so günstig sein, dass grüner Treibstoff mit fossilem mithalten kann. Aber wir wissen nicht, ob das fünf Jahre, zehn Jahre oder länger dauert«, sagt Christiansen. Maersk fordert deshalb einen weltweiten CO_2-Preis in der Schifffahrt von 150 US-Dollar pro Tonne – dann, so glaubt man hier, würde alles ganz schnell gehen.

Das wäre fünfmal so viel wie die deutsche CO_2-Abgabe. Doch Verbraucher dürften davon kaum etwas merken. Bei doppelten Treibstoffkosten für einen CO_2-neutralen Transport koste ein Paar Sneaker aus Vietnam vier Cent mehr, sagt Christiansen. Schon jetzt kaufen große Marken die »Eco Delivery«, zahlen für einen Container von Shanghai nach Hamburg 300 Euro mehr – und finanzieren damit den Biobrennstoff auf der Vistula Maersk.

51° 59′39″N, 4° 1′12″O, Rotterdam

Als der Lotse an der Jakobsleiter die Schiffswand hinaufklettert, ist die Sonne untergegangen. Er komme gerade von einem LNG-Tanker, berichtet er oben auf der Brücke. Eigentlich führen die mit dem Gas, das sie selbst transportieren. Aufgrund der hohen Preise aber sei das Schiff auf Öl umgestiegen. Der günstigste Treibstoff gewinnt.

Zwei Stunden dauert die Fahrt in den größten Hafen Europas, der wie eine Weltraumstadt in der Dunkelheit liegt. Vorbei an rot blinkenden Windrädern, hell erleuchteten Öltanks und Raffinerien. Um kurz nach 23 Uhr sind alle Leinen fest, kurz darauf geht das Bunkerschiff längsseits. 1000 Tonnen Biobrennstoff wird die Vistula Maersk in dieser Nacht tanken, genug für Kanada und zurück.

Verschiedene Rohre gehen von Deck in den Bauch des Schiffes. An dem schwarzen Deckel mit der Abkürzung HFO für »Heavy Fuel Oil«, also klimaschädliches Schweröl, hängt ein laminiertes Blatt Papier. Übersetzt ist darauf zu lesen: »Nicht benutzen. Geschlossen zu halten.«

DAMIT KEINER DURSTIG BLEIBT

Im Großraum Frankfurt gibt es in diesem
Sommer Streit ums Trinkwasser, in Sachsen-Anhalt
trocknen die Brunnen aus.

Wie sicher ist die deutsche Wasserversorgung?

VON RICARDA RICHTER

Fast alles, was es in Deutschland so gibt, gehört irgendwem. Einem Menschen, einer Familie, einem Unternehmen. Wasser nicht. Es gehört allen, wie die Luft. Wenn es aus dem Hahn kommt, bezahlen die Kunden nur für das Reinigen, den Transport, den Abfluss. Und doch ist Cécile Hahn der Meinung, dass nicht jeder das Recht hat, sich Wasser von überall her zu nehmen. Deshalb setzte sie sich Mitte Juli gemeinsam mit zwei Bürgermeistern auf eine Kutsche und fuhr einen Fünf-Liter-Kanister Leitungswasser aus Frankfurt am Main den Vogelsberg hinauf. Rund 2000 Menschen waren dabei, auf Rädern, zu Fuß, mit Trinkflaschen, Eimern, Gießkannen. Sie brachten das Wasser aus der Großstadt dorthin zurück, wo es entspringt. Und wo es heute fehlt. Um ein Zeichen zu setzen.

Cécile Hahn ist Vorsitzende des Vereins Schutzgemeinschaft Vogelsberg und beobachtet, wie sich die Natur im Mittelgebirge verändert. Erst blieb im Winter der Schnee aus, dann im Sommer der Regen. Wenn er falle, dann als heftiger Wolkenbruch, den der ausgetrocknete Boden nicht aufnehmen könne. Hahn erlebte im Vogelsberg, wie Fichten starben und Quellen versiegten. »Neulich bin ich mit offenen Schuhen durch ein Bachbett gelaufen, ohne nasse Füße zu bekommen. Wie Menschen immer noch meinen können, wir hätten kein Problem mit Wasser, ist mir unbegreiflich«, sagt sie eine Woche nach dem Protest.

Die Schuld daran gibt Hahn der Stadt Frankfurt, die ein Drittel ihres Trinkwassers aus dieser Region bezieht.

»Weniger Grundwasser nach Rhein-Main!« steht auf blau-wei-
ßen Bannern, die die Schutzgemeinschaft in den Dörfern und
entlang der Straßen aufspannt. »Der Ballungsraum und vorne-
weg die Stadt sollen sich endlich stärker selbst versorgen«, sagt
Hahn. Sie ist wütend auf die Politik, wütend auf die Verschwen-
dung. Auf gläserne Bürotürme mit zahlreichen Toiletten, die das
kostbare Nass aus dem Vogelsberg hinunterspülen.

Hahn ist Teil eines Konflikts geworden, den die Deutschen bisher nur aus der Ferne kennen. Der Konflikt um das Trinkwasser.
Anfang Juli rief Italien aufgrund der Trockenheit in fünf Regionen den Notstand aus. Der Po, der längste Fluss des Landes,
führt so wenig Wasser wie seit Beginn der Aufzeichnungen nicht,
in Städten wie Verona oder Pisa wurde die Nutzung von Trinkwasser eingeschränkt. Auch in Frankreich sinkt der Grundwasserspiegel, im Juni führte eine Hitzewelle dazu, dass ein Bergdorf
nahe Nizza eine neue Quelle anzapfen und selbst das Zähneput-
zen mit Leitungswasser zwischenzeitlich verbieten musste. In
Spanien liegen die Pegel in den Wasserreservoirs fast ein Drittel
niedriger als im Schnitt der vergangenen zehn Jahre. Wird jetzt
bei uns auch das Wasser knapp? Droht ein Streit wie in Frankfurt
bald überall und vielleicht sogar viel schlimmer?

Um herauszufinden, wie es um die deutsche Trinkwasserver-
sorgung bestellt ist, muss man erst einmal wissen, wer für sie verantwortlich ist. Und das ist gar nicht so leicht. Genau wie Energie
ist Wasser Teil der kommunalen Daseinsvorsorge, das heißt, die
fast 11 000 Städte und Gemeinden stellen selbst sicher, dass es in
jedem Haushalt aus dem Hahn kommt.

Der Mann, der noch am ehesten einen Überblick über die
Lage des Trinkwassers hat, ist Bertold Niehues. Früher baute er
als Hydrologe selbst Brunnen, heute ist er Leiter der Einheit
Wasserversorgung beim Deutschen Verband des Gas- und Was-
serfaches.

Derzeit gebe es in Deutschland rund 5800 Wasserversorgungs-
unternehmen, erzählt er am Telefon. Dahinter verbergen sich

Großunternehmen wie die Berliner Wasserbetriebe, aber auch Zusammenschlüsse von drei oder vier Alm-Höfen, die sich eine Quelle teilen. 4400 von ihnen hätten eine eigene Wassergewinnung, die wiederum von ungefähr 800 Wasserbehörden überwacht würden. Und eine zentrale Instanz, die das Ganze steuert? Gibt es nicht. »Sie können nicht alles zentral machen«, sagt Niehues. »Wasser mit seinen Kreisläufen muss man immer regional betrachten.« Wie viel davon verfügbar ist, hängt ab von der Geologie, dem Klima, den Gewohnheiten der Menschen. Will man verstehen, wie es um das Wasser in Deutschland wirklich bestellt ist, muss man es sich vor Ort genau ansehen.

Das Wasserwerk der Oberhessischen Versorgungsbetriebe, das Cécile Hahn so umtreibt, liegt 40 Kilometer nördlich von Frankfurt, hinter Stoppelfeldern am Ortsrand von Inheiden. An einem Dienstag im Juli, als die Hitzewelle sich gerade über Deutschland ausbreitet, sitzt Franz Poltrum im ersten Stock des Bürogebäudes Nummer 1 hinter heruntergelassenen Jalousien, vor dem Fenster hört man einen Springbrunnen plätschern. Seit fast 30 Jahren ist er im Unternehmen, seit gut vier Jahren Abteilungsleiter Wasser. Er weiß, wie angespannt die Lage ist. »2018 war ein Hitzejahr und der Verbrauch deutlich höher als sonst. Wir haben trotzdem geliefert. 2019 haben wir geliefert, 2020 haben wir geliefert.« Doch nach drei Dürresommern ging die Rechnung nicht mehr auf. Poltrum und seinen Kollegen war klar, dass sie ihre Lieferverträge 2021 nicht würden einhalten können.

Zum Jahreswechsel entschieden sie sich deshalb, den Grundwasserstand für alle Bürger sichtbar zu machen, mit einer Ampel auf ihrer Website. Grün war diese noch nie, sondern bislang immer gelb. Für den Winter bedeutet das keine Einschränkungen, nur im Sommer werden fünf Prozent weniger Wasser geliefert als in den Vorjahren. Rot würde ein Minus von zehn Prozent mit sich bringen. Was wenig klingt, ist für die Wasserversorgung eine ernsthafte Gefahr.

Dabei steigt die Nachfrage. Im gesamten Wetteraukreis ragen die Kräne und Baugerüste in die Höhe. Weil die Mieten in der Stadt steil gestiegen sind, ziehen junge Familien für ihren Traum vom Eigenheim weiter raus.

»Da kommt der Gartenbauer, rollt den Rollrasen aus, jeden Abend läuft der Wassersprenger. Und gefühlt jeder Zweite bis Dritte hat einen Swimmingpool. Der Garten ist heute das erweiterte Wohnzimmer«, sagt Franz Poltrum. Trampoline und Weber-Grills stehen Zaun an Zaun auf dem Wembley-Rasen. Selbst in Inheiden, das nicht mal einen eigenen Bäcker hat, rückt das Neubaugebiet auf das Wasserwerk zu.

16,5 Millionen Kubikmeter Grundwasser dürfen die Oberhessischen Versorgungsbetriebe pro Jahr in Inheiden fördern. 2021 konnten sie nur noch 13,3 Millionen Kubikmeter entnehmen. In Rainrod, ein Stück weiter östlich, war es statt sieben Millionen sogar nur die Hälfte. Sonst wären Feuchtgebiete ausgetrocknet, Tiere verschwunden, Grundwasserstände unterschritten worden.

Wenn Franz Poltrum über das Wasser spricht, klingt es erstaunlich ähnlich wie die Sätze, die derzeit Politiker in Berlin über die deutsche Gasversorgung sagen. So empfiehlt er den Kommunen, ein Wassernotstandsgesetz zu verabschieden, um den Verbrauch der Bürgerinnen und Bürger einschränken zu können.

Königstein im Taunus hat so etwas längst. In dem Villenort ein Stück näher Richtung Frankfurt stieg der Wasserverbrauch Mitte Juli von 140 Litern pro Einwohner auf 230 Liter am Tag, im Ortsteil Falkenstein sogar auf 250 Liter. Vor zwei Wochen fuhr die Feuerwehr mit Lautsprechern durch die Straßen: »Achtung, Achtung, wir bitten um Ihre Aufmerksamkeit«, der Wassernotstand stehe unmittelbar bevor. »Bitte unterlassen Sie ab sofort das Bewässern von Grün- und Gartenanlagen und die Befüllung von Schwimmbecken mit Trinkwasser.«

Der Verbrauch steigt, der Nachschub nimmt ab: Im Großraum Frankfurt zeigt sich, wie schnell es zu Verteilungskonflikten kommt, wenn mehr Grundwasser entnommen wird, als sich natürlich neu bilden kann. Und das führt unweigerlich zu der Frage, wer darf es nutzen und vor allem wofür?

Eine der vielen Antworten auf diese Frage findet sich an einem Ort in Deutschland, in dem das trockene Italien gar nicht so weit entfernt scheint. Dreieinhalb Zugstunden dauert die Fahrt von Frankfurt nach Stendal in Sachsen-Anhalt. Der Landkreis ist so groß wie das Saarland, die Bevölkerungsdichte eine der niedrigsten des Landes. Doch selbst den wenigen Menschen, die hier leben, fehlt schon jetzt das Wasser. Es ist Mittwoch, 38 Grad im Schatten, der bisher heißeste Tag des Jahres. Schon seit Wochen dürfen die Stendaler kein Wasser mehr aus oberirdischen Gewässern entnehmen, zwischen 10 und 18 Uhr zusätzlich kein Brunnen- oder Leitungswasser für die Bewässerung nutzen. »Die überwachten Grundwasserstände liegen auf neuem Allzeittief«, heißt es in der Verordnung. Etliche Löschbrunnen der Feuerwehr sind ausgetrocknet.

»Bis jetzt geht es noch nicht darum, dass wir kein Trinkwasser mehr haben, sondern darum, nicht zur Steppe zu werden«, sagt Landrat Patrick Puhlmann, SPD. Denn schon jetzt sinkt in den Seen und Flüssen der Wasserstand, selbst die Elbe ist an manchen Stellen nur noch 70 Zentimeter tief. Und wie in Südeuropa fürchten die Landwirte um ihre Erträge. Neues Grundwasser bilde sich erst, »wenn das Wasser, das vom Himmel fällt, im Boden versickert. Dafür muss es in der Landschaft bleiben«, sagt der Landrat. Und genau dort liegt das Problem. In einer Zeit, als der Boden noch zu feucht statt zu trocken war, wurden hier Gräben angelegt, die den Regen auch heute noch von den Feldern in die Elbe leiten. »Und dann ist das Wasser weg.«

Will man das Land also vor der Trockenheit schützen, muss man größer denken. Daran, wie die Flüsse fließen, wie Felder bestellt werden. Und manchmal muss man auch die Zeit zurückdrehen. Der Dienstwagen des Landrats hält an einer Stauanlage am Fluss Lüderitzer Tanger, das Wasser ist hier auf knapp

90 Zentimeter aufgestaut, seitlich fließt es über eine Fischtreppe ab. Ein altes Wehr aus DDR-Zeiten. 230 solcher Anlagen gab es hier früher, mit der Wende begann ihr Verfall. Nun soll das System wieder aufleben. Über eine Strecke von zehn Kilometern wurden bereits Kiesinseln in den Fluss geschüttet, tote Baumstämme als Barrieren an die Ufer gelegt, um die Fließgeschwindigkeit zu verringern. Je höher das Wasser in den Gräben und Flüssen steht, desto mehr bleibt auch in den Feldern stehen, desto mehr davon hat Zeit zu versickern.

Es gibt also Methoden, um in Zukunft für mehr Grundwasser zu sorgen. Die Nationale Wasserstrategie der Bundesregierung führt sie als eine Lösung an. Aber was, wenn schlichtweg der Regen ausbleibt?

Und nun endlich eine gute Nachricht. Der Regen bleibe in Deutschland nicht aus, sagt Andreas Marx, Leiter des Deutschen Dürremonitors. Die derzeitige Dürre sei ein Extremereignis und gehe wieder vorbei. Über zweieinhalb Jahre trugen er und sein Team alle für Mitteleuropa existierenden Klimasimulationen zusammen, 88 waren es insgesamt. Sie fütterten ihr Modell mit den Daten. Als er die Ergebnisse sah, vermutete der Verbandsexperte Berthold Niehues einen Fehler. »Eigentlich hatte ich das Bild im Kopf: In Deutschland wird alles trockener, und wir haben für die Zukunft in einigen Regionen nicht mehr genügend Wasser.« Tatsächlich aber zeigte sich, dass die Menge des verfügbaren Wassers im langjährigen Mittel gleich bleiben wird. Bloß fallen die Niederschläge künftig nicht mehr so schön gleichmäßig in der Republik und dazu vor allem im Winter, während die Sommer noch heißer und trockener werden.

»Wir müssen mehr über Umverteilung nachdenken – sowohl in den Regionen als auch über die Jahreszeiten«, sagt Niehues. Es brauche neue Verbundleitungen, um Wasser aus nassen Gebieten in die trockenen transportieren zu können, so wie sie derzeit zwischen Koblenz und dem Westerwald gebaut würden. Außerdem solle man Ansätze entwickeln, um den Regen, der im

Winter fällt, im Sommer verfügbar zu machen. Aber klappt das, was in der Theorie gut klingt, tatsächlich? Und wie?

Nur 125 Kilometer entfernt von dem trockenen Stendal liegt eine der wasserreichsten Regionen Deutschlands, der Harz. Zwei Tage nach dem Besuch in Stendal steht dort Andreas Lange von den Harzwasserwerken am Rand der Granetalsperre. Ein frischer Wind bläst aus Westen herüber, kleine Wellen schwappen von innen gegen den flach ansteigenden Staudamm. 200 000 Kubikmeter Trinkwasser am Tag fließen von hier hinunter in die Wasserleitungen von Hildesheim und Braunschweig. Bisher kommt regelmäßig Wasser hinein und fließt wieder hinaus. Im Winter etwas mehr, das wird dann gespeichert, für den Sommer.

Andreas Lange weiß, dass auch dieses riesige Bauwerk mal zu klein wird. »Die Harztalsperren werden länger als bisher für einen Ausgleich zwischen den nassen und trockenen Perioden sorgen müssen. Und dafür sind sie nicht dimensioniert«, sagt er. Eigentlich bräuchte es neue Talsperren, doch das könnte am Widerstand der Bewohner scheitern. Es gibt aber auch eine andere Idee: den Staudamm der Granetalsperre zu erhöhen. So lässt sich hier mehr Platz schaffen, um den Regen aufzufangen. Auch das wäre ein Großprojekt, aber es ließe sich relativ einfach umsetzen. Und schnelle Lösungen sind nötig in einer Zeit, in der die Anpassung an die Klimakrise ohnehin Jahrzehnte dauern wird.

Deutschland ist also noch längst nicht Italien, wenn es um die Trockenheit geht, so viel steht fest. Ein Grund zur Beruhigung ist das nicht. Auch wenn dem Land das Wasser erst mal nicht ausgehen wird, mit der Verteilung wird es in Zukunft wohl schwerer werden. Zwar solle eine generelle Rationierung nicht die Lösung sein, so das Bundesumweltministerium. Aber es werde Regeln brauchen, nach denen bei akuter Knappheit entschieden werden kann. Das bedeutet neue Kosten – und neue Konflikte. Nicht immer dürften sie so harmlos ausgetragen werden wie bei Cécile Hahn auf ihrer Kutsche am Vogelsberg bei Frankfurt.

DAS T-SHIRT-KARUSSELL

Die Textilwirtschaft ist eine Umweltsau. Nun soll sie zum
Vorbild für die Kreislaufwirtschaft werden. Was bedeutet
es, wenn im T-Shirt »recycelt« steht

VON MAX RAUNER

Hurra, Deutschland bekommt eine neue Mülltonne. Ab
2025 werden nicht nur Papier, Altglas, Biomüll, Restmüll
und Kunststoffe getrennt gesammelt. Die Kommunen müssen
dann auch für Altkleider Sammelbehälter bereitstellen. Die
Anordnung kommt von ganz oben: Die EU möchte dem Hyper-
konsum von Kleidung etwas entgegensetzen und hat die Sam-
melpflicht vorgeschrieben. Statt im Fast-Fashion-Tempo soll
Kleidung im Kreis laufen und besser recycelt werden, so das Versprechen.

Das klingt zunächst überraschend, denn hierzulande stehen
schon vielerorts Altkleidercontainer, betrieben vom Roten Kreuz
und von kirchlichen Einrichtungen, von Unternehmen, Städten
und Gemeinden. Aber die Getrenntsammlung ist bislang freiwillig. Derzeit werfen die Haushalte ein Viertel ihrer aussortierten
Schuhe und Textilien in den Restmüll. Immerhin drei Viertel
bleiben zur Wiederverwendung bei den Altkleidersammlern,
aber die haben Probleme. Der Bundesverband Sekundärrohstof-
fe und Entsorgung (bvse) beklagte im vergangenen Februar »ka-
tastrophale Zustände« an den Sammelstellen. Schuld ist Corona,
aber nicht nur.

Während des Lockdowns haben viele Menschen ihre Schränke
ausgemistet. Vor den Containern türmten sich die Textilhaufen.
Das größere Problem ist: Der Anteil an hochwertiger Kleidung
geht zurück. Mit dieser sogenannten Creme-Ware, der Sahne-
haube also, finanzieren die Sammler normalerweise ihr Geschäft,
sie wird oft in europäischen Secondhandläden verkauft. Die
Ware zweiter Qualität geht nach Afrika, Osteuropa, in den

Mittleren Osten. Aber auch da will man die ausrangierte Billigmode nicht. Der Kilopreis für Altkleider ist zwischen 2016 und 2019 um 30 Prozent gesunken. Ein profitables Textilrecycling werde zum Drahtseilakt, schreibt der Lobbyverband bvse. Der Verband der gemeinnützigen Sammler, Fairwertung, warnt vor einem Kollaps des ganzen Systems.

Es geht um sehr viel Zeug. Die Zahlen sind für Weltretter deprimierend, bringen wir sie hinter uns: Nach Essen, Wohnen und Verkehr steht der Textilverbrauch der Europäer auf Platz vier ihres Ressourcenverbrauchs von Land, Wasser und Rohstoffen, schreibt die Europäische Umweltagentur (EEA). 20 Prozent der weltweiten Wasserverschmutzung gehen auf das Konto der Textilindustrie. Etwa 3500 Substanzen werden laut EEA für die Textilproduktion verwendet, davon schaden 750 der Gesundheit und 440 der Umwelt. Wir merken wenig davon, weil 80 Prozent der in Europa verkauften Kleidung anderswo hergestellt werden. Nicht Rhein, Mosel und Elbe färben sich in den Modefarben der Saison, sondern Kloaken in China, Bangladesch, Pakistan, der Türkei, Vietnam, Indien.

Zwischen 1996 und 2018 ist Kleidung in der EU inflationsbereinigt um 30 Prozent billiger geworden. Zara, der größte Modekonzern der Welt, bringt 24 Kollektionen im Jahr heraus, hat die Unternehmensberatung McKinsey gezählt. Im Jahr 2015 wurden doppelt so viele Kleidungsstücke produziert wie 2000, nämlich mehr als 100 Milliarden, schreiben McKinsey und die Ellen-MacArthur-Stiftung in einer Studie von 2017. Das sind 14 Teile pro Kopf weltweit. Die Deutschen werden im laufenden Jahr sogar 53 Kleidungsstücke pro Person kaufen und dafür 690 Euro ausgeben, prognostiziert Statista. Die Sachen werden nur halb so oft getragen wie vor 15 Jahren. Die Hälfte der Fast Fashion hängt nicht mal ein Jahr lang im Schrank und wird dann weggeworfen. Weltweit wird weniger als ein Prozent ausrangierter Kleidung zu neuer Ware recycelt, drei Viertel werden verbrannt oder deponiert (Abbildung unten). Textilien verursachen

172

weltweit mehr Treibhausgase als der gesamte Flug- und Schiffsverkehr.

Nun sind die vielen Initiativen unübersehbar, die dazu beitragen, dass weniger Mode verschwendet wird. Kleidung wird auf Plattformen wie Vinted weiterverkauft oder auf Kleidertauschpartys getauscht. Außerdem gibt es das Upcycling: Die Berliner Turbantrullas schneidern aus Stoffresten Kopfbedeckungen. ForSchur verwandelt ausrangierte Wollpullover in Kinderklamotten. Bridge & Tunnel nähen Taschen aus Jeans. Sogar Luxusmarken nutzen Altkleider für Designer-Mode. Balenciaga hat einen Pelz aus Schnürsenkeln fabriziert. Die Zeitschrift Vogue kürte das Upcycling kürzlich zum »größten Trend der Modebranche«. Ein Trend, der auch dadurch erzwungen wird, dass die Industrie im Corona-Jahr auf Waren im Wert von 120 bis 140 Milliarden Euro sitzen geblieben ist, doppelt so viel wie sonst.

Die dritte Möglichkeit neben Secondhandverkauf und Upcycling ist das im Wortsinne stoffliche Recycling. Alttextilien werden dafür chemisch zerlegt und dienen als Sekundärrohstoff für Textilfasern. Industrie und Forschung experimentieren fleißig mit Pilotanlagen, was man auch daran erkennt, dass Kleidung neuerdings gerne als recycelt beworben wird. Was heißt das genau? Steht ein Polyester-T-Shirt aus recycelten PETFlaschen für einen sinnvollen Stoffkreislauf? Lassen sich Funktionsjacken wiederverwerten? Woraus besteht recycelte Baumwolle? Was ist Greenwashing, und was ist Green Deal? Man muss ein paar Fäden auseinanderdröseln, um nicht den Überblick zu verlieren.

Baumwolle

Ein Viertel des Rohstoffs für die Bekleidungsindustrie sind Baumwollfasern, zwei Drittel sind Kunststofffasern, Wolle ist vernachlässigbar. Das einfachste Verfahren für die Wiederverwertung von Baumwolltextilien ist das Zerschneiden zu Tüchern, die dann als Lappen in der Industrie verwendet werden. Wird der Stoff maschinell zerrupft, lässt sich damit Dämmstoff, Füllmaterial und

Malervlies herstellen. Nichts gegen Maler, aber das ist kein Kreislauf, sondern Downcycling, denn daraus wird kein T-Shirt mehr. Und der Markt für Putzlappen ist gesättigt.

Um den Stoffkreis zu schließen, braucht es Faser-zu-Faser-Recycling: Aus alter Baumwoll- oder Kunststofffaser muss recycelte Faser werden (aus Fasern wird Garn gemacht, aus Garn Zwirn, aus Zwirn Stoff, aus Stoff Kleidung). Eine Reihe von Unternehmen versucht sich im Faser-zu-Faser-Recycling von Baumwolle. Infinited Fiber zum Beispiel hat in Finnland eine Anlage aufgebaut, in der Altkleidung geschreddert und dann mit »verantwortungsvoller Chemie« in seine molekularen Bestandteile aufgelöst wird. Das funktioniert auch mit Mischgewebe: Der Kunstfaseranteil wird abgetrennt und kommt in die Müllverbrennung. Der Baumwollanteil bleibt in Form von Cellulose-Molekülen zurück, einem Grundbaustein von Pflanzen. Diese werden chemisch aufbereitet und zu neuem Garn gesponnen, Markenname Infinna. »Das ist wie eine Wiedergeburt«, sagt Laura Vinha von Infinited Fiber. »Wir können damit alle möglichen Garne herstellen und dieselben Maschinen nutzen wie für konventionelle Textilien.« H&M hat im Februar eine Jeans mit 50 Prozent Infinna-Anteil vorgestellt, andere Hersteller sollen folgen, auch Adidas gehört zu den Investoren.

Kunstfasern

Polyester, Nylon, Elastan, Acryl, hergestellt aus Erdöl, ohne sie gäbe es keine Fast Fashion. Am häufigsten verwendet die Industrie Polyesterfasern, sie sind reißfest und gut zu färben. Wenn ein T-Shirt als »recyceltes Polyester« ausgezeichnet wird, stammt der Rohstoff allerdings meist aus gebrauchten PET-Flaschen. Laut der Industrievereinigung Chemiefaser werden 40 Prozent der PET-Flaschen in Europa zu Fasern verarbeitet, das sind 10 Millionen Flaschen am Tag. Das Umweltbundesamt findet das gar nicht gut. »Das rezyklierte PET sollte im Flaschenkreislauf bleiben«, sagt deren Textilexpertin Brigitte Zietlow, »sonst verlagert sich der Ressourcenverbrauch nur.« Von 2025 an müssen PET-Flaschen zu mindestens einem Viertel aus recyceltem PET bestehen. Spätestens dann werden Kleidungs- und Flaschenindustrie um die Gebrauchtware konkurrieren.

An einer Alternative arbeitet Ioniqa, eine Ausgründung der Universität Eindhoven: Die Kunstfasern von Altkleidern werden chemisch in ihre Molekülbestandteile zerlegt und dann zu neuen Fasern verarbeitet. Die Firma möchte Geld verdienen, indem sie Lizenzen für das Verfahren vergibt. Mit Chemie lässt sich alles machen. Der Outdoor-Ausrüster Vaude upcycelt Altreifen mit Unterstützung von BASF zu Polyamidfasern (Nylon) und will daraus Hosen schneidern, Verkaufsstart im kommenden März. Ab 2024 will Vaude 90 Prozent seiner Produkte »überwiegend aus biobasierten oder recycelten Materialien« herstellen. Besonders rührend: Kinderkleidung aus Meeresplastik. H&M hat 3,5 Millionen PET-Flaschen von Stränden in Indonesien eingesammelt und in Kapuzenpullover verwandelt.

Das ist gut gemeint und hat die Strände um 71 Tonnen Plastik erleichtert. Leider verliert Kleidung aus Kunstfasern, ob recycelt oder nicht, beim Waschen Mikroplastik. Nach Schätzung des Ellen-MacArthur- Reports gelangen auf diesem Weg 500 000 Tonnen Mikroplastik im Jahr in die Ozeane, das entspricht dem Gewicht von drei Milliarden Polyester-Tops und übertrifft die Mikroplastikmenge aus Kosmetik um das 16- Fache. Das weiß auch H&M. Das Unternehmen schlägt seiner Kundschaft vor, die Kleidung in Mikrofaserfilternden Waschbeuteln zu waschen.

Das System

Wenn es schlecht läuft, beginnt nun ein Spiel, das man aus dem Verpackungsrecycling kennt. Das große Abfallkarussell beginnt sich zu drehen, und jeder will mitfahren. Kommunen und private Entsorger ringen um die wertvollsten Alttextilien und versuchen, dem anderen die Lumpen aufzudrücken. Die Wissenschaft bekommt Forschungsgelder für Gutachten und Umweltbilanzen.

175

Politik und Lobbyverbände feilschen um Recyclingquoten. Die Hersteller pochen auf freiwillige Selbstverpflichtung und die Freiheit der Konsumenten. Die Konsumenten konsumieren.

Im Verpackungsrecycling dreht sich das Karussell seit 30 Jahren. Aber trotz Gelbem Sack, Einwegpfand und Recyclingquoten wird der Müll nicht weniger, sondern mehr. Denn viele Beteiligte verdienen Geld damit. Sie haben kein Interesse an weniger Müll. Und für die umweltbewussten Menschen macht der Kapitalismus halt eine neue Schublade auf. Die Fair-Trade-Recycling-Hose liegt dann neben dem 5-Euro-T-Shirt wie das Biohuhn neben dem Billigfleisch. Im Online-Shop von H&M steht das Menü »Nachhaltigkeit« gleich neben »Sale«. Gut fürs Gewissen, aber nicht skalierbar. Wie könnte es besser gehen?

Den Weg in die Textil-Kreislaufwirtschaft stecken in der EU zwei Behörden ab, die Generaldirektion GROW und die Generaldirektion ENV. GROW dient der Industrie, ENV der Umwelt (ENV steht für *environment*). Das große Ziel des europäischen Green Deal ist es, beide Seiten miteinander zu versöhnen.

Man kann diesen Spagat auch an zwei schwedischen Institutionen festmachen. Die eine Institution ist Hennes & Mauritz (H&M), der zweitgrößte Modekonzern der Welt. Dessen Vorstandsvorsitzende Helena Helmersson redet viel von Nachhaltigkeit, aber H&M hat die Fast Fashion mit beschleunigt. McKinsey zählte zwischen 12 und 16 H&M-Kollektionen pro Jahr.

Die andere Institution ist Greta Thunberg. Sie hat sich vor Kurzem für das Cover der schwedischen *Vogue* fotografieren lassen und im Interview gesagt »Es ist drei Jahre her, dass ich mir etwas Neues zum Anziehen gekauft habe, und das war Secondhand. Ich leihe mir einfach Sachen von Menschen, die ich kenne.« Auf den ersten Blick sieht es so aus, als wären Greta Thunberg und H&M unversöhnbar.

Mandy Hinzmann arbeitet für das Umweltforschungsinstitut Ecologic in Berlin und hat Geld von der Generaldirektion

GROW erhalten, um mit einem kleinen Team die Voraussetzungen für einen funktionierenden Textil-Kreislauf zu erkunden. Seit einem Jahr sichtet sie Statistiken und Gesetze, spricht mit Herstellern und Recyclingexpertinnen, hält Vorträge auf Konferenzen. Der Bericht soll in diesem Herbst veröffentlicht werden. Hier sind die zentralen Vorschläge:

Transparenz: Wer einen Stoff recyceln will, muss wissen, um welches Material es sich handelt. Das sieht man vielen Alttextilien nicht an. Das Etikett ist weg oder unlesbar. »Jedes Kleidungsstück und jeder Teppich sollte stattdessen mit einem rfid-Chip ausgestattet werden, auf dem die Materialzusammensetzung gespeichert ist«, sagt Hinzmann. Die Sortieranlagen würden den Chip automatisch auslesen und die Stoffe trennen.

Quotenziele: Die Politik schreibt vor, wie viel recyceltes Material der Neuware zugesetzt werden muss, so wie bald für PET-Flaschen. Ein T-Shirt müsste dann einen bestimmten Anteil Recyclingfasern enthalten.

Ökodesign und Ökolabel: Schon beim Entwurf der Mode sollen die Hersteller an die Wiederverwertung denken. Reißverschlüsse sollten leichter abzutrennen sein, Jacken besser zerlegbar. Chemikalien, die ein Recycling erschweren, sind tabu, darunter gesundheitsschädliche Fluorverbindungen (PFC). Im strengen Ökodesign schreibt die Politik vor, aus welchen Materialien Kleidung bestehen darf. In der sanften Variante bekommt Kleidung einen QR-Code mit Informationen zu Umweltbelastung und Lieferkette. Für die Industrie wäre dies die bequemste Lösung, weil die Verantwortung damit bei der Kundschaft liegt.

Erweiterte Produktverantwortung: Textilhersteller übernehmen die finanzielle oder organisatorische Verantwortung für die Entsorgung ihrer Produkte. Entweder müssen sie ihre Textilien selbst zurücknehmen und wiederverwerten. Oder sie delegieren diese Aufgabe an andere und zahlen dafür – dieses Prinzip steckt hinter dem Gelben Sack. Die Beiträge wären gestaffelt: Für wiederverwendbare Textilien muss wenig oder nichts gezahlt werden, für schwer verwertbare Textilien sind die Beiträge am höchsten.

Der Staat kauft nachhaltig: In Europa werden bis zu 20 Prozent aller Textilien durch die öffentliche Hand beschafft, schätzt die Umweltberatung Ecologic. Von Uniformen über die Bettwäsche in öffentlichen Krankenhäusern bis zum Autositz-Stoff im Dienstwagen des Bundeskanzlers. Wenn dieses Geld nur für nachhaltig produzierte Stoffe ausgegeben werden dürfte, wäre das für die Textilindustrie ein Riesenmarkt.

Es gebe einen Haken an diesen Vorschlägen, sagt Mandy Hinzmann: höhere Preise. Die Kleidung wird teurer, zumindest kurzfristig. Sie weiß schon, dass dann eine ähnliche Debatte losgeht wie die um Billigflüge und Billigfleisch. Tragen Primark, KiK und H&M nicht zur Demokratisierung der Mode bei? Müssen Menschen mit wenig Geld sich jetzt einschränken, obwohl der ökologische Fußabdruck der Reichen viel größer ist? Vielleicht könne man irgendwie einen finanziellen Ausgleich schaffen, sagt Mandy Hinzmann. »Aber das ist keine Frage, die die Forschung entscheiden kann.«

Ein anderer Forscher wünscht sich genau dies: höhere Preise. Anders sei der Fast Fashion nicht beizukommen, sagt David Watson. Er arbeitet für die dänische Umweltberatung PlanMiljø und hat zusammen mit dem deutschen Ökoinstitut die andere Textil-Studie für die EU verfasst, finanziert von der Generaldirektion ENV. »Es gibt ein großes Missverständnis«, sagt Watson. »Viele Menschen setzen Kreislaufwirtschaft mit Recycling gleich. Dabei ist es viel mehr als das.« Kreislaufwirtschaft heiße vor allem, dass die Sachen in ihrem Originalzustand so lange wie möglich halten. Dass man sie lange besitzt oder mit anderen Menschen teilt. Dass man sie repariert, wenn sie kaputtgehen. Kreislaufwirtschaft heißt zuallererst Greta Thunberg. »Erst im letzten Schritt kommt das Faser-zu-Faser-Recycling, aber das bringt nicht viel an Einsparung.« Watson hat unzählige Umweltbilanzen von Kleidung berechnet. Die Zahlen sind ernüchternd: Kleidung aus

Recycling-Stoff spart im Vergleich zu Neuware nur rund zehn Prozent der Treibhausgasemissionen ein.

Denn auch recycelte Faser muss gesponnen, gewebt, gefärbt, genäht und transportiert werden. Warum macht die Textilindustrie so viel Wind ums Recycling? »Es passt perfekt in ihr Geschäftsmodell«, sagt Watson. Ob am Anfang der Wertschöpfungskette neue oder recycelte Fasern stehen, macht für die Industrie keinen Unterschied. Watson hofft, dass die EU Vorschriften zur Haltbarkeit machen wird. Zum Beispiel, wie viele Waschgänge ein Kleidungsstück überstehen muss oder wie oft man es tragen kann, bevor es kaputtgeht. Dann steigen Qualität und Preise automatisch.

Die Industrie macht dann nicht zwangsläufig weniger Profit. »Sie braucht andere Geschäftsmodelle«, sagt Watson. Sie könnte anbieten, Kleidung zu reparieren. Sie könnte Kleidung vermieten. Auch damit experimentiert H&M. In einem Pilotprojekt hat die Firma Herrenanzüge für Vorstellungsgespräche vermietet. Die ersten 24 Stunden waren sogar kostenlos. »H&M hat viel Prügel bezogen«, sagt Watson, »aber die Rhetorik geht in die richtige Richtung.«

Den radikalsten Schritt in Richtung Slow Fashion machte die Outdoor-Firma Patagonia vor zehn Jahren mit einer Anzeige in der New York Times. Darauf war eine Fleece-Jacke abgebildet und darüber der Appell: *»DON'T BUY THIS JACKET«*. Ein Aufruf, nur das zu kaufen, was man wirklich braucht. Green Demarketing heißt die paradoxe Marketingstrategie. Und vor der Wahl im Herbst 2020 in den USA druckte Patagonia auf die eingenähten Etiketten den Aufruf, Klimaleugner aus dem Kongress rauszuwählen. Wo sonst die Waschanleitung steht, stand nun: *»Vote the assholes out.«*

HANDELN
&
VERHANDELN

STELLEN SIE SICH VOR: WIR GLEICHEN KLIMASÜNDEN GERECHT AUS

VON PETRA PINZLER UND ALICIA PRAGER

Mit einem Klack rastet die Zapfpistole in der Tanköffnung des VW Golf ein. Benzin fließt literweise in den dunkelgrünen Kleinwagen. Liter, deren Verbrennung das Klima weiter anheizt. Liter, die dem Autofahrer Philip Barnstorf Gewissensbisse bereiten, wie er sagt. Als der Tank voll ist, hängt der 33-jährige Berliner den Schlauch zurück und geht in den Shop zur Kasse. »Mit CO_2-Ausgleich?«, fragt ihn der Verkäufer. Barnstorf nickt. Er hat für 89 Euro getankt, 57 Cent werden aufgeschlagen, 1,1 Cent pro Liter. Das Geld fließt in Umweltprojekte, etwa in den Schutz eines Urwalds in Peru. Auf diese Weise wird das CO_2 aus Barnstorfs Golf ausgeglichen – und seine Klimabilanz verbessert. So zumindest das Versprechen, das überall in der Shell-Tankstelle in Berlin-Neukölln auf Postern steht. »Kleiner Beitrag, große Wirkung« steht auf einem.

»Deutschland hat die Energie zur Wende« auf einem anderen. Mit ein paar Cent, so wird suggeriert, macht man das Autofahren klimaneutral und hilft den armen Ländern im Süden.

»Kompensation« nennen die Fachleute das, was Barnstorf erlebt. Und genau darum geht es in diesen Tagen auf der UN-Klimakonferenz in Glasgow. Dort wollen die Regierungen ein weltweites Regelwerk für das Kompensieren verabschieden und damit mehr Geld für den Klimaschutz mobilisieren. Ein kleines Versprechen könnte auf diese Weise eine ziemlich große Wirkung entfalten.

Die Erderwärmung ist das globalste aller Probleme – eine Tonne CO_2 in der Luft über Jakarta ist für uns alle genauso schädlich wie eine in Duisburg. Doch beim Umweltschutz hilft der Norden

183

dem Süden deutlich weniger als verabredet. Die Kompensation nördlicher Klimasünden könnte nun die große Brücke werden, über die viele Milliarden für den Umbau der Wirtschaft und den Naturschutz in den Süden fließen. Dringend nötig wäre das: Viele arme Länder spüren bereits die drastischen Folgen der Erderhitzung, können sich aber wegen Corona noch weniger Klimaschutz leisten als bisher schon.

So schön das Versprechen klingt – es ist weltweit in Verruf geraten. Viele Projekte sind reines Greenwashing und sparen praktisch kein CO_2 ein. Auch der Autofahrer Philip Barnstorf hat das mitbekommen. »Ich bin nicht überzeugt, dass die paar Cent auf meiner Rechnung einen Unterschied machen. Aber schaden können sie wohl auch nicht«, sagt er, bevor er in seinen Wagen steigt und Gas gibt.

So denken viele. Seit dem Jahr 2016 hat sich die Zahl der in Deutschland gekauften Zertifikate laut dem Umweltbundesamt versechsfacht. Die Ökoberatung Climate Focus zählt aktuell 3824 Kompensationsprojekte weltweit, gerade dieses Jahr sei die Nachfrage rasant gewachsen. Längst kaufen nicht mehr nur Autofahrer Zertifikate an der Tankstelle oder Urlauberinnen vor dem Flug nach Mallorca. Viele Firmen wollen »klimaneutrale« Produkte anbieten: der Kosmetikhersteller La Biosthétique etwa, der Bananenimporteur Chiquita und der Fotobuchanbieter Cewe. Aldi Süd behauptet sogar, er sei der erste klimaneutrale Einzelhändler Deutschlands.

Shell zum Beispiel legt auf jede Zahlung seiner Kunden denselben Betrag obendrauf. Allein in Deutschland erwarb der Konzern 2020 auf diese Weise nach eigenen Angaben einen Ausgleich für fast 200 Millionen Liter Sprit. Die CO_2-Zertifikate dafür kauft Shell oft von Zwischenhändlern wie dem Londoner Unternehmen Ecosphere, das für seine Vermittlung im Durchschnitt zehn Prozent der Zahlung behält.

Eines der Projekte liegt am Fuß der Anden im peruanischen Nationalpark Cordillera Azul – eine Fläche fast so groß wie

Österreich. Ein tropischer Wald überzieht die Berge, verläuft dann weiter in den Amazonas.

Immer wieder werden dort neue Tier- und Pflanzenarten entdeckt. Auch Indigene leben hier, ohne Kontakt zur Außenwelt. Sie hätten den Wald vor der Abholzung gerettet, sagt die Parkmanagerin Lily Rodriguez – 64, kurze braune Haare, freundlich-bestimmtes Auftreten – beim Zoom-Call. Ihre Organisation Cima verwaltet den Park, kämpft gegen illegale Rodung und allgemein gegen Feuer. In der Cordillera Azul sei die Artenvielfalt besonders groß, so Rodriguez. Tatsächlich ist der Park ein Rückzugsort für Jaguare, Brillenbären und vom Aussterben bedrohte Vögel wie die Harpyien.

Großer Schmu: Die CO_2-Einsparung wird doppelt gezählt

»Nur der Schritt auf den Kompensationsmarkt hat es uns ermöglicht, den Park zu erhalten«, sagt Rodriguez. Seit 2014 werde er fast komplett auf diese Weise finanziert. Dafür wurden rund 25 Millionen Zertifikate für je eine Tonne CO_2 verkauft, die die Natur dort speichert. Dass die Rechnung in etwa stimmt, garantiert das Siegel der US-amerikanischen Organisation Verra. Es bescheinigt den peruanischen Urwaldschützern, dass die Bäume wirklich die versprochene Menge an CO_2 aus der Luft filtern und speichern. Nur deswegen kann Rodriguez ihre Zertifikate an die Konzerne des Nordens verkaufen – und die können dann ein Nachhaltigkeitsversprechen abgeben.

Das hat allerdings einige Haken. So bleibt CO_2 Hunderte Jahre lang in der Atmosphäre, während völlig unklar ist, wie lange der Wald in Peru steht. Was, wenn er abbrennt? In den US-Bundesstaaten Washington und Oregon brannten im Jahr 2016 Flächen, die unter anderem Microsoft als Ausgleich für Emissionen finanziert hatte. Muss das Unternehmen nun seine Klimabilanz korrigieren und neue Zertifikate kaufen? Und was heißt es für den Klimapfad des jeweiligen Landes?

Ein anderes Problem: Bisher bessert das CO_2, das der peruanische Urwald speichert, sowohl die Klimabilanz von Shell als auch die von Peru auf. Dieselbe Tonne CO_2 kann also zweifach angerechnet werden – und keine internationalen Regeln sprechen dagegen. Um so etwas auszuschließen, hat der CO_2-Kompensierer Atmosfair in der vergangenen Woche einen Vertrag mit Nepal abgeschlossen, der die Doppelzählung verhindert. Doch noch steht er damit ganz allein da. Auf dem Weg zur Klimaneutralität betrügt sich die Menschheit bisher offensichtlich gern selbst, und das 1,5-Grad-Ziel rückt in noch weitere Ferne.

Auf der 26. UN-Klimakonferenz in Glasgow kann sich das nun ändern. Die Konferenz soll Antworten geben auf die wichtigsten Fragen zum Welthandel mit dem guten Gewissen: Wie wird das CO_2-Einsparen vernünftig bilanziert? Wann gilt ein Zertifikat als seriös? Und wer kontrolliert das?

Erst mal soll das nur für den CO_2-Handel zwischen den Staaten geregelt werden. Schon das ist aber so schwer, dass die Regierungen bei den vergangenen UN-Konferenzen in Polen und Spanien daran gescheitert sind. Sollte jetzt der Durchbruch kommen, wäre das auch eine Vorgabe am Markt für Firmen und Verbraucher. Es geht also um viel. Auch Shell müsste dann sein Angebot überdenken.

Während in Glasgow verhandelt wird, läuft auf einem Bildschirm am Tankstellenshop in Berlin-Neukölln ein Werbevideo. »Die Zukunft wird von uns allen gemacht«, ist dort zu lesen. Dazu ein Wassertropfen, der über ein grünes Blatt nach unten läuft. »Sagen Sie jetzt an der Kasse JA zum Shell CO_2-Ausgleich.« Der Tropfen fällt zu Boden, dort sprießt eine kleine Pflanze. Dass Shell dringend mehr als bisher tun muss, steht da nicht.

Dabei wurde das Unternehmen von einem Gericht dazu verurteilt. Das Den Haager Bezirksgericht erklärte, dass Shell seine Emissionen bis 2030 um 45 Prozent drosseln muss – und nicht bloß die eigenen, sondern auch die der Kunden. Bisher peilt Shell nur 20 Prozent an.

Shell ficht das Urteil zwar an, aber weitermachen wie bisher kann der Konzern nicht. Biokraftstoffe, dazu grün erzeugten Wasserstoff und Solar- und Windstrom für die E-Autos – das alles will Shell künftig anbieten. Zertifikate würden nur gekauft, um den verbleibenden Emissionen möglichst schnell etwas entgegenzusetzen, so eine Pressesprecherin. Doch auf die Frage, wie viel Shell für ein Zertifikat bezahlt, schweigt sie – und offenbart damit das nächste Problem, die fehlende Transparenz.

Sascha Mohnke von der Universität für Bodenkultur in Wien hat für die *ZEIT* nachgerechnet, wie viel Shell im Schnitt tatsächlich zahlen könnte: keine acht Euro pro Tonne CO_2. Und derzeit decken sich viele noch billiger mit Zertifikaten ein. Die Organisation Forest Trends nennt als Durchschnittspreis vier Euro pro Tonne, während die wahren Schäden einer Tonne CO_2 vom deutschen Umweltbundesamt auf 180 Euro taxiert werden. 4 und 180. In diesen Zahlen liegt die ganze Dimension der Schönfärberei.

Die Nationen könnten dem Schmu in Glasgow ein Ende machen, indem sie mit neuen Regeln weltweit für Transparenz sorgen. Niemand weiß heute, wer genau wie viel für welche Art von Zertifikat bezahlt. Mal geht es in den Projekten um erneuerbare Energie in Indien, mal um effiziente Kochöfen in Indonesien, mal um die Entwicklung grünen Kerosins in Deutschland. Manche Projekte belegen jedes Quantum CO_2, andere bleiben obskur. Es gibt für den Zertifikatemarkt keine Regulierung, keine Aufsicht, keine Koordinationsstelle. Nicht global, nicht europäisch und nicht mal national.

Greenwashing oder Weltrettung? Das ist hier die Frage

Unter den reichen Nationen ist die Schweiz vorgeprescht und hat 2020 ein Abkommen mit Peru geschlossen. Das Land lässt 200 000 energieeffiziente Öfen verteilen, die Brennholz sparen und den CO_2-Ausstoß senken. Dieser Effekt wird dem Land

187

angerechnet. Doch was, wenn bald alle reichen Länder auf Kompensation setzen und arme Länder in ihrer Not alle möglichen grün angemalten Projekte verkaufen? Schon einmal, vor rund 30 Jahren, nach dem Abschluss des ersten Klimavertrages namens Kyoto-Protokoll, geschah genau das. Das Geschäft mit den Zertifikaten boomte kurz und heftig. Dann gab es so viel Betrug, dass die Europäer sich zurückzogen und den Markt damit beerdigten.

Auch deshalb wäre eine Einigung in Glasgow wichtig. Denn Kompensation kann der Welt nützen, wie etwa Charlotte Streck, die Chefin von Climate Focus, sagt: »Dadurch fließt wenigstens etwas frisches Geld in den Süden – und zwar heute und schnell.« Sascha Mohnke will dabei aber jeden Ausgleich für fossile Brennstoffe verbieten. Angebote wie das von Shell seien schlichtweg Marketing. Für 200 Millionen US-Dollar zwar, die aber nur einen Bruchteil des Jahresumsatzes von 181 Milliarden Dollar ausmachen.

Derweil arbeitet es auch in Philip Barnstorf, dem Mann von der Tankstelle. Tage nach dem Besuch bei Shell teilt er der *ZEIT* seine Sorge mit, dass bei den Verbrauchern ein falscher Eindruck entstehe. »Sie glauben vielleicht, dass Autofahren so unterm Strich weniger umweltschädlich ist – dann tanken sie einfach unbekümmert weiter.«

Gut eine Woche hat die Welt in Glasgow Zeit, den richtigen Weg zu finden zwischen Greenwashing und grüner Entwicklungszusammenarbeit. Gelingt es, wäre die Menschheit bei der Weltrettung einen Schritt weiter.

WAS GRETA KANN,
KANN ICH AUCH!

Die 14-Jährige Aeshnina Azzahra aus Indonesien könnte
die neue Stimme der globalen Umweltbewegung werden

VON LAURA CWIERTNIA

Die Bühne wirkt zu groß für das zierliche Mädchen. Es ist
dunkel im Saal, nur ein Scheinwerfer lässt ihr Kopftuch
glänzen. Purpurfarbene Sitzreihen ziehen sich vor ihr in Stufen
hinauf, Gesichter blicken gespannt auf sie hinab. Eben hat sie
ihre Hände noch vor Aufregung in die Luft geworfen. Ihre Vor-
rednerin kündigte sie laut jubelnd an, wollte ihr Mut machen.
Trotzdem scheint Aeshnina Azzahra nun mit jeder Sekunde kleiner zu werden.

Nina, wie sie von allen genannt wird, ist mit ihren 14 Jahren
die jüngste Rednerin auf dem Plastic Health Summit, einem
Kongress zur weltweiten Plastikverschmutzung Ende Oktober
2021 in Amsterdam. Vor dem Mikrofon erlebt sie gerade viele
erste Male zugleich: Es ist das erste Mal, dass sie sich so weit weg
von ihrer Heimat Indonesien aufhält. Das erste Mal, dass sie auf
einer so großen Bühne steht. Das erste Mal, dass sie vor einem
internationalen Publikum eine Rede hält, vor Wissenschaftlern
und Unternehmerinnen, vor Mitarbeitern von NGOs; und noch
dazu auf Englisch. Dass Nina so nervös ist, hat aber noch einen
anderen Grund: Sie sieht in den Minuten, die sie hier reden darf,
eine Chance, ihr Zuhause zu beschützen, vielleicht ihr ganzes
Land. Nina ist nach Europa gekommen, um den Industrienationen die Meinung zu sagen. Erst auf dem Plastik-Kongress,
danach auf der UN-Klimakonferenz in Glasgow.

»Wisst ihr, was mit dem Plastikmüll geschieht, den ihr zu Hause in eure Recyclingtonne werft?« Als Nina nun zu sprechen beginnt, richtet sie sich auf, blickt fest in die Gesichter. »Ich kann es

euch sagen: Euer Müll wird abgeladen und verbrannt in Bangun Village, 20 Minuten von meinem Haus entfernt.«

Hinter Nina laufen Fotos über eine riesige Leinwand. Ein Feuer, in dem Plastikmüll verkohlt. Ein Fluss, in dem Abfall schwimmt. Plastiktüten treiben da mit der Strömung wie dichtes Blätterwerk. Benutzte Windeln hängen von Brückenpfeilern. Verpackungen wachsen am Ufer zu kleinen Hügeln; weiß, blau, gelb begraben sie das Grün der Pflanzen unter sich.

Aus diesem Fluss wird Trinkwasser für Ninas Dorf Gresik gewonnen. Kinder baden nackt darin. Doch ihre Worte machen schnell klar, dass das Problem größer ist als Nina und die anderen Dorfbewohner. Viele Windeln und Tüten auf den Fotos stammen aus den USA, aus Kanada, aus Deutschland. Sogar den Personalausweis einer Frau, die Ursula heißt und aus Hamburg stammt, hat sie im Abfall gefunden. »Euer Plastik verschmutzt die Umwelt in meinem Land.« Nina spricht laut, ihre Sätze sollen die Zuhörer aufrütteln wie ein Weckruf. »Behaltet euren Müll!«

Ihre Rede kann Nina auswendig. Die Geschichte, die sie erzählen will, ist so einfach wie dramatisch. Sie handelt von einem Schwellenland, das überschwemmt wird vom Plastik der Industrienationen. Nach China ist Indonesien das Land, aus dem der meiste Plastikmüll in die Ozeane gelangt, der Fluss auf den Fotos ist einer der dreckigsten Asiens. Das hat damit zu tun, dass es kein funktionierendes Abfallsystem gibt und viele Menschen ihren Müll achtlos in die Natur werfen. Ninas Vater, der wie ihre Mutter auch in Amsterdam dabei ist, drängt ihre Nachbarn seit Jahren, auf Einwegplastik zu verzichten. Wogegen sie und Nina aber kaum eine Chance haben, sind die Plastikmassen, die aus anderen Ländern kommen. Weil es einfacher ist, sie in einem Billiglohnland zu verbrennen. Zwar gibt es Regeln, dass nur verwertbarer Müll fürs Recyceln ankommen soll, doch kontrolliert wird das selten. Und alles, was keiner braucht, landet in der Natur.

Das Theater Amsterdam, wo Nina ihre Rede hält, liegt in einem Neubauviertel am westlichen Ende der Stadt. Kellner reichen in der Pause Empanadas mit Süßkartoffeln und Hafermilch. Dazu Kürbissuppe aus Glasfläschchen. Es ist die grüne Welt der Industrienationen, die heil und sauber scheint. Aber wenn Nina hier ihre Geschichte erzählt, wirkt diese Welt auch sehr trügerisch. »Einige hatten Tränen in den Augen«, wird sie nach der Rede erzählen. Applaus bekommt Nina, noch bevor sie fertig ist. Vielleicht weil sie die Zuhörer mit einer Realität konfrontiert, die sie so nie gesehen haben?

Wer sich in Europa für die Umwelt einsetzt, tut das vor allem aus Sorge um die Zukunft, aus Liebe zur Natur oder auch aus Mitgefühl für Menschen wie Nina in der Ferne. Zwar sind die Meere dieser Welt verbunden, der Dreck, der sich aus den Flüssen Asiens in sie ergießt, kommt auch in Europa an – etwa als Mikroplastik im Bauch der Fische, die auf den Tellern landen. Im Alltag ist die Verschmutzung in Amsterdam oder Berlin aber kaum sichtbar. Auch das ist ein Grund, warum die Umweltkrise hier noch nicht so dringlich erscheint. Es ist einfach, sich über das Verbot von Strohhalmen und über Unverpackt-Läden lustig zu machen, solange man nicht selbst im Plastik baden muss.

Am Morgen nach ihrer Rede sitzt Nina an einem Tisch in ihrem Hotel, durch die Fensterfront blickt sie auf den alten Holzhafen. Eben ist sie zur Scheibe gestürmt, ihr Vater hatte einen Regenbogen entdeckt. Nun erzählt sie vom Tofu, der in einer Fabrik über brennendem Plastik gekocht wird, vom giftigen Rauch, den sie zu Hause am Himmel sieht. Während Nina spricht, sucht sie oft nach Worten. »Ich muss besser Englisch lernen«, sagt sie und dreht sich hilfesuchend zu ihrer Mutter um. Dass Nina Aktivistin wurde, hat viel mit ihrer Familie zu tun. Nicht nur ihre Eltern engagieren sich, auch ihre beiden älteren Schwestern. Gemeinsam suchten sie schon früher am Fluss nach Libellenlarven. Fanden sie welche, war er nicht ganz so verschmutzt. Nina selbst ist nach der Aeshna-Libelle benannt.

Heute nutzt Nina jede freie Minute, um sich Gehör zu verschaffen. Mal organisiert sie eine Ausstellung an ihrer Schule, dann demonstriert sie für ein Verbot von Einwegplastik in der Region. Sie sammelt Unterschriften, postet Infos auf Instagram. Vor zwei Jahren schrieb sie einen Brief an Donald Trump, dann einen an Angela Merkel. Der US-Botschafter in Indonesien antwortete ihr. »Er meinte, es tue ihm leid«, sagt sie. Der deutsche empfing sie sogar persönlich. Die Briefe machten Nina bekannt in Indonesien, ein Filmteam begleitete sie für eine Dokumentation, die auf der UN-Konferenz gezeigt wird. Deshalb ist Nina nach Glasgow eingeladen.

Geändert an dem Plastikmüll zu Hause hat all das zunächst nichts. Nina sieht den Müll, sie riecht den Müll, sie trinkt das Wasser, in dem Müll schwamm. Und doch darf sie nicht mitreden. Denn in der Pyramide der Macht steht Nina ziemlich weit unten. Sie ist ein Kind, noch dazu ein muslimisches Mädchen. Ihre Familie ist nicht bettelarm, aber auch nicht wohlhabend. Nina hat eine dunkle Hautfarbe, allein deshalb hat sie es schwerer als andere in der Welt, gehört zu werden. Und vor allem: Sie lebt in einem Land, dessen Probleme wenig zählen, trotz der Mitgliedschaft in dem Verbund der G20-Staaten. Ninas Geschichte ist eine über ein Weltwirtschaftssystem, das für die reichen Länder Waren in Massen verpackt und den Müll in ärmeren Ländern ablädt. Doch es ist auch eine darüber, wer in dieser Welt eine Stimme hat.

Hilflos fühle sie sich manchmal, erzählt Nina an dem Morgen nach ihrer Rede. Dass sie dennoch nicht aufgab, hat auch mit Greta Thunberg zu tun. Im Fernsehen sah sie, wie die Schwedin die Massen für das Klima bewegte. »Ich dachte, wenn die das kann, kann ich das auch.« Doch auch in der globalen Umweltbewegung sind fast nur weiße Menschen aus Industrieländern zu hören. Die ugandische Aktivistin Vanessa Nakate wurde sogar vor zwei Jahren von einer Nachrichtenagentur aus einem Bild mit Luisa Neubauer und Greta Thunberg herausgeschnitten. Und das, obwohl sie und Nina die Umweltprobleme viel unmittelbarer erleben.

Die Frau, die Nina nach Amsterdam eingeladen hat, blickt kurz vor der Rede des Mädchens durch eine kantige Brille mit schwarzem Rand. »Es war schwer, Nina und ihre Eltern nach Europa zu bekommen«, sagt sie, »in diesem Jahr besonders.« Maria Westerbos hat den Plastik-Kongress gegründet. Sie weiß, wie kompliziert es für Menschen aus ärmeren Ländern ist, Visa zu erhalten. Nun kamen die Corona-Beschränkungen dazu. Auch zur UN-Konferenz hätten viele Delegierte beinahe nicht anreisen können. Weil die Impfungen fehlten, die Bedingung für die Teilnahme sind. Nach Boykottaufrufen versprach Großbritannien zwar, Impfdosen bereitzustellen. Wie viele es wurden, weiß aber keiner. Nina wurde zwei Wochen vor dem Flug geimpft, ihr Visum bekam sie wenige Stunden vor dem Abflug. Die offizielle E-Mail, dass sie an der Klimakonferenz teilnehmen darf, kam erst an dem Tag, an dem sie in Amsterdam die Rede hielt.

Ninas Geschichte handelt daher auch von der Frage, wie viele Menschen auf der Welt überhaupt mitreden dürfen. Während die Pyramide der Macht nach unten ausufert, ist sie oben extrem schmal. Für Maria Westerbos steckt darin ein zentrales Problem. »Wenn wir Leute wie Nina nicht anhören, predigen wir nur in unserer eigenen Kirche«, sagt sie. Man könnte es auch so formulieren: Solange nur diejenigen über die ökologische Krise reden, die sie nicht im Alltag erleben, ist es kein Wunder, wenn die Umweltwende auf sich warten lässt.

»Klar macht mich das wütend«, sagt Nina im Hotel. Ob es mit dieser Wut zu tun hat, dass sie zu Hause irgendwann doch gehört wurde? Vor etwa einem Jahr war das, nachdem im Netz mehrere Artikel und Videos über ihren Kampf gegen das Plastik geteilt wurden. Ein Abgeordneter des indonesischen Parlaments besuchte Nina in ihrem Dorf. Wenig später beschloss das Parlament erstmals eine Regulierung der Müllimporte: Offiziell dürfen heute nur noch zwei Prozent anderer Abfall dem Altpapier beigemischt werden. Zwar gibt es noch immer kaum Kontrollen, illegal kommt das Plastik weiter ins Land. Doch Nina machte das Hoffnung.

Auch für ihre Reise nach Glasgow.

Nachdem sie ihre Rede auf dem Kongress beendet hat, atmet Nina laut hörbar aus vor Erleichterung. Der Moderator verbeugt sich vor ihr. »Wir sollten uns schämen«, ruft er, die Menge applaudiert. Nina sagt nichts. Was sie den UN-Staaten in Glasgow mitteilen möchte, fragt der Moderator. »Die entwickelten Länder sollen aufhören, ihren Abfall nach Indonesien zu schicken. Warum sollen wir unter eurem Plastikmüll leiden?«, sagt Nina, ohne eine Miene zu verziehen. »Das ist alles.«

DEUTSCHLAND AUF ENTZUG

Unter Hochdruck versucht die Republik unabhängig
zu werden von russischem Gas. Damit entscheidet
sich auch das Schicksal der Klimawende

VON UWE JEAN HEUSER UND RICARDA RICHTER

Kann aus dem Bösen etwas Gutes erwachsen? Anders gefragt: Beschleunigt Deutschland als Antwort auf Putins
brutalen Krieg gegen die Ukraine die Klimawende? Natürlich,
heißt es in Berlin. Doch so natürlich ist das gar nicht. Während
alle wegwollen von russischem Gas, ist der große Streit um den
richtigen Weg entbrannt. Fast täglich werden Entscheidungen
getroffen, über die sonst Monate gestritten würde, mal für das
Klima, mal dagegen. Wie im Zeitraffer entscheidet sich fast
nebenbei, wie grün Deutschland wirklich wird.

EU-Partner verlangen den Boykott, Putin droht durch Wäh-
rungsmanöver den Hahn selbst zuzudrehen, die Granden der
Schwerindustrie warnen vor einer Zerstörung der Volkswirtschaft, und viele Deutsche glauben schon, sie müssten bald frie-
ren. Mit allen Mitteln versucht das Land eine Abhängigkeit los-
zuwerden, die es über Jahrzehnte selbst aufgebaut hat. Dabei
mehren sich auch jenseits der Frage, wem im Ernstfall das Gas
zuerst entzogen wird, die Streitigkeiten. Wie schlimm würde es
im kommenden Winter? Wie viel Gas braucht Deutschland in
den nächsten Jahren wirklich? Was können wir einsparen? Wann
können wir alle grünen Strom haben? Von den Antworten hängt
ab, wohin die Reise geht.

In Wilhelmshaven, der Stadt mit dem einzigen Tiefwasser-
hafen Deutschlands, wird schon an der neuen Zukunft gearbeitet. Oberbürgermeister Carsten Feist, parteilos, steht vor dem
Rathaus und raucht, eine kurze Auszeit vor dem nächsten Ter-
min. Seit zwei Jahren arbeitet er im Corona-Krisenmodus, jetzt
der Krieg.

Ukrainische Flüchtlinge müssen untergebracht werden, und nun soll es schnell gehen mit dem Flüssiggas.

In seiner Zeitenwende-Rede vor dem Bundestag versprach Olaf Scholz neben 100 Milliarden für die Bundeswehr auch, zusätzliches Erdgas auf den Weltmärkten zu kaufen. »Schließlich haben wir die Entscheidung getroffen, zwei Flüssiggasterminals, LNG-Terminals, in Brunsbüttel und Wilhelmshaven schnell zu bauen.« Seit diesem Tag ist Carsten Feist selbst Teil der Zeitenwende. Der Bürgermeister drückt den glimmenden Stummel aus und weist den Weg in sein Büro. Das Thema Flüssiggas werde hier schon seit 30 Jahren diskutiert, sagt er. 2020 erst legte der Energiekonzern Uniper seine Pläne für ein Terminal auf Eis, weil die Nachfrage fehlte. Bisher habe der Markt entschieden. »Jetzt ist es umgekehrt«, sagt Feist. »Jetzt trifft die Politik eine Entscheidung, und der Markt wird mitgenommen. Wir brauchen mehr Unabhängigkeit und Versorgungssicherheit. Wir wissen ja gar nicht, ob der Putin uns weiter beliefert. Wissen Sie das? Ich weiß das nicht, keiner weiß das.«

Was Carsten Feist aber weiß: »Wir haben hier einen nationalen Auftrag.« Noch am Abend der Regierungserklärung traf er sich mit dem niedersächsischen Umweltminister. So ein Vorhaben in Friedenszeiten zu realisieren würde in Deutschland wahrscheinlich fünf Jahre dauern, die Umweltprüfung allein zwei Jahre, so Feist. »Die Zeit haben wir nicht«, sagt er mit seiner tiefen, festen Stimme. »Wir werden jetzt nicht wie die Umweltrambos alles beiseiteschieben, aber wir werden sicher mal einen Kompromiss machen müssen, der dem Artenschutz etwas mehr wehtut.« Das müsse man dann an anderer Stelle wiedergutmachen. Überall werde jetzt parallel gearbeitet, in der Politik, in der Verwaltung, in der Industrie.

Drei Unternehmen wollen das Vorhaben umsetzen, unter anderem Uniper, das die alten Pläne reaktivieren könnte. Wer den Zuschlag bekommt, entscheidet Berlin.

Der Wettlauf gegen die Zeit hat begonnen. Niedersachsens

Umweltminister Olaf Lies erklärte gerade, dass ein erster schwimmender Terminal schon um die Jahreswende in Betrieb gehen könne. Oberbürgermeister Feist, der Mann vor Ort, sieht das anders. Selbst im Schnelldurchgang könnten die ersten Gastanker erst in der zweiten Jahreshälfte 2023 abgefertigt werden, sagt er. Trotzdem wäre das deutlich früher als in Brunsbüttel oder Stade, weil Wilhelmshaven die nötigen Löschbrücken für Tanker schon hat. Eine für Öltanker, eine für Kohlefrachter und eine für Chemieschiffe. An allen dreien ließen sich schwimmende Flüssiggasterminals andocken, Schiffe, die das für den Transport stark heruntergekühlte und verflüssigte Gas wieder erwärmen. Sie würden den Bau von aufwendigen Anlagen an Land überflüssig machen. »Man müsste dann eben nur ein zusätzliches Rohr hinlegen«, sagt Feist. Und die knapp 30 Kilometer Anschluss an die Gaspipeline bauen, was angesichts von Umweltprüfungen schon schwieriger wird. Würden alle drei Projekte realisiert, könnten aber insgesamt 25 Milliarden Kubikmeter Flüssiggas in Wilhelmshaven angelandet werden – immerhin die Hälfte dessen, was derzeit im Jahr aus Russland kommt.

Kurzfristig kann das niemanden beruhigen, schon gar nicht die Industrie, die im Ernstfall als Erste leiden muss. BASF-Chef Martin Brudermüller warnte gerade vor einer »Zerstörung« der Volkswirtschaft, Thyssenkrupp-Chefin Martina Merz vor deren »Implosion«. Das ist ein dramatisches Signal an Olaf Scholz und seine Regierung: Haltet durch – und die Leitungen nach Russland offen!

BASF allein verbraucht drei bis vier Prozent des Erdgases im Land, um die deutsche Wirtschaft mit Grundstoffen zu versorgen. In Ludwigshafen warnen sie vor dem Dominoeffekt: ohne ihre Zulieferungen keine Lacke mehr für Autos, keine Matratzen für die Schlafzimmer, keine Tube für die Zahnpasta, kein Blubber fürs Mineralwasser. Sogar die Chipproduktion wäre gefährdet, weil Silikonplatten heute oft durch chemische Ätzverfahren bedruckt würden, sagt ein Verantwortlicher. »Das ist ähnlich wie beim Backen: kein Kuchen ohne Mehl.« BASF schätzt, dass man mit gut zwei Drittel der üblichen Gasmenge das meiste noch liefern könnte, mit weniger als der Hälfte aber so gut wie nichts mehr, weil dann das Zentrum der Produktion ausfällt. Das Problem ist, dass Kuchen aus mehr besteht als Mehl. Ohne die Glasindustrie zum Beispiel gibt es keine Impfampullen, und so trumpfen gerade fast alle gasabhängigen Hersteller mit Argumenten auf, warum sie im Notfall geschont werden müssten.

Die Botschaft: Wir brauchen das Gas, jetzt und in absehbarer Zukunft. Und in Etzel weiß man auch schon, wo es gelagert werden kann.

Eine knappe halbe Stunde dauert die Fahrt von der Ölbrücke in Wilhelmshaven bis zu einem der größten Gasspeicher der Bundesrepublik. Das Dorf Etzel liegt zwischen Stoppelfeldern und Maulwurfshügeln, ein paar alte Höfe, eine Backsteinkirche mit frei stehendem Glockenturm, die Luft riecht nach frisch gemähtem Gras. Und zwischen den Feldern verteilt, hinter schweren Metalltoren mit Videoüberwachung, verschwinden graue Rohre im Erdboden. Zutritt verboten, Feuer verboten, Fotografieren verboten. 800 Meter unter der Oberfläche beginnen die Kavernen: 51 horizontale Hohlräume im Salzstock der Region, jeder einzelne doppelt so hoch wie der Kölner Dom. Hier speichern Energiekonzerne wie Uniper, Equinor, BP, Total oder EnBW ihr Gas, das über die Pipelines aus Norwegen nach Ostfriesland kommt.

Christoph Uerlich vom Betreiber Storag Etzel vermietet den Konzernen das Gelände. Bisher stellt er eine Kapazität von vier Milliarden Kubikmetern zur Verfügung. Sind die Speicher komplett gefüllt, ließe sich Deutschland damit rund zwei Wochen lang versorgen. Doch es könnte viel mehr sein, sagt Uerlich. Hier könnte man leicht in fünf Jahren noch mal halb so viel Speichervolumen hinzubauen. Am Vortag war der niedersächsische Wirtschaftsminister zu Besuch, um sich über die Möglichkeiten zu informieren. »Er hat gefragt: Wann könntet ihr denn anfangen?

Wir haben geantwortet: Theoretisch morgen«, erzählt Uerlich. Genehmigt ist das Ganze schon.

Doch es ist höchst umstritten, wie viel Gas Deutschland noch braucht. Und ob all das sein muss: riesige Speicher und dauerhafte, feste Flüssiggasterminals, die dann in der zweiten Hälfte des Jahrzehnts fertig werden?

Nein, sagt Deutschlands bekannteste Energieforscherin Claudia Kemfert. Jetzt müsse die Reserve für Gas und auch Kohle zwar aufgebaut werden, und tatsächlich hat der Bundestag schon geregelt, dass die bestehenden Gasspeicher vor dem Winter zu 90 Prozent gefüllt sein müssen. Aber feste »Flüssiggasterminals funktionieren vielleicht in vier Jahren. Niemand braucht sie.« Stattdessen seien mehr Terminals für Wasserstoff nötig, wie auch eines in Wilhelmshaven entstehen soll – nur erforderten die ganz andere technische Voraussetzungen als die für flüssiges Erdgas.

»Wir brauchen jetzt den kalten Entzug der Fossilen«, sagt die Professorin vom Deutschen Institut für Wirtschaftsforschung im Stil einer Drogenbeauftragten. Der Krieg zeige es sehr deutlich: »Gas ist keine Brückentechnologie mehr. Die Brücke ist zusammengebrochen.« Ihr zufolge rechnet die fossile Industrie für ihre Prognosen einfach Verbrauchszahlen für Gas hoch, ohne die Sparmöglichkeiten und technischen Innovationen zu bedenken. Kemfert und ihr Team versuchen schon lange, die Erzählung vom Gas als Brückentechnologie zu widerlegen. In einem Fachaufsatz erklärten sie 2021, warum Erdgas keineswegs die viel sauberere Lösung im Vergleich zu Kohle sei. »Das Verschwinden des fossilen Erdgases und der entsprechenden Infrastruktur ist der logische nächste Schritt der Transformation in Europa.«

Einer der Mitautoren ist Christian von Hirschhausen, ein Bruder des TV-Moderators und Klima-Aktivisten Eckart. Der Berliner Energieprofessor geht davon aus, dass Deutschland das russische Gas besser ersetzen könnte, als die Industrie glauben macht. Erdgas könne über die Terminals in Rotterdam oder Seebrügge kommen, und auch die Leitungen nach Deutschland könnten leicht so umgeschaltet werden, dass es nicht zu Engpässen käme. Ja, sagt er, »die Preise werden hoch sein. Aber Import ist buchbar und Transport flexibel.«

Von Hirschhausen glaubt an einen Reflex der Konzerne. »Die Industrie jammert schon seit dem 19. Jahrhundert über hohe Energiepreise, obwohl sie immer nur Großhandelspreise bezahlen musste – und private Haushalte den ganzen Overhead.« Doch durch Putins Angriff würden eben nicht nur die Befürworter der Erneuerbaren gestärkt, auch die Beharrungskräfte seien in der Krise wieder stärker, redeten von Brücken und meinten doch Dauerlösungen. Sorgen bereitet ihm dabei auch, dass selbst die Grünen den Klimaeffekt von Gas unterschätzten.

Kemfert und er setzen ganz auf Wind, Sonne und Energiesparen. Der Ausbau soll sich massiv beschleunigen, und auch der grüne Wasserstoff soll dann vor Ort in Deutschland und nicht etwa fernab in Wüsten hergestellt werden. Ansonsten heißt es: sparen, sparen, sparen. Nur zwei Grad weniger zu Hause reduzieren demnach den Gasverbrauch schon um über fünf Prozent. Autofreie Tage und ein Tempolimit brächten weitere fünf Prozent. Schwimmbäder später aufmachen, eine Gassparkampagne fahren – alles hilft. Insgesamt rechnet Claudia Kemfert mit einer Lücke von vielleicht 15 Prozent, sofern das russische Gas ausgeht – »das ist mit Sparen hinzukriegen«. Auch solle die Regierung ein Programm für den Einbau von Wärmepumpen in den Wohnungen auflegen, im großen Stil Fachkräfte dafür ausbilden und Baustoffe besorgen.

Das Szenario sei reine Theorie, heißt es bei RWE, gerade in Bezug auf dieses verflixte Jahr 2022. Deutschland sei keine Insel, von Polen bis Italien wären viele Länder vom Ende des russischen Gases betroffen, und dann reichten die Leitungen doch nicht, sagt ein deutscher Energiemanager. Zwar sei die Zusammenarbeit für den deutschen Notfallplan überraschend konstruktiv: »Das ist eine neue Erfahrung. Die Beteiligten sind nicht nur Partei, sondern fühlen sich dem Land verpflichtet.« Aber auf EU-Ebene herrsche Egoismus: Länder, die nicht bedroht seien, würden sich von Brüssel Preisobergrenzen für Gas genehmigen lassen und so den heimischen Verbrauch noch ausweiten.

Niemand weiß genau, was ohne Putins Gas geschehen würde. Und alle reden auf die Bundesregierung ein. Diesen Mittwoch sollte sie erste Gesetze beraten, um den Weg für mehr erneuerbare Energie frei zu machen. Danach werden die Ausbauziele ambitionierter, sodass Deutschland 2035 fast ganz mit grünem Strom versorgt wird. Und wer eine Solaranlage hat, soll anders als jetzt wieder mit Gewinn seinen Strom auch ins Netz einspeisen können. Gleichzeitig plant die Regierung dauerhafte Gasterminals und vereinbart mit Katar langfristige Lieferungen. Es geschieht eben alles gleichzeitig.

Während ihre Regierung ringt, reagieren die Deutschen. Seit Beginn des Krieges hat sich die Nachfrage nach alternativen Heizungssystemen und Solarpanels fürs Eigenheim vervielfacht. »Der Laden brummt«, sagt Nicholas Matten von Stiebel Eltron, einem der größten Wärmepumpen-Hersteller Europas. Man produziere rund um die Uhr und baue neue Hallen. Innerhalb von vier Jahren will Stiebel Eltron die Kapazitäten verdreifachen. Grundsätzlich könne man so gut wie jedes Gebäude mit einer Wärmepumpe heizen, sagt Matten. Nur habe es sich früher nicht bei allen gerechnet. »Bisher waren wir das Land mit den höchsten Strompreisen und mit den niedrigsten Gaspreisen in Europa.« Gut möglich, dass es demnächst umgekehrt ist.

DIE ÖKO-TRUPPE

Kaum etwas schadet dem Klima so wie Kriege.
Nachhaltige Armeen fordern bislang aber nicht mal
Aktivisten. Jetzt beginnt das Militär selbst mit dem Wandel

VON LAURA CWIERTNIA, HAUKE FRIEDERICHS UND ANNIKA JOERES

Manchmal muss man die Dinge fühlen, damit man versteht, was sie anrichten können. Richard Nugee ging das so mit der Hitze. Als Offizier war er 2003 mit seiner Truppe im Irak stationiert, wochenlang zeigte das Thermometer 55 Grad Celsius. Soldaten aus seiner Einheit kamen ins Krankenhaus, fünf oder sechs musste er zurück nach Hause schicken. »Einer hat 16 Liter Wasser am Tag getrunken, und es ging ihm trotzdem schlecht«, erzählt Nugee. In der Hitze sei es unmöglich gewesen zu arbeiten, ja, beinahe zu überleben. »Da wurde mir klar, wie gefährlich der Klimawandel werden kann, gerade für die Armee.«

Heute sitzt der 58-jährige Richard Nugee vor seinem Laptop in Wiltshire, Südwestengland, und streicht sich durch den grau-weißen Bart. »Zu lang« sei der geworden, entschuldigt er sich, bevor er zurück zum Thema kommt. Seit einem Fahrradunfall müsse er eine Halskrause tragen, die erschwere das Rasieren. Sonst aber unterstreicht sein Aussehen auch heute noch ziemlich gut, was er die vergangenen Jahrzehnte gemacht hat: Richard Nugee trägt eine graue Weste. Bewegt er sich an diesem Tag vor seinem Bildschirm in seinem Arbeitszimmer, rutscht auf der Brust die britische Flagge hin und her, daneben die Worte »Team Army«. 36 Jahre lang war er Soldat, zuletzt als Generalleutnant im Verteidigungsministerium. Er führte Truppen im Kosovo, im Irak oder in Afghanistan an, bevor er vor einem Jahr in den Ruhestand ging. Und auch jetzt noch beschäftigt er sich die meiste Zeit mit seinem alten Arbeitgeber. Richard Nugee hat es sich zur Lebensaufgabe gemacht, das Militär klimafreundlich zu machen.

Kaum etwas schadet dem Klima derart wie das Einschmelzen von Stahl zu Waffen. Wie die Raketen, die gerade in Charkiw oder Donetzk explodieren. Wie die Militärflugzeuge, die im Krieg im Jemen oder zu Übungszwecken in Deutschland umherfliegen. Bislang gibt es allerdings erstaunlich wenig Stimmen, die das Militär nachhaltiger machen wollen. Nicht unter Politikern, nicht einmal in der Klimabewegung. Doch in einer Zeit, in der an Abrüstung nicht zu denken ist, lässt sich die Frage nicht länger ausklammern: Kann es eine nachhaltige Armee geben?

Stellt man diese Frage Richard Nugee, wackeln die Aufnäher auf seiner Weste schneller auf und ab. »Es muss sie geben«, sagt er. Den Planeten zu retten ist für ihn dabei nicht einmal das zentrale Argument. Vielmehr stelle es die Armee vor große Probleme, wenn die Erde sich erhitzt. »Wir sind nicht darauf ausgerichtet«, sagt er. Nicht auf so heiße Temperaturen und auch nicht auf die neuen Kriege, die drohen, wenn das Wasser knapp und ein wachsender Teil der Erde unbewohnbar wird, wenn massenhaft Menschen flüchten müssen.

Noch als aktiver General machte Nugee den Klimaschutz zu seinem Thema. Im letzten Jahr seiner Karriere tauschte er seine Position als Vorgesetzter von 600 Angestellten im Verteidigungsministerium freiwillig gegen ein Einzelbüro ohne Mitarbeiter. Monatelang telefonierte er mit Experten, las Forschungsberichte und schrieb schließlich einen Report mit Vorschlägen, wie das britische Militär klimaneutral werden kann.

Anfangs war er mit seinen Sorgen allein. »Ich war ein sehr hoher Offizier, darum hatte ich Glück, und die Leute waren höflich zu mir«, erzählt er, und der Bart verzieht sich zu einem Lächeln. Wirklich interessiert habe sich aber kaum einer. Und das brauchten sie auch nicht. Über die eigene Klimabilanz müssen Armeen kaum Rechenschaft ablegen. Das Militär ist sogar vom Pariser Klimaabkommen ausgenommen. Als eine von sehr wenigen Armeen schreibt die deutsche alle zwei Jahre einen Nachhaltigkeitsbericht. Aber ihre Auslandseinsätze in Mali, die Missionen in Litauen und Rumänien oder die Stützpunkte in Niger und Dschibuti werden dabei nicht eingerechnet. Kurz gesagt: Wie die Armeen dieser Welt das Klima belasten, kann derzeit niemand wissen.

Auch Neta Crawford nicht. Die US-Politikwissenschaftlerin wurde bekannt für ihre Forschung zu den Kosten des Krieges. Sie hat errechnet, wie viele Zivilisten in Afghanistan gestorben sind, wie viele Kinder im Irak zu Waisen wurden. Aber auch Neta Crawford übersah viele Jahre lang eine entscheidende Ziffer: die Klimakosten.

Das änderte sich, als sie zu einigen der weltweit 750 US-Militärbasen reiste. Eines Morgens fiel ihr Blick auf eine schier endlose Kolonne von Tanklastern. »Wie viel Treibstoff dort minütlich verpulvert wird, hat mich verblüfft«, sagt sie, »mir wurde geradezu schwindelig.« Es sei dröhnend laut gewesen. Um sie herum fuhren Dutzende Piloten in Geländewagen zu ihren Kampfjets, tonnenschwere Maschinen starteten und landeten im Minutentakt. »Als ich verstanden hatte, dass die hohen Emissionen des Militärs noch niemand berechnet hatte, war ich vollkommen verblüfft«, sagt Crawford. »Ich machte mich sofort an die Arbeit.« Eine ihrer ersten Rechnungen ist ihr noch in Erinnerung: Der Kampfjet B-52 verbraucht in einer Stunde so viel Treibstoff wie ein durchschnittlicher Autofahrer in sieben Jahren.

Ihre Zahlen wirken zu lassen, das ist die Art von Crawford. Im Videogespräch redet sie sehr langsam mit heiserer Stimme. Ab und zu schaut sie nickend über ihre schmale, goldfarbene Brille und streicht sich eine ihrer vielen Locken aus der Stirn. »Ich sitze immer wieder ungläubigen Menschen gegenüber. Die Zahlen sind so erschreckend.« Für ihre Arbeit rechnete Crawford verstreute Angaben aus Berichten des Verteidigungs- und Energieministeriums zusammen, stellte Anfragen an Behörden, interviewte Militärs. Am Ende stehen beeindruckende Zahlen: Keine Organisation auf der Erde verbraucht so viel Kraftstoff wie das US-Militär. Allein für die Anti-Terror-Kriege hat es mehr als

1,2 Milliarden Tonnen Treibhausgase ausgestoßen. Im Jahr emittiert das Militär der USA mehr als ganz Schweden oder Portugal.

Die deutsche Bundeswehr trägt laut eigenen Angaben zwar nur einen Bruchteil zum weltweiten Ausstoß bei, rund 1,71 Millionen Tonnen CO_2 im vergangenen Jahr – aber eben ohne die Auslandseinsätze mitzuzählen. Auch die Produktion der Rüstungstechnik wird ebenso wenig in die Bilanz hineingerechnet wie Fahrten von Soldaten im Privatauto zu Dienststellen oder Schießplätzen.

Nimmt man es genau, müsste man zu den Klimakosten eines Krieges außerdem die zerbombten Häuser und Straßen dazuzählen – und deren Wiederaufbau. In manchen Kriegsgebieten mussten Tausende Wohnungen mit Zement wieder aufgebaut, Straßen neu asphaltiert werden. Das sind große Mengen an Treibhausgasen, die in Crawfords Rechnung nicht mit eingeflossen sind. Eigentlich also sind ihre Zahlen, die viele Klimaforschende auf der Welt erschreckten, noch viel zu niedrig. »Unsere weltweiten Klimaziele sind absolut unerreichbar, sollte das Waffen- und Kriegsgeschäft weiter so viele Treibhausgase emittieren«, sagt sie.

Je länger man Neta Crawford zuhört, desto merkwürdiger scheint es, dass praktisch niemand öffentlich über ihr Thema spricht. Telefoniert man sich durch die Nummern verschiedenster Stimmen der Klimabewegung in Deutschland, bekommt man immer dieselbe Reaktion: Erst klingen die Gesprächspartner überrascht, dann nachdenklich. Ob sie nun für Fridays for Future sprechen, für Extinction Rebellion oder für die Letzte Generation. Einzelne erzählen von internen Diskussionen und dass sie sich dagegen entschieden hätten, das Militär zum Thema zu machen. Die meisten aber sagen Sätze wie: »Damit haben wir uns noch nicht beschäftigt.« Oder: »Das steht bei uns nicht auf der Agenda.«

Ausgerechnet sie, die sonst die Verursacher der Klimakrise genau im Blick und Fakten zu allen möglichen Industrien im Kopf haben, kommen bei diesem Thema ins Stocken. Warum ist das so? »Waffen zu produzieren ist halt grundsätzlich falsch«, sagt Carla Reemtsma, eine der bekanntesten Frauen bei Fridays for Future. »Wenn man sonst gegen die Rüstungsindustrie ist, kann man schlecht auf einmal Recycling-Waffen fordern.«

Die Utopie einer gewaltfreien Welt, die viele Klimaaktivisten und auch Politiker teilen, steht im Falle des Militärs der Transformation im Weg. Umgekehrt wirkt es schnell zynisch, während eines Kriegs vor den Emissionen von Waffen zu warnen – gerade jetzt, da die Menschen in der Ukraine so dringend auf jeden Panzer warten, mit dem sie sich gegen die russische Armee verteidigen können. Auch das hält Aktivistinnen davon ab, vom Militär und der Rüstungsindustrie einen Wandel zu fordern. Während eines Angriffskriegs wählt man Worte lieber vorsichtig.

Ein Dienstag im Mai in Baden-Württemberg. Männer in Flecktarn laufen über eine Straße, grüne Zweige am Helm, Rucksäcke geschultert. »Los, los, los!«, schreit ein anderer ihnen hinterher, um sie voranzutreiben. Ein ganz normaler Nachmittag in der Staufer-Kaserne in Pfullendorf, einem Ausbildungszentrum der Bundeswehr – so scheint es. Und doch, wer genauer hinsieht, merkt: Hier in Pfullendorf ist längst nicht alles normal.

In der Nähe der Soldaten steht an diesem Tag ein Mann in rosafarbenem Hemd und blickt stolz auf ein kleines Gebäude. Drei große Rohrleitungen ragen hier aus dem Betonboden, schwarze Ventilräder sind zu sehen, Digitalanzeigen. Eine Tiefengeothermieanlage. Sie holt heißes Grundwasser aus der Erde und beheizt damit die Gebäude. Fast der gesamte Wärmebedarf der Kaserne lässt sich mit dieser Anlage nachhaltig decken.

Sebastian Dekowski ist Ingenieur und arbeitet beim Kompetenzzentrum Bau-Management der Bundeswehr in Stuttgart. Er hat den Bau der Anlage begleitet und spricht begeistert über sie. »Das ist erst der Anfang«, sagt er. »Es gibt weitere mögliche Regionen, die für Geothermie prädestiniert sind, aber noch ist nichts Konkretes geplant.«

Viele Jahre Arbeit und 15,9 Millionen Euro stecken in diesem Beitrag der Bundeswehr zum Klimaschutz. Und die Anlage ist längst nicht alles, was man hier in Pfullendorf beobachten kann. Schaut man sich auf dem Gelände um, entdeckt man überall Solarpaneele auf den Dächern; Fahrzeuge mit E-Antrieb fahren über das Gelände. In der Ferne ist eine Kuppel zu sehen. Darin steht eine Pendel-Anlage. Piloten trainieren dort das Landen mit einem Fallschirm. Kein Flugzeug muss dafür aufsteigen. Auch das Schießen sollen sie hier bald in einem Simulator üben können. So wird weniger Munition verbraucht. Und Simulatoren können helfen, Vorfälle wie 2018 zu verhindern, als auf einem Schießplatz bei Meppen über mehrere Wochen ein Moor brannte. Ein Hubschrauber hatte bei einem Test durch Schüsse das Feuer ausgelöst. 637 000 Tonnen CO_2 wurden damals freigesetzt, so viel, wie 60 000 Deutsche in einem ganzen Jahr verbrauchen. Eine ökologische Katastrophe.

Pfullendorf ist ein Modellprojekt und die Ausnahme. Trotzdem steht es für etwas: Zumindest an ihren deutschen Standorten arbeitet die Bundeswehr seit Jahren daran, die eigene Umwelt- und Klimabilanz zu verbessern. Als Behörde ist das Verteidigungsministerium anders als in anderen Ländern dazu verpflichtet.

Inzwischen gibt es etwa 1000 Dienstposten bei der Bundeswehr, die etwas mit Klima- oder Umweltschutz zu tun haben. Auch Sebastian Dekowskis Stelle gehört dazu. Die Mitarbeiter sorgen für Mülltrennung, für Insektenhotels auf Truppenübungsplätzen, für den Aufbau von Holzpellet-Öfen oder für den Betrieb der Solaranlagen.

Die Bundeswehr gibt auch an, dass ihre CO_2-Emissionen durch Panzer, Kriegsschiffe oder Kampfjets in 15 Jahren um die Hälfte gesunken seien. Wer genau auf die Zahlen blickt, sieht allerdings: Das hat vor allem damit zu tun, dass die Bundeswehr und ihre Ausrüstung mit den Jahren immer mehr geschrumpft ist.

Als dann in der Corona-Pandemie ihre Flugzeuge beim Transport der Impfstoffe halfen, wurde die Bilanz schnell wieder schlechter. Die CO_2-Emissionen durch »militärspezifische Mobilität« betrugen im Jahr 2021 bereits wieder 0,78 Mio. Tonnen CO_2 − 25 Prozent mehr als noch 2019.

Und die Zahlen dürften weiter steigen, wenn das Verteidigungsministerium nun mit den hundert Milliarden Euro Sondervermögen, auf die sich die Bundesregierung gerade mit der Union geeinigt hat, neue Kampfjets, Schiffe oder Panzer kaufen wird. Dazu kommt: Die alten Hubschrauber und Schützenpanzer werden aktuell kaum benutzt, da sie häufig in der Werkstatt sind. Das neue Gerät wird öfter fliegen und fahren, mehr Abgase in die Luft pusten. Und genau für die gibt es bisher keine nachhaltige Alternative.

Dennoch steht Pfullendorf für einen weltweiten Aufbruch. In Hintergrundgesprächen erzählen Rüstungsfirmen von Wasserstoffantrieben und Solarenergie. Der Bundesverband der Sicherheits- und Verteidigungsindustrie, der mächtigste Interessenvertreter der Rüstungsbranche, hat neuerdings den Slogan auf seiner Webseite: »Sicherheit ist die Mutter aller Nachhaltigkeit«. Selbst die US-Navy, deren Flugzeugträger gewaltige Treibstoffmengen verbrauchen, will nun grüner werden. Bis 2030 sollen ihre CO_2-Emissionen um 65 Prozent sinken, berichtete jüngst die Militärzeitung *Stars and Stripes*. Bis 2050 soll die Flotte klimaneutral laufen.

Noch sind das nur Ankündigungen. Doch auch Richard Nugee, der General aus England, hat beobachtet, dass sich um ihn herum etwas verändert. Wenn er heute übers Klima spreche, interessierten sich die Ex-Kollegen.

»Das ist natürlich nicht den ganzen Tag Thema, aber doch sehr oft«, sagt er und strahlt − »auch bei der Armeeführung.«

Wer ihn erreichen will, hat es nicht leicht. Ständig spricht Nugee in Videokonferenzen über das Klima, ob mit Generalen oder Vertretern der Rüstungsindustrie. Den Bericht, an dem er in seinem letzten Dienstjahr gearbeitet hat, veröffentlichte die britische Armee offiziell 2021 vor der UN-Klimakonferenz. Auch

Neta Crawford, die Forscherin aus den USA, sieht Großbritannien inzwischen als Vorbild. Im Sommer zieht sie nach Oxford, um dort an der Universität als Professorin zu arbeiten. Großbritannien werde gerade zum internationalen Zentrum der Kriegs- und Klimaforschung, sagt sie.

Doch was führt das Militär eigentlich zum Umdenken? »Die Effizienz«, sagt Nugee. »Klimafreundliche Technologie ist effizienter.« Und dann berichtet er von einem anderen Ort, der seine Sicht geprägt hat: Afghanistan. Nugee arbeitete damals mit an dem Plan der Nato, wie die Truppen das Land verlassen sollten.

»Wir haben den Afghanen Generatoren dagelassen, zur Stromproduktion«, erzählt er. Doch die verschiedenen ausländischen Armeen hätten alle unterschiedliche Fabrikate genutzt, die jeweils andere Ersatzteile bräuchten. Nach sechs Monaten seien die meisten kaputt gewesen. »Stellen Sie sich mal vor, wir hätten Solarpaneele dagelassen«, sagt Nugee und schweigt einen Moment. Dann fügt er hinzu: »Wir wären dumm, wenn wir uns nicht wandeln würden.«

In diesem Moment zeigt sich, was Richard Nugee so besonders macht: Er klingt nicht wie ein Aktivist, sondern wie ein Militärstratege. Im Gespräch sagt er Sätze wie: »Ich war bereit, für mein Land zu sterben.« Oder: »Die Armee steht für mich immer an erster Stelle.«

Während der Klimabewegung und selbst Forschern oft unterstellt wird, realitätsfern zu sein, käme bei Nugee wohl kaum jemand auf die Idee. Und er weiß das. »Es gab einen Moment, da dachte ich: Wo ich bin in der Armee, kann ich wirklich was verändern«, sagt er. »Wäre ein Ziviler gekommen, hätte ihm keiner zugehört.« Manchmal kommt es eben nicht nur darauf an, was gefordert wird, sondern auch, von wem.

HAT VOLKSWAGEN SEINEN WALD ZERSTÖRT?

Der Landwirt Ulf Allhoff-Cramer verkauft Bio-Getreide
und Fleisch aus natürlicher Mutterkuhhaltung in Detmold.
Jetzt zieht er gegen Europas größten
Autokonzern vor Gericht

VON TASNIM RÖDDER

E in Landwirt verklagt Volkswagen. Unter dieser Überschrift
könnte vieles zu erzählen sein. Eine Geschichte von David
gegen Goliath. Oder von Robin Hood. Doch es ist viel einfacher:
Der Landwirt Ulf Allhoff-Cramer geht gegen den Konzern vor,
weil er keine andere Option sieht. Der Klimawandel bedroht seine Existenz. Und die Frage ist: Kann er mit seiner Klimaklage
etwas erreichen?

Am Morgen des 20. Mai 2022, dem Tag der ersten Anhörung
im Fall Allhoff-Cramer gegen Volkswagen, stehen Freunde und
Familie des Landwirts vor dem Landgericht Detmold. Sie halten
Klimaschutz-Banner und Plakate in die Kameras. Mehr als ein
halbes Jahr haben Ulf Allhoff-Cramer – 62, rote Cordhose, wir-
res Haar – und seine Anwältin auf diesen Tag hingearbeitet, unterstützt von der Umweltorganisation Greenpeace. Sie erheben
die erste Klimaklage gegen ein Unternehmen vor einem deutschen Gericht. Die Forderung: VW soll bis spätestens 2030 weltweit keine Verbrenner mehr vermarkten und seine Treibhausgasemissionen um 65 Prozent gegenüber 2018 senken.

Der Konzern selbst verspricht, bis 2050 unter dem Strich klimaneutral zu sein. Das ist vielen Aktivisten zu spät. Und so reihen sich Allhoff-Cramer, seine Anwältin Roda Verheyen und
Greenpeace mit ihrer Klage in eine globale Entwicklung ein. Seit
2010 steigen die Anzahl und die Bedeutung von Klimagesetzen:
Allein in den USA laufen heute laut Forschern der Columbia

Universität 1426 Klimaklagen. Im Rest der Welt sind es noch einmal 570, wovon sich 104 gegen Unternehmen richten. Auch in Deutschland ist die Bewegung angekommen. Vergangenen Herbst zog neben Allhoff-Cramer ein weiteres Dutzend Menschen auf Initiative von Greenpeace und der Deutschen Umwelthilfe vor Gericht. Von BMW und Daimler sowie dem Öl- und Erdgasproduzenten Wintershall Dea verlangen sie dasselbe wie von VW: mehr Klimaschutz.

Eine entscheidende Grundlage für ihre Klagen ist ein Beschluss des Bundesverfassungsgerichts vor einem Jahr: Neun junge Menschen hatten geklagt, weil sie ihre Freiheit durch die schwache deutsche Gesetzgebung eingeschränkt sahen. Die Argumentation: Wenn heute nichts geschieht, müssen die Gesetze morgen umso schärfer werden und engen die Entscheidungsfreiheit noch mehr ein. Auch bei diesem Fall vertrat Roda Verheyen die Kläger. Im April 2021 stufte das Bundesverfassungsgericht das Klimaschutzrecht teilweise als verfassungswidrig ein, weil die Gesetze zu lasch seien. Als der Bundestag zwei Monate später das Gesetz verschärfte, feierten die Kläger einen historischen Sieg.

Ein Jahr später steht Verheyen vor dem Landgericht Detmold. Allhoff-Cramer sitzt neben ihr und trinkt selbst abgefüllte Apfelschorle aus einer großen Glasflasche; manchmal lächelt er ins Publikum. Nach der Stellungnahme des Richters gibt Verheyen ein Statement ab, erklärt, dass die Klimakrise nicht bevorstehe, sondern schon da sei. Der Saal klatscht, auch wenn noch nichts gewonnen ist.

Christina Voigt, deutsche Professorin für internationales Umweltrecht in Oslo, hält solche Klagen für wichtig.

»Das grobe Klimaziel ist im Pariser Vertrag vorgegeben, die wissenschaftlichen Grundlagen sind klar, aber die Umsetzung lässt auf sich warten.« In dieser Situation hätten Gerichte die wichtige Rolle, »klimaschädigendes Verhalten, das rechtliche Normen verletzt, zu befinden und rechtliche Folgen festzulegen«. Wenn man Allhoff-Cramer nach Klimaklagen fragt, reißt er die

Augen auf: Sie seien »absolut notwendig«. Am Abend nach der Anhörung sitzt er »etwas ausgelaugt« auf dem Gelände seines Hofes im 15-Quadratmeter-Bauwagen, der zwischen Haupthaus und Kuhstall steht.

Er schläft darin, manchmal spielt er hier Trompete. Mittlerweile wohnt seine Tochter mit Mann und drei Kindern im Haus, dem Opa genügt der Wagen. Vor vier Jahren hat er von drei Biobauern gelesen, die die Bundesregierung wegen unterlassener Verpflichtungen im Kampf gegen den Klimawandel verklagten. Auch sie wurden von Roda Verheyen vertreten. Er schrieb Verheyen eine Mail, bot seine Unterstützung an, damals zu spät. 2021 rief sie bei ihm an, fragte, ob er allein gegen VW klagen wolle. Er überlegte einige Zeit und stimmte dann zu. Es folgten wöchentliche Telefonate und ein Treffen in Verheyens Hamburger Kanzlei.

An der Wand des Bauwagens hängen Klimafestival-Bändchen und alte Konzertplakate. Allhoff-Cramers Engagement begann mit der Explosion im Atomkraftwerk in Tschernobyl. »Wir konnten unsere Hoferträge nicht mehr verkaufen. Das war ein krasser Einschnitt«, sagt er. Seither organisierte er Demos gegen Atomkraftwerke, protestierte gegen Castor-Transporte, hielt Reden im Hambacher Forst. Aber eigentlich, sagt er, sei ihm immer klar gewesen, dass die wirklich größte Menschheitsgefahr die Klimakrise sei.

In seinem Kampf braucht Allhoff-Cramer keine Feindbilder. »Die von Volkswagen machen nur ihren Job«, sagt er. Der Landwirt liebt »die Nähe zur Natur. Zum Boden. Zu den Pflanzen. Zu den Tieren.« Der Klimawandel kann ihm das alles nehmen. Deshalb möchte er nicht tatenlos zuschauen. Die Klimaklage scheint ihm die strategisch richtige Methode zu sein. Ziviler Ungehorsam stillt seinen Drang nach Veränderung nicht, und eine Klage kann viel bewegen. Immerhin ist VW der zweitgrößte Automobilkonzern der Welt. Wenn Allhoff-Cramer gewinnt, geraten auch andere Automobilunternehmen unter Druck.

Leicht wird das nicht: In Deutschland dürfen Menschen nicht für andere Menschen oder die Allgemeinheit vor Gericht ziehen. Um die Klage zu gewinnen, muss Allhoff-Cramer beweisen, dass er persönlich betroffen ist. Seine Anwältin muss das Gericht unter anderem davon überzeugen, dass der Klimawandel, befeuert vom CO_2-Emittenten VW, seinen Wald zerstört.

Ein großer Teil seines Waldes ist in den vergangenen Jahren bereits abgestorben. Die »Sparkasse der Bauern«, wie Allhoff-Cramer Wälder gerne nennt, sichern Landwirte oft finanziell ab. Aber die Dürreperioden der vergangenen drei Jahre führten dazu, dass die Nadelbäume in seinem Wald kein Harz mehr bilden konnten, um sich vor den Borkenkäfern zu schützen. »Nun ist der Wald einfach als völlig wertloses, vertrocknetes Holz geerntet und zum großen Teil nach China verschifft worden«, sagt er. Allhoff-Cramer machte »eine traumatische Erfahrung«. Früher habe er sich darauf verlassen können, dass es etwa alle zwei Wochen regnet. »Jetzt gibt es keine Sicherheit mehr.«

Immer wieder hat Volkswagen-Chef Herbert Diess zuletzt erklärt, dass sein Unternehmen rund ein Prozent der weltweiten CO_2-Emissionen verursache. Dieses eine Prozent bezieht den CO_2-Ausstoß entlang der gesamten VW-Wertschöpfungskette mit ein. Doch die Schuldvermutung reicht viel weiter zurück.

Greenpeace konnte anhand von internen Konzerndokumenten belegen, dass der VW-Vorstand spätestens seit 1983 von den drohenden Folgen der Erderhitzung und dem Anteil wusste, den Verbrennerautos dabei spielen. Eine aktuelle Recherche des SWR belegt darüber hinaus, dass der Vorstand 1984 konkret eine öffentliche Debatte über »Tempolimits und CO_2-Ausstoß« verhindern wollte. VW möchte sich aufgrund des laufenden Prozesses nicht konkret zu den Vorwürfen äußern, versichert aber, sich seit Jahrzehnten mit Fragen der Kraftstoffverbräuche zu beschäftigen und angesichts der Erderwärmung konsequent auf E-Mobilität zu setzen.

2018 bekannte sich VW zu den Zielen des Pariser Klimabkommens und beschloss ein Dekarbonisierungsprogramm. Bis 2030 will man die direkten Emissionen von VW und seinen Tochterfirmen halbieren. »Wir treiben die Transformation mit Hochdruck voran, aber die Realität ist deutlich komplexer, als Greenpeace vermittelt«, sagt der Volkswagen-Nachhaltigkeitschef Ralf Pfitzner.

Soll heißen: Die Verantwortung liegt auf vielen Schultern. Auch der Detmolder Richter fordert in der ersten Anhörung ein weiteres Gutachten, das belegen soll, dass VWs Treibhausgasemissionen Allhoff-Cramers Wald zerstören. Außerdem betont er die Komplexität des Falls: Das sei alles rechtliches Neuland. »Die Anwendung des Zivilrechts auf klimarelevantes Fehlverhalten ist in der Tat neu«, sagt die Umweltrechtlerin Christina Voigt. Aber das dürfe das Gericht nicht daran hindern, das Recht auf einen neuen Klimasachverhalt anzuwenden, auch wenn er komplex und fordernd sei: »Das liegt leider in der Natur der Sache des Klimawandels.«

Auch Ulf Allhoff-Cramer ist gehört worden, das ist für ihn schon mal ein Etappensieg. Er denkt, dass sie beim Richter Verständnis erzeugen konnten für die Klimakrise. Auch die öffentliche Aufmerksamkeit stimmt ihn zuversichtlich. In vier Wochen sollen die Kläger eine weitere Stellungnahme abgeben, danach VW, im September folgt eine weitere Anhörung. Allhoff-Cramers Kampf hat gerade erst begonnen.

WIR SIND BESSER, ALS WIR GLAUBEN!

Eine neue Studie zeigt: Die Deutschen wollen sich
fürs Klima engagieren, unterschätzen dabei
aber ihre Mitmenschen

VON UWE JEAN HEUSER

Angenommen, Sie bekommen 198 Euro geschenkt. Einen beliebigen Teil davon können Sie fürs Klima spenden – oder auch das ganze Geld für sich behalten. Wie reagieren Sie? Die Hälfte abgeben? Alles? Nichts? Was hier theoretisch daherkommt, haben Bonner Forscher um den Ökonomen Armin Falk tatsächlich gemacht – sie stellten im Rahmen einer neuen, mit der *ZEIT* abgestimmten Studie 2002 Personen echtes Geld in Aussicht. Wie, glauben Sie, haben die Probanden sich entschieden? Wie viel haben sie wohl für sich reklamiert und wie viel fürs Klima?

Schon befinden wir uns auf der Reise in die deutsche Umweltseele. Sollten Sie selbst so beschaffen sein wie der Durchschnittsdeutsche, dann werden Sie Ihre Mitmenschen jetzt unterschätzen und sie für raffgieriger halten, als sie tatsächlich sind. Und wenn das so ist, werden Sie selbst weniger zum Wohle des Klimas unternehmen, als Sie es täten, wenn Sie ein realistisches Bild von den anderen hätten – die ja Bürger sind wie Sie. Schließlich ist niemand eine Insel, und besonders der Klimaschutz ist ein soziales Ereignis: Entweder die Menschen ziehen sich gegenseitig mit und schaffen gemeinsam die Wende, oder sie gehen alle zusammen in gegenseitigem Misstrauen unter.

Bloß stehen gerade alle Zeichen auf Angst, und Angst gebiert Argwohn. Als gäbe es nicht schon eine immense Inflation, explodieren obendrein die Gas- und Strompreise. Eine Regierung, die sich vereint dagegenstemmt und die Lasten fair verteilt, scheint

217

angesichts der Kämpfe in Berlin als eine ferne Hoffnung, auch wenn Entlastungspakete geschnürt werden. Robert Habeck muss jetzt nach seiner misslungenen Gasumlage erst einmal um Restvertrauen ringen. Da redet praktisch keiner mehr über die Klimawende.

Sollte man aber. Gerade bei dieser Existenzfrage zeigt sich: Die Deutschen sind zu mehr bereit, als es den Anschein hat.

Sind wir in der Bundesrepublik also besser, als wir glauben? Sicher nicht in jedem Fall – so sind die Deutschen im internationalen Vergleich zum Beispiel nicht halb so fleißig, wie sie meinen. Auch nicht so gut organisiert. Aber beim Klima trifft es doch zu. Das illustrieren schon die vielen Führungskräfte und Prominenten, die bei uns in der ZEIT aus sehr unterschiedlichen Gründen für eine schnelle Klimawende plädieren. Und repräsentativ unterstreicht es die exklusive Studie des Briq-Instituts für Verhalten und Ungleichheit in Bonn.

Nicht dass die Deutschen plötzlich alle grüne Engel wären. Gut zehn Prozent der Befragten nehmen sogar den vollen Betrag der 198 Euro dankend mit und lassen das Klima Klima sein. Doch mehr als 15 Prozent spenden demgegenüber alles Geld für eine saubere Atmosphäre. Es ist die Summe, die pro Jahr mindestens nötig ist, um den durchschnittlichen CO_2-Ausstoß eines oder einer Deutschen auszugleichen.

Dazwischen gibt es alle Arten von Aufteilung: Menschen, die ohnehin zur Selbstlosigkeit neigen, geben mehr als jene, die vom Altruismus nicht viel halten. Frauen geben mehr als Männer, Eltern mehr als Kinderlose.

Grünen-Wähler geben mit über 120 Euro im Schnitt besonders viel, AfD-Anhänger besonders wenig. In der Mitte liegen die Anhänger von SPD, Union und Linken vor denen der FDP. Reichere geben etwas mehr als Ärmere, wobei der Unterschied erstaunlich gering ausfällt. Eine deutlich größere Rolle als das Einkommen spielt die Haltung zur Erderwärmung: Klimaskeptiker geben folgerichtig entweder gar nichts oder relativ wenig ab.

Unter dem Strich, wenn man nur den allgemeinen Durchschnitt nimmt, verzichten die Deutschen auf die Hälfte des Geldes zum Wohle des Planeten.

Das ist nicht schlecht. Aber es könnte mehr sein – würden die Menschen ihr soziales Umfeld und die Gesellschaft, in der sie leben, bloß besser kennen und positiver einschätzen. Und spätestens hier wird es wichtig für das ganze Land. Über 70 Prozent der Probanden geben an, dass sie aktiv versuchen, etwas fürs Klima zu tun.

Doch dieselben Menschen schätzen den Anteil der aktiven Umweltschützer in der Bevölkerung auf unter 60 Prozent – mit dem Ergebnis, dass über zwei Drittel ihre Mitmenschen zu negativ und teilweise auch ganz falsch bewerten. Das hat eklatante Folgen, wie die Studie zeigt. Denn das Engagement jedes Einzelnen ist umso stärker, je höher er die Bereitschaft und die Klimamoral seiner Mitmenschen einschätzt.

Und leider auch umgekehrt.

Die Zurückhaltung lässt natürlich ebenso die Politik zögern – aus Furcht vor einem Teil der Bevölkerung, der wahrscheinlich deutlich kleiner ist als gedacht, der jedoch in den sozialen Medien und auf der Straße besonders dominant und laut auftritt. Folglich haben die Spitzenkandidaten im Bundestagswahlkampf 2021 Politik im Angstmodus präsentiert. Armin Laschet, Olaf Scholz oder Annalena Baerbock umschifften das Wort »Verbot« bis hin zur Situationskomik. Beim Klima schien es ihnen zu riskant, während sie in der Corona-Krise oder im Finanzwesen ständig Verbote fordern und verhängen. Auch im Jahr 2022 herrscht beim Klima nach wie vor das große Zaudern. Die neue Bundesregierung mochte nicht einmal Putins Angriffskrieg und die allgemeine Abkehr vom russischen Gas und Öl als Anlass für eine Klimawende in Höchstgeschwindigkeit nutzen. Freiheitsenergie hin oder her, erst einmal wurde vor allem neues Gas besorgt.

Wie sagt die Moderatorin und Unternehmerin Barbara Schöneberger so schön in der *ZEIT*-Umfrage: »Ich würde mir sehr gerne von Robert Habeck was verbieten lassen.« Damit dürfte sie keineswegs so allein dastehen, wie viele glauben. Doch ist es dieser verhängnisvolle Glaube, der sich immer wieder aus sich selbst speist und das ganze Land lähmt.

Die Angst vor unbezahlbaren Rechnungen und kalten Wohnungen treibt gerade die Erderwärmung aus dem allgemeinen Blickfeld. Aber auch sonst flankieren Zweifel jeden Versuch zur Klimawende – und echte Gegner: Gut jeder Fünfte in der Bundesrepublik ist ein ökologischer »Querdenker«, der meint, dass es entweder gar keinen Klimawandel gibt oder dass dieser weitgehend unabhängig vom Verhalten der Menschheit stattfindet. Kein Wunder, wenn man sich das verzerrte Verhältnis der Deutschen zu ihren Klimaforschern ansieht: Fast 40 Prozent nämlich glauben, dass in der Wissenschaft immer noch ganz unterschiedliche Meinungen über den Ursprung der Erderwärmung kursieren, obwohl doch in Wirklichkeit die allermeisten Veröffentlichungen die menschengemachte Erderwärmung bestätigen. Sogar über 40 Prozent beträgt der Anteil derjenigen Bürger, die der Forschung kein oder jedenfalls kein übermäßiges Vertrauen entgegenbringen. Schuld daran sind nicht nur unglücklich oder arrogant kommunizierende Akademiker, sondern auch Medien, die jeden heißen Tag und jeden niedrigen Wasserstand als endgültigen Beweis für die Klimakrise deuten. Und Leidtragende sind auch wieder – alle.

Lasse Stötzer hat die vorliegende Studie mitgestaltet. Den Forscher hat es überrascht, wie negativ das Selbstbild der Deutschen bei Klimafragen ist. »Das hat gigantische Folgen«, sagt er, denn viele Menschen seien allenfalls »bedingt kooperationsbereit«, tun also etwas für die Gemeinschaft, wenn sie davon ausgehen können, dass auch die anderen mitziehen. Doch sei das nicht der Fall, höre auch ihr eigenes Engagement irgendwann auf. Das alles ist schlimm genug. Regelrecht »erschreckend« erschienen dem Ökonomen der mangelnde Glaube an Forschung und Wissenschaft und auch die erheblichen Zweifel daran, dass der

Mensch selbst es ist, der die Erde aufheizt. »Das ist ein schockierender Befund, der die Leugner motiviert weiterzumachen.«

Weitere Ergebnisse zeigen die Defizite der Deutschen beim Einsatz für die Umwelt. So ziehen sie Subventionen für Klimaschutz jedweden Steuern auf klimaschädliches Verhalten vor und offenbaren ihre opportunistische Seite nach dem Motto: lieber Schulden für die Zukunft als neue Belastungen jetzt.

Generell aber geben die Deutschen der Politik genügend Gründe, endlich mutiger zur Klimarettung zu schreiten. Zwei Drittel der Bevölkerung meinen, dass die Bundesregierung bisher zu wenig unternimmt. Die meisten sind trotz Krieg und steigender Energiepreise beispielsweise für eine höhere CO_2-Steuer – und für den massiven Ausbau erneuerbarer Energie sowieso. Dass die Klimawende sich sozial gerecht gestalten ließe, glauben ebenfalls über 50 Prozent. Dazu passt, dass ein Klima-Soli den meisten Leuten gefallen würde.

Die Frage bleibt: Worauf wartet die Politik noch? Auf die Mehrheit jedenfalls nicht, die ist längst da, sogar unter den eher zurückhaltenden FDP-Anhängern. Die Menschen sind zum großen Teil bereit, auf so manches zu verzichten, vorausgesetzt, die anderen tun es auch – oder es wird staatlich angeordnet. Barbara Schöneberger, immer mitten im Volk, steht zu dieser bedingten Moral und fordert strenge Verbote: »Denn jeder kann fast alles anders machen, wenn die anderen es auch tun müssen.«

Das ist vielleicht nicht ganz so edel wie die reine Vernunft oder der pure Altruismus, aber ungeheuer menschlich. Und es gibt der Regierung einen Grund mehr zur Entschlossenheit. Höchste Zeit, dass die Deutschen einander mehr vertrauen – und die Politik mit der Klimarettung anfängt.

Die Studie ist zusammengefasst im »briq policy monitor« Nr. 3 bis 6.

GRENZEN DES JOURNALISMUS

Die Medien-Firma Flip hat falsche
Recycling-Versprechen bei Turnschuhen aufgedeckt.
Jetzt will sie selbst nachhaltigere Sneaker produzieren.
Gibt es dabei einen Interessenkonflikt?

VON ANNE KUNZE

J e nachdem, welchem Beruf sie nachgehen, reagieren Menschen unterschiedlich auf Probleme. Da gibt es diejenigen, die Probleme beschreiben. Wissenschaftlerinnen zum Beispiel oder Journalisten. Dann gibt es die, die Probleme lösen. Politikerinnen zum Beispiel oder Unternehmer. Selten kommt es vor, dass einer die Seiten wechselt und vom Problembeschreiber zum Problemlöser wird. Bei Christian Salewski und Felix Rohrbeck aber ist genau das geschehen: Sie sind jetzt nicht nur Journalisten, sondern auch Unternehmer – wegen Turnschuhen.

Rohrbeck hat im Jahr 2019 bei der *ZEIT* gekündigt, Salewski ist als freier Journalist beim NDR kürzergetreten, um ein eigenes Unternehmen zu gründen: Flip. Ich muss gestehen, dass ich das damals nicht nachvollziehen konnte. Beide Kollegen kenne ich seit Langem. Alle drei sind wir investigative Journalisten, das heißt, dass wir gegen Widerstände recherchieren, versuchen, Skandale zu enthüllen, Bruchstücke der Wirklichkeit freizulegen, manchmal gemeinsam. Warum hat Rohrbeck die *ZEIT* verlassen, wo man gute Bedingungen zur Recherche bekommt, genug Zeit, auch Freiheit? Heute gibt er auf diese Frage eine scherzhafte Antwort. Er grinst und sagt: »Tja, vielleicht mache ich jetzt einfach Schuhe.«

Neben ihm steht sein Co-Gründer Christian Salewski in einem mit Bildschirmen, Klebezetteln und arbeitenden Menschen vollgestopften Raum im Hamburger Stadtteil St. Pauli: dem Flip-Büro. Salewski behauptet, hier werde »Verbraucherjournalismus radikal neu gedacht«. Das Wort Verbraucherjournalismus

223

verströmt etwas von der biederen Seriosität der Stiftung Warentest, aber davon ist man hier doch recht weit entfernt.

Verbraucherjournalismus bedeutet, über Produkte aufzuklären, damit Menschen beim Einkaufen informierte Entscheidungen treffen können. Salewski und Rohrbeck recherchieren Themen aus dem Bereich der Nachhaltigkeit. Im vergangenen Jahr wollten sie wissen, ob die Recyclingversprechen der Modeindustrie halten, was sie versprechen. Dafür haben sie sich eine besonders umsatzstarke Branche vorgenommen: Sneaker.

Hießen sie früher schlicht Turnschuhe, sind Sneaker heute zum millionenfach verehrten Produkt geworden. Allein in Deutschland wurden im vergangenen Jahr 36,4 Millionen Paar Sneaker verkauft. Jahr für Jahr werden mehr Turnschuhe produziert – und irgendwann entsorgt. Das ist auch deswegen ein Problem, weil Sneaker aus über 40 Komponenten bestehen, die mit Klebstoff zusammengehalten werden und nach Ansicht von Experten einem ökologischen Desaster gleichen.

Um zu verstehen, wo die Sneaker landen, haben Rohrbeck und Salewski die getragenen Turnschuhe von elf Prominenten mit GPS-Trackern bestückt und sie um die halbe Welt verfolgt – gemeinsam mit dem *NDR* und der *ZEIT*, gemeinsam mit mir. Wir haben nicht nur gesehen, wie der Konzern Nike neue Schuhe schreddert und das als Recycling verkauft , sondern auch, dass ein Großteil der alten Schuhe auf gigantischen Müllbergen in Afrika landet. Wir haben darüber in Artikeln, Podcasts und Filmbeiträgen berichtet, in der *ZEIT*, im Flip-Newsletter und im NDR. Insgesamt haben wir zehn Millionen Menschen erreicht. Genügt das nicht?

»Die Bilder aus Afrika, wo Menschen, auch Kinder, auf allen vieren durch den Müll kriechen, im Müll schlafen, beten und essen, haben uns nicht mehr losgelassen«, sagt Rohrbeck. »Wir mussten immer an die Marabus denken, riesige Vögel, die da im Müll herumstochern«, sagt Salewski. »Und dann wollten wir eine Lösung entwickeln, um darüber zu berichten. Weil man am meisten lernt, wenn man etwas selbst ausprobiert.«

Das ist das Gegenteil dessen, was investigative Journalisten sonst tun. Wir suchen nicht nach Lösungen. Wir sehen nur Probleme.

Aber Salewski und Rohrbeck haben sich entschlossen, gemeinsam mit den Mitgründern ihres Unternehmens, den Brüdern Christian und Dominik Sothmann, einen Turnschuh herzustellen. In der Sprache der Start-up-Welt, die meine Kollegen jetzt sprechen, heißt dieses Unterfangen challenge. Die Herausforderung, der sie sich gestellt haben, lautet: Kann man einen Schuh entwickeln, der hilft, Sneakermüll in Afrika wiederzuverwerten?

Die Produktion dieses Schuhs wollen sie über ein Crowdfunding finanzieren. Danach soll der Schuh serienmäßig produziert und verkauft werden.

Als ich davon erfuhr, beschlich mich ein ungutes Gefühl: Hat der Gedanke, einen Schuh zu entwickeln und dann zu verkaufen, unsere Recherche schon begleitet wie ein Schatten – ohne dass ich als Co-Autorin davon wusste? Darf man als Journalist aus einer Recherche ein Produkt entwickeln und verkaufen – und so davon profitieren?

Salewski und Rohrbeck sagen, die Entscheidung sei erst gefallen, nachdem die Sneakerjagd beendet war. Grundsätzlich ist der Gedanke ans Produzieren bei Flip angelegt. Allerdings wird laut den Flip-Machern nur dann über die Entwicklung eines Produkts nachgedacht, wenn die Recherche über ein Problem aufgeklärt hat, für das der Markt keine Lösungen anbietet.

Für die Entwicklung des neuen Turnschuhs hat sich Flip mit dem Unternehmen Monaco Ducks zusammengetan, das Sneaker aus deutschem Loden herstellt. Produktion und Verkauf des Schuhs sollen über eine Firma geschehen, die Flip und Monaco Ducks gemeinsam gegründet haben. Flip ist zu 50 Prozent an der Firma beteiligt. Das Geld, das die Firma vielleicht einmal mit

Turnschuhen verdient, soll zum Beispiel dafür genutzt werden, mehr Wertschöpfung nach Afrika zu verlegen.

Rohrbeck und Salewski glauben, mit der Entwicklung von Produkten auch ein Geschäftsmodell für modernen, digitalen Journalismus erfunden zu haben. Falls die neue Firma einmal Gewinne überweist, sollen davon auch Recherchen finanziert werden. Aber können Rohrbeck und Salewski dann überhaupt noch unabhängigen Journalismus machen – zum Beispiel eine Recherche über einen Schuhhersteller? Rohrbeck sagt: »An unserer Berichterstattung wird sich nichts ändern. Unsere Redaktion bleibt unabhängig, genau wie es bei großen Medienhäusern der Fall ist. Die Realisierung des Sneakers wird ab jetzt eine eigene, klar abgetrennte Firma übernehmen.«

Für die Produktentwicklung verantwortlich war Flip-Mitgründer Dominik Sothmann, ein Innovationsmanager. Salewski hat ihn dabei journalistisch begleitet. Sie zeigen mir Unterlagen aus dem monatelangen Prozess, oft war auch eine Kamera dabei. »Wenn wir an irgendeiner Stelle den Eindruck gewonnen hätten, dass der Schuh mehr schadet als nutzt, hätten wir das Projekt beendet«, sagt Sothmann.

Begonnen hat die Entwicklung mit einer ernüchternden Erkenntnis: Für das Recycling vorgesehene Sneaker können nicht von afrikanischen Müllkippen aufgeklaubt werden – was dort liegt, ist bereits verseucht.

Trotzdem soll der Schuh »Marabu« heißen, den Vögeln zur Mahnung, die auf den gigantischen afrikanischen Müllbergen herumstaksen.

Der neue Schuh soll Sneakermüll wegschaffen – aber woher sollen die alten Schuhe kommen, wenn nicht von der Müllhalde? Um diese Frage zu beantworten, fuhren Salewski und Sothmann auf den Gikomba Market in Nairobi. Salewski sagt: »Die Schuhe werden dort immer billiger weiterverkauft. Aber einige können nicht mal mehr verramscht werden. Die gehen an Müllsammler, die den oberen Teil abtrennen und verbrennen. Aus den

Metallresten in den Schuhen machen sie noch etwas Geld.« Und was passiert mit den Sohlen? »Die Sohlen werden noch für einen Minibetrag verkauft, die Leute kochen damit, wurde uns berichtet. Sohlen seien billiger als Feuerholz«, erzählt Salewski.

In einem Slum am Nairobi River haben Sothmann und Salewski ein Projekt entdeckt, in dem ehemalige Kriminelle den Fluss säubern, der vor lauter Textilmüll zu einer schwarzen, stinkenden Masse geronnen ist. Die Ex-Kriminellen haben am Ufer Bäume gepflanzt, Rasen gesät, einen kleinen Park angelegt. Als Sothmann und Salewski ihnen von ihrer Idee erzählten, wollten sie sofort mitmachen. »Eine funktionierende Sneakermüll-Sammelorganisation im härtesten Slum von Nairobi aufzubauen wäre aber sportlich«, sagt Salewski. Bis es so weit ist, liefert das Recyclingmaterial Africa Collect Textiles, ein Sozialunternehmen, das eine Altkleidersammlung in Afrika aufbauen möchte.

Danach müssen die Sohlen geschreddert werden. In Nairobi haben Salewski und Sothmann die 30-jährige Unternehmerin Nzambi Matee kennengelernt. Sie macht aus Plastikmüll unter anderem Ziegelsteine für die Bauwirtschaft. »Sie ist zuversichtlich und sagt: Wir kriegen eure Sohlen schon geschreddert«, berichtet Salewski. Erste Testläufe werden im Moment gefahren. Die Sohlen für den Prototyp hat ein portugiesischer Schuhhersteller angefertigt.

Der Anteil des geschredderten Mülls in der Sohle beträgt aber nur 25 Prozent – das sei das absolute Maximum, sagt die Nachhaltigkeitsmanagerin von Monaco Ducks, Vanessa Zillich. Andere Recyclingschuhe enthalten gerade mal halb so viel geschreddertes Material. Der Rest der Sohle besteht zu 90 Prozent aus nachwachsenden Rohstoffen, der Oberschuh hauptsächlich aus recyceltem Polyester.

Aus umweltfeindlichem Polyester, wirklich? »Polyester ist zwar nicht biologisch abbaubar, aber das Material kann wiederaufbereitet werden. Einen biologischen Kreislauf bekommen wir mit dem Sneakermüll in der Sohle nicht hin«, sagt Sothmann. Und

Vanessa Zillich sagt:»Zur Wahrheit gehört: Das Nonplusultra, eine Lösung, die die Welt retten wird, gibt es bei den Materialien einfach nicht.« Das Nähgarn und die Polsterung wurden für den Sneaker sogar neu hergestellt. Ist es wirklich nachhaltig, einen Schuh zu entwickeln, bei dem nur ein Viertel der Sohle aus Müll besteht? Diese Frage würden die investigativen Journalisten Salewski und Rohrbeck sicher an ein Produkt stellen. Sie haben es auch als Schuhentwickler getan und das Heidelberger Institut für Energie- und Umweltforschung gebeten, den CO_2-Fußabdruck ihres Schuhs zu analysieren. Ich bin dabei, als sich der Analyst per Videoanruf meldet und verkündet:»Wir können schon jetzt sagen, dass der Marabu gegenüber einem herkömmlichen Sneaker vorteilhaft ist. Wie vorteilhaft er ist, müssen wir im nächsten Schritt herausfinden.« Salewski ist erleichtert, er sagt:»Jetzt ist klar: Der Marabu kann tatsächlich produziert werden.«

Die Entwicklung des Marabus zeigt, dass das mit dem Problemlösen nicht so einfach ist. Auch der umweltfreundlichste Schuh muss hergestellt werden. Führt der Versuch, ein Problem zu lösen, nur zu neuen Problemen? Wäre nicht die nachhaltigste Lösung, gar keinen neuen Schuh zu kaufen?»Natürlich«, sagt Salewski.»Aber wenn man einen Schuh kauft, dann besser einen nachhaltigen.« Der Marabu soll auch zur Aufklärung beitragen. Auf die Lasche ist ein QR-Code gedruckt. Wer ihn scannt, gelangt auf eine Website, auf der das Projekt erklärt wird – samt Videos von afrikanischen Müllkippen.

WENIGER WAGEN WAGEN

Ständig versucht die Politik, Bürger zum Verzicht
zu erziehen – zum Beispiel über hohe Parkgebühren.
Statt auszusprechen und zu regeln, was man
eigentlich will: weniger Autos

VON ANITA BLASBERG

Weniger Autos in den Innenstädten – auf diese Idee können
sich viele einigen. Die Stadt Potsdam verdoppelte deshalb
gerade mancherorts ihre Parkgebühren, mitten in Hamburg kostet die angefangene Stunde jetzt 3,50 Euro, Augsburg erhöhte
drastisch und strich das kostenlose Kurzzeitparken, in Heidelberg kostet das Anwohnerparken seit diesem Jahr mehr als dreimal so viel, in Freiburg im Schnitt zwölfmal so viel wie bislang:
statt 30 Euro im Jahr bis zu 480 Euro. Und in München zahlen
Handwerker für ihre Parkausweise statt 265 Euro satte 720 Euro.
Das Ziel ist immer dasselbe: wertvollen Innenstadtplatz schaffen
und sauberere Luft, dazu weniger CO_2-Emissionen – wer sollte
etwas dagegen haben?

In Berlin-Mitte, rund um das Virchow-Klinikum, wurde erst
im August eine neue Parkzone eingerichtet: Zwei Euro kostet in
den Straßen rund um das Krankenhaus nun die angefangene
Stunde. Allerdings auch für die rund 1500 Pflegekräfte, die hier
zahlreich parken und bei einem Arbeitstag von acht Stunden auf
bis zu 360 Euro Gebühren im Monat kommen.

Etliche Pfleger und Schwestern haben laut dem Klinikpersonalrat Alexander Eichholtz bereits davon gesprochen, zu kündigen. Eichholtz sagt: Wenn man bis 23 Uhr Schicht hat und
außerhalb wohnt, ist der ÖPNV keine Lösung. Man nehme als
Beispiel eine Kollegin aus dem 50 Kilometer entfernten Zossen:
Um pünktlich zur Frühschicht da zu sein, müsste sie mit dem Zug
nachts um 4.17 Uhr losfahren. Ginge ihr Dienst bis Mitternacht,
käme die Frau erst um 4.44 Uhr nach Hause. Kann das gewollt

sein?, fragt Eichholtz – nach zwei Jahren zehrender Pandemie und ohnehin angespannter Personallage?

Anders gefragt: Kann sich das üble Klischee, dass Ökologie unsozial sei, unangenehmer bewahrheiten? Ach, und wo sollen all die dringend benötigten Fachkräfte wie Dachdecker und Heizungsmonteure, ambulante Altenpfleger oder Essenslieferanten parken? Aus dem hehren Ziel, die Zahl der Autos in den Innenstädten, im Land generell zu reduzieren, scheint etwas ganz anderes, ziemlich Einseitiges zu werden: Reduziert werden gebrauchte Polos und Corsas, ein paar Ford Fiestas und Fiats. Mehr Platz bleibt für extrabreite SUVs, die blanken neuen E-Karossen all jener, die sie sich leisten können (denn Parken für E-Autos bleibt oft kostenfrei).

Gut, könnten Sie einwenden: Das Ganze ließe sich ja flankieren – wie etwa in Spanien – mit kostenlosem öffentlichem Nahverkehr, vielleicht auch mit einem in Rekordtempo ausgebauten Regionalzugnetz. Man könnte dringend benötigte Arbeitskräfte wie die des Virchow-Klinikums von den Gebühren befreien, Menschen mit einem Einkommen unterhalb einer gewissen Schwelle. Allein: Über nichts davon wird nachgedacht. Wenn Sie ein Grüner oder ein sonst wie ökologisch denkender Mensch sind, kann Ihr Puls sich jetzt trotzdem wieder beruhigen. Das hier wird kein Plädoyer für das Auto; es wird ein Plädoyer für mehr Politik.

Jedes Jahr erhöht sich der Bestand in Deutschland um mehr als eine halbe Million Fahrzeuge. 2022 sind so viele auf den Straßen wie nie zuvor – natürlich müsste ihre Zahl dringend reduziert werden. Nur: Ist eine Politik, die auf die Lenkungswirkung eines erhöhten Parkpreises setzt, dafür überhaupt geeignet? Die Wissenschaftlichen Dienste des Bundestags bezweifeln das: Die Zahl der lang parkenden Pendler werde sinken, so prognostizierten deren Experten im April, dafür aber dürften die frei werdenden Parkräume verstärkt durch Mittel- und Kurzzeitparker genutzt werden. Ein Nullsummenspiel. Die Politik über den Preis ist also nicht nur diskriminierend – für Wohlhabende ein lästiges Übel, für alle anderen ein Einschnitt in ihre Freiheit. Sie verfehlt auch noch ihr eigentliches Ziel.

Womit wir bei einer grundsätzlichen Frage wären: Warum eigentlich haben Politiker und Politikerinnen begonnen, ihre Arbeit an Marktmechanismen zu delegieren? Seit wann scheuen sie es, Gesetze zu schreiben und auf direktem Weg ihr Ziel zu erreichen – ja, und notfalls durch Verbote? Um die Klimaschutzziele von Paris einzuhalten, gilt vielen die CO_2-Bepreisung, die 2021 in Deutschland eingeführt wurde, als zentrales politisches Instrument.

Doch laut einer aktuellen Studie der ETH Zürich ist die Lenkungswirkung über einen CO_2-Preis geringer als erhofft: Auch wenn der Preis in einigen der untersuchten Staaten zu sinkenden Emissionen geführt habe, so die Autoren, sei ein umfassender technologischer Wandel bisher ausgeblieben – selbst in Schweden, wo es die steigende Abgabe seit 1991 gibt. Um Wandel anzustoßen, brauche es vielmehr eine entschiedene Förderung klimafreundlicher Technologien, ein grundlegend anderes Strommarktdesign oder den deutlichen Ausbau des Ladenetzes für Elektroautos. Politische Maßnahmen, die kein Preis anstößt, sondern allein der Staat ergreifen könnte.

Doch warum tut der sich mit entschlossenem Handeln so schwer? Es wäre kein Hexenwerk, die Zahl der Autos in Deutschland zu verringern. Der Staat könnte ihre Menge, ja auch ihren CO_2-Ausstoß klassisch steuern: über höhere und stärker emissionsbasierte Steuern – am besten mit einer einkommensabhängigen Stufung. Vor allem aber, indem er schlicht Subventionen streicht, sagt Claudia Kemfert vom Deutschen Institut für Wirtschaftsforschung (DIW).

Dafür allerdings müsste die Regierung klar sagen, was sie will – und was sie nicht mehr will. Wer einen Benzin-Geländewagen der Mercedes-G-Klasse als Dienstfahrzeug anmeldet, erhält pro Monat einen Steuererlass von 1116 Euro. Wäre das nicht eine indirekte Subvention, deren Abbau nicht nur ökologisch geboten, sondern auch sozial verträglich wäre? Kemfert sagt: Schlüge der wahre Preis des Automobils sich in seinen Betriebskosten nieder, führte das automatisch zu einer Verhaltensänderung. Durch den Dienstwagenrabatt entgehen dem Staat jährlich mehr als drei Milliarden Euro, durch die Pendlerpauschale etwa fünf Milliarden Euro, durch das Dieselprivileg mehr als eine Milliarde Euro.

Könnte man damit nicht wunderbar die öffentlichen Verkehrsmittel ausbauen? Busse elektrisch umrüsten? Mobility-on-demand-Modelle erproben? Die Bahn wieder zuverlässiger machen? Eigentlich, sagt Kemfert, wäre es gar nicht so schwer. Hätte sich nicht die Idee verbreitet, dass Konsumentscheidungen der Bevölkerung politische Entscheidungen per Gesetz erübrigen können. Wenn ein Framing der letzten Jahre erfolgreich war, dann dieses: Die Konsumenten, also wir alle, sind verantwortlich für den Klimawandel, also müssen wir ihn durch unser Verhalten – Stichwort Verzicht – auch aufhalten.

Nachdem der Mineralölkonzern BP 2004 den »CO_2-Fußabdruck« erfunden hatte (samt einem Rechner, wie dieser zu ermitteln wäre), wurde dieser von Medien und Politik begeistert aufgegriffen. Die Erzählung »Du bist verantwortlich« entlastete die Regierungen vom Handlungsdruck und verlagerte ihn ins Private. Nur: Die Moralisierungsstrategie (schon Kita-Kinder erwerben heute Klimaschützer-Urkunden) verfing allenfalls bei einer winzigen Gruppe. Noch nie wurde so viel geflogen wie im Prä-Pandemie-Jahr 2019, in dem abermals der Fleischkonsum stieg wie auch die Zahl der zugelassenen Neuwagen, selbst in den Städten. Jeder dritte von ihnen ist inzwischen ein SUV. Aber nur jeder fünfte hat einen Elektroantrieb.

Es erinnert an das Anschnallen im Auto: Auch das klappte erst, nachdem es ein Gesetz dazu gab. Womit wir beim zweiten Framing wären, das sich in den letzten Jahren durchgesetzt hat: Verbote – und nichts anderes sind viele Gesetze – seien des Teufels.

Wollten die Grünen (»die Verbotspartei«) uns nicht zuerst das Autofahren verbieten und dann das Schnitzel? Nicht einmal mehr sie wollen das V-Wort noch in den Mund nehmen.

Kurzum: Eine Steuerung über Gesetze ist unbeliebt, eine über Moral unwirksam. Übrig bleibt der Preis: ein politisches Instrument, aber eines, das nicht wie Politik wirken will und letztlich kaum wirkt, siehe oben. Seltsam – in immer mehr Bereichen hat der Staat seine Verantwortung in den letzten Jahrzehnten aufgegeben, weil er glaubte, dass der Markt die Dinge effizienter regeln würde.

Gleichzeitig erscheint in immer mehr Bereichen politisches Handeln dringlicher denn je. Ein frei drehender Immobilienmarkt ist schädlich. Unregulierte Datenkonzerne sind schädlich. Globale Steuervermeidung ist schädlich. Waren die Aufträge für Gesetzgeber schon einmal klarer als heute? Stattdessen haben Politikerinnen und Politiker sich selbstgewählt in die Defensive begeben, von wo aus sie ihre ureigenste Aufgabe umtanzen: das Setzen von Grenzen. Die gesetzliche Definition dessen, was erwünscht und unerwünscht ist. Tatsächlich wirkt eine Lösung über den Preis auch stets spaltend: Für wen eine Verhaltensregel gilt, hängt vom Geldbeutel ab.

Um zum Parkplatzbeispiel zurückzukommen: Was für die einen einem Verbot gleichkommt, ist für andere eine kaum merkliche Belastung. Uneingeschränkte Mobilität: ein Privileg für die Reichen. Ein Freibrief, gegen Geld bedenkenlos weiter Platz konsumieren und Luft verschmutzen zu dürfen. Und ist ein Verbot tatsächlich immer auch ein Angriff auf die Freiheit? Mitnichten. Wenn wir heute nichts verbieten wollen – wie viel muss dann morgen verboten werden? Die Freiheit der heutigen Generation ist die Unfreiheit der morgigen.

Das von der EU geplante Verbot für den Einbau von Verbrennermotoren von 2035 an ist ein Schritt in die richtige Richtung. Aber warum fangen wir nicht mit Gesetzen an, die hier und heute wirken? Warum ringt sich die Regierung nicht ein Tempolimit ab (das laut Umweltbundesamt schon bei Tempo 130 rund zwei Millionen Tonnen CO_2 einsparen würde, ohne einen Cent zu kosten)? Eine Mehrheit der Bürgerinnen und Bürger wäre dafür. Als Nächstes könnte man autofreie Tage einführen, wie es Markus Duesmann, der Audi-Chef, angesichts der Energiekrise vorgeschlagen hat. Und warum begrenzen wir – nach der Streichung der Subventionen – nicht die Zahl der privat nutzbaren Autos pro Haushalt? Eine Verringerung der Fahrzeugmenge wäre gewiss – und sie träfe nicht in erster Linie die Armen. Klingt unrealistisch? Künftige Generationen, unsere Kinder, werden uns einmal fragen, warum wir damals nichts getan haben, prophezeite der damalige Umweltminister Peter Altmaier schon 2012. Die Kinder haben damit bereits angefangen. Zu Recht.

Aus dem hehren Ziel, die Zahl der Autos in den Innenstädten, im Land generell zu reduzieren, scheint etwas ganz anderes, ziemlich Einseitiges zu werden: Reduziert werden gebrauchte Polos und Corsas, ein paar Ford Fiestas und Fiats. Mehr Platz bleibt für extrabreite SUVs, die blanken neuen E-Karossen all jener, die sie sich leisten können (denn Parken für E-Autos bleibt oft kostenfrei). Gut, könnten Sie einwenden: Das Ganze ließe sich ja flankieren – wie etwa in Spanien – mit kostenlosem öffentlichem Nahverkehr, vielleicht auch mit einem in Rekordtempo ausgebauten Regionalzugnetz. Man könnte dringend benötigte Arbeitskräfte wie die des Virchow-Klinikums von den Gebühren befreien, Menschen mit einem Einkommen unterhalb einer gewissen Schwelle. Allein: Über nichts davon wird nachgedacht.

Wenn Sie ein Grüner oder ein sonst wie ökologisch denkender Mensch sind, kann Ihr Puls sich jetzt trotzdem wieder beruhigen. Das hier wird kein Plädoyer für das Auto; es wird ein Plädoyer für mehr Politik. Jedes Jahr erhöht sich der Bestand in Deutschland um mehr als eine halbe Million Fahrzeuge. 2022 sind so viele auf den Straßen wie nie zuvor – natürlich müsste ihre Zahl dringend

reduziert werden. Nur: Ist eine Politik, die auf die Lenkungswirkung eines erhöhten Parkpreises setzt, dafür überhaupt geeignet? Die Wissenschaftlichen Dienste des Bundestags bezweifeln
das: Die Zahl der lang parkenden Pendler werde sinken, so prognostizierten deren Experten im April, dafür aber dürften die frei
werdenden Parkräume verstärkt durch Mittel- und Kurzzeitparker genutzt werden. Ein Nullsummenspiel. Die Politik über den
Preis ist also nicht nur diskriminierend – für Wohlhabende ein
lästiges Übel, für alle anderen ein Einschnitt in ihre Freiheit. Sie
verfehlt auch noch ihr eigentliches Ziel. Womit wir bei einer
grundsätzlichen Frage wären: Warum eigentlich haben Politiker
und Politikerinnen begonnen, ihre Arbeit an Marktmechanismen
zu delegieren? Seit wann scheuen sie es, Gesetze zu schreiben
und auf direktem Weg ihr Ziel zu erreichen – ja, und notfalls
durch Verbote?

Um die Klimaschutzziele von Paris einzuhalten, gilt vielen die
CO_2-Bepreisung, die 2021 in Deutschland eingeführt wurde, als
zentrales politisches Instrument. Doch laut einer aktuellen Studie
der ETH Zürich ist die Lenkungswirkung über einen CO_2-Preis
geringer als erhofft: Auch wenn der Preis in einigen der untersuchten Staaten zu sinkenden Emissionen geführt habe, so die
Autoren, sei ein umfassender technologischer Wandel bisher ausgeblieben – selbst in Schweden, wo es die steigende Abgabe seit
1991 gibt. Um Wandel anzustoßen, brauche es vielmehr eine
entschiedene Förderung klimafreundlicher Technologien, ein
grundlegend anderes Strommarktdesign oder den deutlichen
Ausbau des Ladenetzes für Elektroautos. Politische Maßnahmen,
die kein Preis anstößt, sondern allein der Staat ergreifen könnte.
Doch warum tut der sich mit entschlossenem Handeln so schwer?
Es wäre kein Hexenwerk, die Zahl der Autos in Deutschland zu
verringern. Der Staat könnte ihre Menge, ja auch ihren CO_2-Aus-
stoß klassisch steuern: über höhere und stärker emissionsbasierte
Steuern – am besten mit einer einkommensabhängigen Stufung.
Vor allem aber, indem er schlicht Subventionen streicht, sagt

Claudia Kemfert vom Deutschen Institut für Wirtschaftsforschung (DIW). Dafür allerdings müsste die Regierung klar sagen, was sie will – und was sie nicht mehr will.

Wer einen Benzin-Geländewagen der Mercedes-G-Klasse als Dienstfahrzeug anmeldet, erhält pro Monat einen Steuererlass von 1116 Euro. Wäre das nicht eine indirekte Subvention, deren Abbau nicht nur ökologisch geboten, sondern auch sozial verträglich wäre? Kemfert sagt: Schlüge der wahre Preis des Automobils sich in seinen Betriebskosten nieder, führte das automatisch zu einer Verhaltensänderung. Durch den Dienstwagenrabatt entgehen dem Staat jährlich mehr als drei Milliarden Euro, durch die Pendlerpauschale etwa fünf Milliarden Euro, durch das Dieselprivileg mehr als eine Milliarde Euro. Könnte man damit nicht wunderbar die öffentlichen Verkehrsmittel ausbauen? Busse elektrisch umrüsten? Mobility-on-demand-Modelle erproben? Die Bahn wieder zuverlässiger machen? Eigentlich, sagt Kemfert, wäre es gar nicht so schwer. Hätte sich nicht die Idee verbreitet, dass Konsumentscheidungen der Bevölkerung politische Entscheidungen per Gesetz erübrigen können.

Wenn ein Framing der letzten Jahre erfolgreich war, dann dieses: Die Konsumenten, also wir alle, sind verantwortlich für den Klimawandel, also müssen wir ihn durch unser Verhalten – Stichwort Verzicht – auch aufhalten. Nachdem der Mineralölkonzern BP 2004 den »CO_2-Fußabdruck« erfunden hatte (samt einem Rechner, wie dieser zu ermitteln wäre), wurde dieser von Medien und Politik begeistert aufgegriffen. Die Erzählung »Du bist verantwortlich« entlastete die Regierungen vom Handlungsdruck und verlagerte ihn ins Private. Nur: Die Moralisierungsstrategie (schon Kita-Kinder erwerben heute Klimaschützer-Urkunden) verfing allenfalls bei einer winzigen Gruppe. Noch nie wurde so viel geflogen wie im Prä-Pandemie-Jahr 2019, in dem abermals der Fleischkonsum stieg wie auch die Zahl der zugelassenen Neuwagen, selbst in den Städten. Jeder dritte von ihnen ist inzwischen ein SUV. Aber nur jeder fünfte hat einen Elektroantrieb. Es erinnert an das Anschnallen im Auto: Auch das klappte erst, nachdem es ein Gesetz dazu gab.

Womit wir beim zweiten Framing wären, das sich in den letzten Jahren durchgesetzt hat: Verbote – und nichts anderes sind viele Gesetze – seien des Teufels. Wollten die Grünen (»die Verbotspartei«) uns nicht zuerst das Autofahren verbieten und dann das Schnitzel? Nicht einmal mehr sie wollen das V-Wort noch in den Mund nehmen. Kurzum: Eine Steuerung über Gesetze ist unbeliebt, eine über Moral unwirksam. Übrig bleibt der Preis: ein politisches Instrument, aber eines, das nicht wie Politik wirken will und letztlich kaum wirkt, siehe oben. Seltsam – in immer mehr Bereichen hat der Staat seine Verantwortung in den letzten Jahrzehnten aufgegeben, weil er glaubte, dass der Markt die Dinge effizienter regeln würde. Gleichzeitig erscheint in immer mehr Bereichen politisches Handeln dringlicher denn je. Ein frei drehender Immobilienmarkt ist schädlich. Unregulierte Datenkonzerne sind schädlich. Globale Steuervermeidung ist schädlich. Waren die Aufträge für Gesetzgeber schon einmal klarer als heute? Stattdessen haben Politikerinnen und Politiker sich selbstgewählt in die Defensive begeben, von wo aus sie ihre ureigenste Aufgabe umtanzen: das Setzen von Grenzen. Die gesetzliche Definition dessen, was erwünscht und unerwünscht ist.

Tatsächlich wirkt eine Lösung über den Preis auch stets spaltend: Für wen eine Verhaltensregel gilt, hängt vom Geldbeutel ab. Um zum Parkplatzbeispiel zurückzukommen: Was für die einen einem Verbot gleichkommt, ist für andere eine kaum merkliche Belastung. Uneingeschränkte Mobilität: ein Privileg für die Reichen. Ein Freibrief, gegen Geld bedenkenlos weiter Platz konsumieren und Luft verschmutzen zu dürfen. Und ist ein Verbot tatsächlich immer auch ein Angriff auf die Freiheit? Mitnichten. Wenn wir heute nichts verbieten wollen – wie viel muss dann morgen verboten werden? Die Freiheit der heutigen Generation ist die Unfreiheit der morgigen.

Das von der EU geplante Verbot für den Einbau von Verbrennermotoren von 2035 an ist ein Schritt in die richtige Richtung. Aber warum fangen wir nicht mit Gesetzen an, die hier und heute wirken? Warum ringt sich die Regierung nicht ein Tempolimit ab (das laut Umweltbundesamt schon bei Tempo 130 rund zwei Millionen Tonnen CO_2 einsparen würde, ohne einen Cent zu kosten)? Eine Mehrheit der Bürgerinnen und Bürger wäre dafür. Als Nächstes könnte man autofreie Tage einführen, wie es Markus Duesmann, der Audi-Chef, angesichts der Energiekrise vorgeschlagen hat. Und warum begrenzen wir – nach der Streichung der Subventionen – nicht die Zahl der privat nutzbaren Autos pro Haushalt? Eine Verringerung der Fahrzeugmenge wäre gewiss – und sie träfe nicht in erster Linie die Armen. Klingt unrealistisch? Künftige Generationen, unsere Kinder, werden uns einmal fragen, warum wir damals nichts getan haben, prophezeite der damalige Umweltminister Peter Altmaier schon 2012. Die Kinder haben damit bereits angefangen. Zu Recht.

ARKTIS OHNE REGELN

Das schmelzende Eis der Arktis bringt Rohstoffe
zum Vorschein – und rechtliche Freiräume.
Wem gehört die Region? Die Bundesregierung
hat ihre Position dazu definiert.

VON VIOLA KIEL

D ie ehemals ewige Eismasse der Arktis schrumpft. Die Region erwärmt sich doppelt so schnell wie der Rest der Welt. In wenigen Jahrzehnten, vielleicht sogar Jahren, könnte der arktische Ozean im Sommer eisfrei sein. Mit der sinkenden Eisbedeckung steigen die Begehrlichkeiten: Im Nordpolarmeer verbergen sich bislang unerreichbare Fischgründe, vor allem aber Rohstoffe. Nach manchen Schätzungen liegen mehr als 30 Prozent der unentdeckten fossilen Brennstoffe wie Erdöl und -gas nördlich des Polarkreises. Stimmt das, geht es um viele Billionen Euro.

Fünf Staaten, die arktischen Anrainer, haben allein schon wegen ihrer geografischen Lage Interessen und Ansprüche auf arktisches Meeresgebiet: Russland, die USA mit Alaska, Kanada, Dänemark mit Grönland und Norwegen. Durch das EU-Mitglied Dänemark rückt auch Deutschland in Arktisnähe. Außerdem ist die Bundesregierung als Beobachter im Arktischen Rat, einem Gremium, das die Sicherheit und den Klimaschutz in der Arktis fördern soll. Die Arktis ist also auch für Deutschland Thema. Das Bundeskabinett hat deswegen die Leitlinien deutscher Arktispolitik beschlossen, einen Katalog von Forderungen und Versprechen. Ein Entwurf des Dokuments liegt *ZEIT ONLINE* vor. Unter der Federführung des Auswärtigen Amtes haben sieben weitere Ressorts ihre Themen dazu beigetragen: Umwelt, Verteidigung, Wirtschaft, Verkehr, Forschung, Ernährung und Landwirtschaft sowie das Ministerium für wirtschaftliche Zusammenarbeit und Entwicklung. 2013 hatte das Außenministerium schon einmal Arktisleitlinien veröffentlicht. Nach nur sechs Jahren wurde eine Neuauflage notwendig. Warum?

Die Version aus dem Jahr 2013 trägt den Untertitel »Verantwortung übernehmen, Chancen nutzen«. Die neuen Leitlinien sind mit der Zeile überschrieben: »Verantwortung übernehmen, Vertrauen schaffen, Zukunft gestalten«. Es geht nicht mehr darum, wirtschaftliche Möglichkeiten restlos auszuschöpfen. Es geht um die Zukunft. Die vor allem wirtschaftlichen Chancen, die vor sechs Jahren noch vielversprechend schienen, werden mittlerweile als Gefahren für andere Bereiche erkannt. Der Fokus der Bundesregierung hat sich verschoben: »Die neuen Leitlinien haben eine andere Konnotation«, sagte dazu ein Vertreter des Bundesministeriums für Umwelt und Naturschutz im Gespräch mit *ZEIT ONLINE*. »Der Duktus ist ein anderer« – ein dringlicherer.

Ein Aspekt der neuen Leitlinien ist die Sicherheit. Das Kapitel zur sicherheitspolitischen Dimension deutscher Arktispolitik beginnt mit dem Hinweis: »Multilaterale Standards und Normen, Kodizes und Konfliktbeilegungsmechanismen werden weltweit zunehmend infrage gestellt.« An wen sich dieser Seitenhieb richtet, wird nicht ausgeführt, aber Beispiele internationaler Abkommen, deren Verbindlichkeit mit einem Mal infrage gestellt wird, die gekündigt oder nicht verlängert werden, gibt es genug.

In der Arktis kommt hinzu, dass der größte Teil der Region – viele Millionen Quadratkilometer – nicht unter nationalstaatlicher Hoheit steht. »Ungelöste Gebietsstreitigkeiten und mögliche Ressourcenkonflikte« drohten neue »Krisenpotenziale« zu schaffen. Namen werden in den Leitlinien nicht genannt. Doch es könnte in der Arktis künftig vermehrt zu Konflikten kommen, im Zusammenhang mit Russland oder China.

Russland treibt seit Jahren einen Ausbau der arktischen Infrastruktur voran, mit Unterwasserhäfen, Militärstützpunkten und dem Aufbau einer Eisbrecherflotte. Im unwirtlichen Nagurskaja auf der Insel Alexandraland unterhält Moskau dafür seine nördlichste Militärbasis – rund 1000 Kilometer vom Festland entfernt. Auf der anderen Seite der Nordhalbkugel, in Island und auf Grönland, gibt China Milliarden für neue Straßen, Verkehrsnetze und Häfen aus. Schon 2014 verkündete Chinas Staatschef Xi Jinping, dass sich die Volksrepublik zu einer »polaren Großmacht« aufschwingen wolle, als »arktisnaher Staat« habe man ein Anrecht darauf.

Legt man den Begriff »arktisnah« derart großzügig aus, hätte auch Deutschland berechtigte Interessen an der Arktis – Hamburg oder Bremen etwa liegen nördlicher als der nördlichste Teil Chinas.

Zwar gibt es Regeln für die Arktis – doch die sind rund 40 alt. Ein Seerechtsübereinkommen der Vereinten Nationen aus dem Jahr 1982 stellt die wichtigste Rechtsgrundlage für die Arktis dar. Dieser Vertrag regelt unter anderem die Schifffahrtsrechte im Arktischen Ozean, garantiert die Freiheit der wissenschaftlichen Meeresforschung und schafft eine Prüfstelle für Gebietsansprüche der Anrainerstaaten. Die Arktis jenseits nationaler Hoheitsgebiete wertet das UN-Seerechtsübereinkommen als »gemeinsames Erbe der Menschheit«, das unter besonderem Schutz steht.

Das Problem ist: Es gibt keine Mechanismen, Verstöße gegen das UN-Seerechtsübereinkommen zu ahnden. Die Bundesregierung fordert deshalb die internationale Gemeinschaft auf, die arktische Infrastruktur auszubauen und die Seeraumüberwachung zu verbessern – mit dem Ziel, die Arktis als »konfliktarme Region« zu erhalten. Man brauche »gleiche Regeln für alle«. Dieser Satzteil ist wesentlich, denn kein Staat allein kann in der Arktis Sicherheit und freie Seewege garantieren. Das gilt genauso für den Umweltschutz: Halten sich nicht alle gleichermaßen an dieselben Regeln, wird wenig erreicht.

»Eine aktuelle Problembeschreibung, verbunden mit umweltpolitischen Lösungsansätzen« – so umreißt ein Vertreter des Bundesumweltministeriums den umweltpolitischen Teil der Leitlinien. Festgehalten wird: Die Temperaturen steigen und das Eis schmilzt, was dazu führt, dass es noch wärmer wird. Die Permafrostböden der arktischen Landmasse tauen, wodurch große Mengen Treibhausgase freigesetzt werden. Der Eisschild auf Grönland – das anders als das arktische Meereis auf einer Landmasse liegt – schmilzt und führt dazu, dass der Meeresspiegel steigt, bis zum Ende dieses Jahrhunderts vielleicht sogar um mehr als einen ganzen Meter.

Und das ist nur ein Teil der Probleme. Die Arktis ist verschmutzt, durch sogenannte persistente organische Schadstoffe – zum Beispiel Weichmacher wie PCB – und durch Quecksilber, Müll und Mikroplastik. Zudem belastet auch die Schifffahrt die arktische Umwelt – mit Abgasen, Abwasser, Abfällen, Unterwasserlärm und eingeschleppten, nicht heimischen Arten. Über Regulierungen für Frachter, Kreuzfahrtschiffe, aber auch für kommerzielle Fangflotten sei lange einfach nicht nachgedacht worden, heißt es vom Umweltministerium. Doch die arktische Schifffahrt könnte in der Zukunft bedeutsamer werden: Seit einiger Zeit wird die Nordostpassage diskutiert, eine Verbindung zwischen Atlantik und Pazifik entlang der nördlichen Küsten in Europa und Asien.

Noch werden Waren zwischen Europa und Asien auf dem Seeweg hauptsächlich über die Route durch das Mittelmeer, den Suezkanal, das Rote Meer und den Indischen Ozean transportiert – zwischen Rotterdam und Tokio sind das 21 000 Kilometer. Die Alternative durch den Nordosten wäre rund 6000 Kilometer kürzer – und damit schneller und günstiger. Auch über die Nordwestpassage entlang der nördlichen Grenze Kanadas und Alaskas ließen sich im Vergleich zur Mittelmeerroute etwa 4000 Kilometer sparen.

Trotzdem ist die Nutzung der Nordpassagen – noch – nicht sonderlich rentabel. Das flächendeckende Eis der Arktis könnte zwar in naher Zukunft geschmolzen sein, allerdings nur für eine kurze Zeit im Jahr. Um regelmäßig und im großen Stil Waren durch die arktischen Gewässer zu transportieren, könnten nur

Schiffe mit Eisklasse eingesetzt werden, die dank eines verstärkten Rumpfs die Begegnung mit Eisschollen und Bergen überstehen können. Von diesen Schiffen gibt es aber überhaupt nicht so viele. Außerdem ist ihre Größe begrenzt und die Instandhaltung teuer.

Deutschland gehört allerdings nach wie vor zu den weltweit größten Betreibern von Containerschiffen – und möglicherweise werden in Zukunft geeignetere, größere Schiffe gebaut. Vielleicht greifen auch die derzeitigen Prognosen über das Abschmelzen des arktischen Eises zu kurz – dann könnten die Nordost- und die Nordwestpassage interessant werden. Ein weiterer Grund für die Bundesregierung, auf verbindliche Regeln in der Arktis hinzuwirken.

MEHR EGOISMUS WAGEN!

In Zeiten der Hoffnungslosigkeit führt der Weg
zur Klimawende nur über den Eigennutz

VON UWE JEAN HEUSER

Andere Zeiten verlangen andere Mittel. Und es sind andere Zeiten als noch vor einem Jahr. Geprägt von Russlands Krieg und dem Systemkampf gegen China, von Energieknappheit und Preisexplosionen. Unter diesem Druck sind sich Menschen wie Nationen oft selbst die Nächsten. Um in einer solchen Atmosphäre die globale Klimakrise noch abzuwenden, muss man an den Eigennutz bei der Weltrettung appellieren. Und der ist, das werden wir am Ende dieses Textes sehen, gewaltig gewachsen.

Am Sonntag beginnt die Klimakonferenz der Vereinten Nationen in Ägypten. Selten war mit dem jährlichen Ereignis, das doch die Welt in eine bessere Zukunft lenken soll, so wenig Hoffnung verbunden. Gerade einmal zwei Dutzend Länder haben 2022 überhaupt Veränderungen in ihrem Klimaplan gemeldet, und nur Australien zeigt wirklich neuen Ehrgeiz. Viele afrikanische Länder setzen beim Ausbau ihrer Energieversorgung mit einigem Trotz auf Öl und Gas – was man ihnen aber kaum verübeln kann, wenn man bedenkt, dass der Norden dem Süden der Welt längst 100 Milliarden Dollar Klimahilfe pro Jahr versprochen hat und den Betrag noch immer nicht zusammenbringt. Dafür haben die Industrieländer schon große Pläne, wie sie mit Sonnenenergie im Süden der Welt ihren Wasserstoff herstellen wollen – darunter Deutschland, das außerdem auf der fieberhaften Suche nach neuen Gaslieferanten Länder wie den Senegal bei der Förderung unterstützt. »Wir zuerst«, so lautet die Botschaft des reichen Nordens.

Das Jahr des Krieges und der Kostenexplosionen hat eben auch viel Verlogenheit in die Welt gebracht. Und das ist nur ein Stein im Mosaik des Ungemachs.

Vor zwei Wochen hat Missouri eine halbe Milliarde Dollar bei BlackRock, dem weltgrößten Vermögensverwalter, abgezogen – aus Protest gegen dessen grüne Geldanlagen. Damit läutet der republikanisch geführte US-Bundesstaat eine neue Runde im amerikanischen Kulturkampf ein. BlackRock aus New York setzt schon länger auf nachhaltige Investments und ist damit den Rechten ein Dorn im Auge. Der Klimaschutz muss sich neuerdings eben nicht nur gegen Industrielobbys und die Gleichgültigkeit vieler Menschen durchsetzen, sondern wird auch ideologisch bekämpft, und das nicht nur in den Vereinigten Staaten. Selbst die naturliebenden Schweden haben rechts gewählt und das Klima erst mal an den Rand gedrängt. Die neue Regierung hat das Umwelt- im Wirtschaftsministerium aufgehen lassen und eine fachfremde Politikerin von den mitregierenden Liberalen mit der Aufgabe betraut.

Geht es um die Klimawende, hat sich auch in Deutschland eine neue Hoffnungslosigkeit breitgemacht. Topmanager sagen hinter vorgehaltener Hand bedauernd, dass Deutschland seine Klimaziele verpassen werde. Und während sich junge Menschen laut einer jährlichen Umfrage der Beratungsgesellschaft Deloitte von nichts so bedroht fühlen wie vom Klimawandel, glauben doch nur gut zehn Prozent, dass die Bundesregierung genug dagegen unternimmt.

Ein Wunder ist das nicht. Wer hoffte, dass der Angriff auf die Ukraine wenigstens die deutsche Wende unter dem Stichwort der »Freiheitsenergien« extrem beschleunigen würde, sieht sich enttäuscht. Gefühlt geht es zehnmal um Gas und fünfmal um Atom, bevor jemand anderer als Robert Habeck über Sonne und Wind redet. Und der Klimaminister muss das von Amts wegen tun.

Man könnte leicht klimadepressiv werden, weil das Schicksal der Erde in den Hintergrund rückt. Schon verlegen sich Konzerne wie Adidas oder BASF aufs radikale Sparen, weil die Geschäfte nicht laufen. Und die dominante Frage ist, wie tief

Deutschland in die Stagflation rutscht. Auf einmal haben viele Unternehmer wie auch Konsumenten wieder Dringenderes zu tun, als nachhaltig zu werden. Nach dem ebenso bekannten wie paradoxen Motto: Zuerst wollen wir das alte Wirtschaftswachstum zurück, bevor wir seine Folgen ernsthaft bekämpfen können.

Bloß ist Depression keine Option. Wir sind schon mitten im entscheidenden Jahrzehnt, laut Weltklimarat müssen die globalen Emissionen 2025 ihren Höhepunkt erreicht haben, wenn die Erderwärmung erträglich bleiben soll. Wir können es uns also nicht leisten, noch mal drei, vier, fünf Jahre mit anderen Krisen als der größten von allen zu verlieren. Es ist daher höchste Zeit, aufseiten der Klimaschützer mit drei Behauptungen aufzuräumen, die gut gemeint und doch hinderlich sind.

Erstens: Alle Lösungen für die Wende sind vorhanden. Zweitens: Die Physik sagt uns alles, was wir wissen müssen, um die Erderwärmung zu stoppen. Drittens: Wenn die Menschen erst genug Angst haben, kommt die Wende.

Eigentlich wissen wir längst, dass es so einfach nicht ist. Als eine naheliegende Lösung gilt beispielsweise die CO_2-Steuer. Wenn sie nur hoch genug steigt, lohnt sich fossile Energie einfach nicht mehr. So weit war die rot-grüne Koalition 1999 schon, führte die Ökosteuer ein – und stoppte sie zwei Jahre später wieder, als der Protest im Land zu laut wurde. Und auch die jetzige Koalition hat die nächste Steigerung ihrer ohnehin bescheidenen Steuer wegen steigender Kosten als unzumutbar ausgesetzt.

Was man daran sieht: Wenn eine auf dem Papier geniale Lösung mehrfach an der gesellschaftlichen Realität abprallt, dann ist sie eben doch nicht so genial. Deshalb ist auch das mit der Physik irreführend. Ja, sie lügt nicht, wenn sie berechnet, wie viel CO_2-Emissionen die Menschheit sich noch leisten kann. Doch daraus folgt noch kein entsprechendes Handeln, wie wir seit einem halben Jahrhundert immer wieder schmerzvoll erfahren. Und Angst hilft als starker Motivator auch nur bedingt, weil sie flüchtig ist. Sie kommt mit Naturkatastrophen, allzu warmen

Sommern und auch durch Greta Thunbergs Mission (»I want you to panic«), aber dann wendet sie sich dem Krieg zu, den steigenden Lebenshaltungskosten, dem drohenden Jobverlust.

Die Klimawende ist nun einmal kein Projekt für die reine Lehre, sondern eine gesellschaftliche Veranstaltung, geprägt vom menschlichen Faktor, chaotisch und voller widersprüchlicher Reaktionen. Sie verlangt, offen zu sein für neue Herausforderungen, neue politische wie technische Lösungen – und neue Argumente.

Wenn wie jetzt die Ängste nur so umeinanderfliegen, wenn der Krieg so nah ist und mit Atomwaffen gedroht wird, wenn die Rezession kommt und das Gas für den Winter knapp wird, dann ziehen sich die Herzen der Menschen zusammen, und der Egoismus regiert.

Okay, dann also Klimaschutz aus purer Ichbezogenheit, kein Problem.

Seit dem Überfall auf die Ukraine hat sich Deutschland mit der Macht einer großen Industrienation neues Gas besorgt, schwimmende Terminals im Rekordtempo angelegt und beschlossen, im nationalen Alleingang und mit 200 Milliarden Euro »Doppelwumms« die Preisbelastung zu senken. Spätestens jetzt diktiert der Egoismus aber, mit der gleichen Vehemenz die Turboenergiewende zu Sonne und Wind hinzulegen. Das bedeutet in Analogie zum Kampf ums Gas: Wo Regularien im Weg stehen, müssen sie ausgesetzt werden.

Wenn Arbeitskraft und Rohstoffe fehlen, müssen sie besorgt werden. Und falls die Preise für die Bauteile zu hoch sind, müssen sie gesenkt werden.

Erneuerbare Energie ist nicht nur das beste Mittel gegen Gas- und Ölknappheit, sondern wird als billige Alternative auch zum entscheidenden Faktor im Standortwettbewerb. Schon planen deutsche Industriefirmen ihre energieintensivsten Produktionen ins günstige Ausland zu verlagern – was in dem Fall nicht etwa in Ostasien liegt. In Nordschweden zum Beispiel werden in großem Stil Batterien für E-Autos gebaut, weil dort die Energie aus

Wasserkraft üppig vorhanden ist und wenig kostet. Doch nicht nur die Skandinavier sind uns mittlerweile beim Anteil erneuerbarer Energie weit voraus. Sogar Großbritannien unter Boris Johnson hat seine Windkraft auf See so weit ausgebaut, dass es Deutschland überholt. Auch Spanien und Portugal legen ein enormes Tempo vor, während die Bundesrepublik weiter von der Illusion lebt, das grüne Vorzeigeland zu sein.

Purer Egoismus würde also fürs Erste reichen. Auch für die Wirtschaft, die der Gasfalle entkommen muss. Und für die Menschen, für die fossile Energie trotz aller Preisbremsen knapp und teuer wird. Es lohnt sich längst nicht mehr, abzuwarten und auf die anderen Länder und die anderen Unternehmen und die anderen Leute zu zeigen, die angeblich so wenig tun. Stattdessen intensiviert sich der neue Wettbewerb um billige Energie. Und, so die vielleicht hoffnungsvollste Nachricht von allen vor der Weltklimakonferenz, die billigste Energie ist grün.

SO KANN'S GEHEN

KLIMAVERTRÄGLICH FLIEGEN

Fliegen, ohne dem Klima zu schaden, könnte möglich werden. Dafür braucht es aber vor allem eines: mehr Wind- und Solarenergie

VON DIRK ASENDORPF

Das Problem

Fliegen ist klimaschädlich, das weiß inzwischen wohl jeder. Das Wort Flugscham steht sogar im Duden. 2019, im letzten Jahr vor Beginn der Corona-Krise, war der weltweite Flugverkehr für gut fünf Prozent des gesamten Treibhauseffekts verantwortlich. 2020 hatte die Branche zwar einen Einbruch um fast zwei Drittel zu verzeichnen, doch schon in zwei bis drei Jahren könnte der Flugverkehr das alte Niveau wieder erreichen – und weiter wachsen. Bis 2019 hatte er jedes Jahr um rund sechs Prozent zugelegt.

Dank besserer Technik, höherer Auslastung und optimierter Routenführung setzt ein Flugzeug pro Passagier heute zwar bereits ein Drittel weniger Treibhausgas frei als noch vor 20 Jahren. Doch um das Pariser Klimaziel zu erreichen, muss das Fliegen – so wie alle anderen Sektoren auch – vollständig klimaneutral werden.

Das ist viel komplizierter als im Straßenverkehr. Ein Flugzeug bleibt im Durchschnitt 30 Jahre im Einsatz, die Erneuerung der Flotte ist also eine Generationenaufgabe. Und sie hat noch nicht einmal begonnen.

Elektrische Triebwerke, alternative Kraftstoffe und andere technische Möglichkeiten zur Vermeidung von Treibhauseffekten konnten bisher nur im Labor oder in wenigen Testflugzeugen erprobt werden.

Die Lösung

Am schnellsten kann der Klimaschaden des Flugverkehrs reduziert werden, wenn die Menschen einfach weniger fliegen. Wer statt des Flugzeugs den Zug oder einen Fernbus nutzt, reduziert den Treibhauseffekt seiner Reise um 86 Prozent. Keine derzeit für den Luftverkehr erforschte Technik konnte zu ähnlich großen Einsparungen führen.

Die Verlagerung des Flugverkehrs auf die Schiene hat also Priorität. Für Strecken von mehr als 1500 Kilometern und für das interkontinentale Reisen werden Flugzeuge aber auch in einer klimaneutralen Zukunft gebraucht.

Ein naheliegender Gedanke wäre es, nach den Autos die Flugzeuge elektrisch anzutreiben – mit Öko-Strom aus Wind- und Solarparks. Tatsächlich arbeiten alle großen Hersteller – von Airbus über Boeing, Rolls-Royce und Siemens bis zur NASA – an hocheffizienten elektrischen Triebwerken.

Batterien sind allerdings viel zu schwer, um ausreichende Strommengen für den enormen Bedarf eines Passagierflugzeugs mitzunehmen. Sie können nur drei Prozent der Energie speichern, die in einem gleich schweren Kerosintank steckt. Eine Boeing 747 verbrennt rund zehn Tonnen Treibstoff in der Stunde. Der Strom aus einem zehn Tonnen schweren Akku würde den Jumbojet nur wenige Minuten in der Luft halten. Elektrische Flugzeuge müssen ihren Strom deshalb zu großen Teilen an Bord selber erzeugen. Das sollen Gasturbinen erledigen, die heutigen Flugzeugturbinen technisch recht ähnlich sind und ebenfalls Kerosin verbrennen. Experten sprechen denn auch nicht von Elektro-, sondern von Hybridflugzeugen. Wenn das Zusammenspiel aus Gasturbine und elektrischem Triebwerk optimal funktioniert, könnte das den Treibstoffbedarf und damit auch den Treibhausgas-Ausstoß immerhin um 20 bis 40 Prozent reduzieren, sagt der Luftfahrtingenieur Len Schumann vom Institut für Flugzeugbau der Universität Stuttgart.

Theoretisch konnte Kerosin auch durch grünen Wasserstoff ersetzt werden, der mit erneuerbarem Strom erzeugt wurde. Da verflüssigter Wasserstoff bei gleichem Energiegehalt einen wesentlich größeren Tank benötigt, müssten damit angetriebene Flugzeuge ganz anders aussehen als heute, erste Projektstudien gibt es. Um solche Flugzeuge am Boden abzufertigen, wären große Umbauten an Terminals und Tanksystemen der Flughafen erforderlich. Deshalb setzt die Luftfahrtbranche derzeit vor allem darauf, fossiles Kerosin durch möglichst klimaneutral hergestellte synthetische Kraftstoffe zu ersetzen.

Der Weg

Jüngst ist im Emsland die weltweit erste Fabrik zur Erzeugung von klimaneutralem Flugzeugtreibstoff eröffnet worden. Die gemeinnützige Organisation Atmosfair will dort 350 Tonnen sogenanntes E-Kerosin im Jahr herstellen, mithilfe von Kohlenstoff und Wasserstoff. Der Kohlenstoff kommt aus einer benachbarten Biogasanlage, die keine eigens angebauten Pflanzen, sondern ausschließlich Abfallstoffe verwertet. Später soll zusätzlicher Kohlenstoff auch direkt aus der Luft abgeschieden werden. Der Wasserstoff wird mit Ökostrom aus Wasser erzeugt.

Ein Flugzeug, das ausschließlich mit E-Kerosin angetrieben wird, würde den CO_2-Gehalt der Atmosphäre tatsächlich nicht erhöhen. Denn der Kohlenstoff, den es bei der Verbrennung freisetzt, wurde der Atmosphäre ja zuvor entzogen – entweder direkt aus der Luft oder durch die Pflanzen, deren Reste in der Biogasanlage verwertet wurden. Klimaneutral wäre ein solches Flugzeug trotzdem nicht. Denn der Luftverkehr verursacht zwei Drittel seines Treibhauseffekts nicht durch das ausgestoßene CO_2, sondern durch Stickoxide und Kondensstreifen, die sich mit dem Abgas auf Reiseflughöhe bilden. Bei der Verbrennung von E-Kerosin treten diese Effekte ebenfalls auf – aber in abgeschwächter Form, weil der Treibstoff sauberer ist. »Insgesamt würde der Wechsel von Kerosin auf E-Kerosin den Klimaschaden einer Flugreise ungefähr halbieren«, sagt der Physiker Jakob Graichen vom Öko-Institut.

Atmosfair-Geschäftsführer Dietrich Brockhagen teilt diese Einschätzung, hält vollständig klimaneutralen Flugverkehr dennoch für möglich. Nämlich dann, wenn zusätzlich zur Umstellung auf E-Kerosin nur noch auf Routen und in einer Höhe geflogen wird, wo keine Kondensstreifen entstehen. Nachteil: Die Flugzeiten würden länger, und der Treibstoffverbrauch wäre deutlich höher.

Jakob Graichen hat überschlagen, wie groß der Bedarf ist: Um die zehn Millionen Tonnen Treibstoff, die jährlich an deutschen Flughäfen getankt werden, durch E-Kerosin zu ersetzen, wäre die gesamte erneuerbare Energie nötig, die derzeit in deutschen Windparks, Wasserkraftwerken und Solaranlagen erzeugt wird. Die Bundesregierung plant deshalb für das Jahr 2030 auch erst einmal nur mit einem Anteil von zwei Prozent E-Kerosin. Soll das Fliegen also wirklich klimaneutral werden, braucht es neben E-Kerosin vor allem den deutlichen Ausbau von Windkraft und Solarenergie.

WEIHNACHTSBÄUME ANBAUEN

Der Anbau unserer Weihnachtsbäume bedroht
die Biodiversität. Statt Chemie lassen sich
aber auch Schafe einsetzen.

VON RICARDA RICHTER

Das Problem

K erzengerade soll er sein, gleichmäßig gewachsen, die Nadeln dunkelgrün glänzend. Das Geäst kräftig genug, um Kerzen und Kugeln zu halten, und bitte nur eine Spitze statt zwei oder drei, damit klar ist, wo der Stern thronen soll. Das größte Problem des Weihnachtsbaums ist unser Anspruch an ihn. Die heimische Fichte kann ihn für die meisten Bundesbürger nicht erfüllen. Zu lasch, zu piksig, zu asymmetrisch.

Die Heldin der deutschen Wohnzimmer hingegen ist die aus dem Kaukasus stammende Nordmanntanne. Jeden Herbst klettern in Georgien Männer unter großer Gefahr in die Wipfel der teils jahrhundertealten Bäume, um ihre Zapfen zu ernten und den Export der Samen ins Sauerland oder nach Schleswig-Holstein zu ermöglichen. Rund 28 Millionen Weihnachtsbäume kaufen die Deutschen im Jahr, viele Tausend Hektar sind nötig, um sie großzuziehen. »Die Leute denken heute noch, dass der Baum vom Förster kommt«, sagt Rudolf Fenner, Waldreferent bei der Naturschutzorganisation Robin Wood. Stattdessen wachsen die Tannen in schnurgeraden Reihen auf großen Plantagen. Acht bis zwölf Jahre dauert es vom Sprössling bis zum Ansetzen der Kettensäge.

Doch auch wenn die Nordmanntanne die besten Voraussetzungen mitbringt: Um vor den Baummärkten und auf den Parkplätzen der Republik den kritischen Blicken von Müttern und Vätern standzuhalten, reichen gute Gene nicht aus. Damit der Baum so makellos wird, wie ihn sich die meisten wünschen, braucht er ausreichend Platz, Licht von allen Seiten, Nährstoffe im Boden und kein Unkraut, das ihm von unten in die Quere kommt.

Nur fühlen sich auch andere Tiere und Pflanzen dort besonders wohl, wo viel Sonne ankommt und die Erde nicht jedes Jahr umgegraben wird. Und so würde sich zwischen den Tannen normalerweise nicht nur allerlei Gestrüpp ausbreiten, das die unteren Zweige braun werden ließe. Die Flächen sind auch ideal für Mäuse und andere Nager, die liebend gerne die Wurzeln der Weihnachtsbäume fressen. Zudem besteht in Monokulturen stets die Gefahr, dass sich Pilze oder Schädlinge ausbreiten.

In konventionellen Weihnachtsbaumkulturen wird deshalb ordentlich nachgeholfen: mit Mineraldünger für die dunkelgrüne Farbe und Wachstumshemmern, damit die Tannen gleichzeitig schön dicht bleiben. Die ersten sechs Jahre sind besonders kritisch. Statt auf grünen Flächen stehen die Tannen auf schwarzer Erde. Herbizide wirken gegen Unkraut, Insektizide gegen Läuse, Rodentizide gegen Mäuse und Fungizide gegen Pilze – tödliches Gift für Bienen und diverse Wasserlebewesen.

Diese Chemie sickert nicht nur in die Böden und zerstört die Artenvielfalt. Sie landet schlussendlich auch in unseren Wohnzimmern. Die Umweltorganisation BUND wies 2020 bei rund zwei Dritteln der Weihnachtsbäume noch Rückstände der Wirkstoffe nach – unter anderem den hochumstrittenen Unkrautvernichter Glyphosat.

Die Lösung

Für die Natur wäre es am besten, wenn wir ganz auf einen Weihnachtsbaum verzichteten. Zehn Jahre Wachstum abrupt zu beenden, für ein paar Tage aufzutakeln und nach Silvester vom Balkon zu schmeißen entspricht nicht gerade dem Grundgedanken von Nachhaltigkeit. Aber auch die Kritiker sehen ein, dass der Weihnachtsbaum ein deutsches Kulturgut ist, das für viele zum Fest dazugehört.

Eine Tanne aus Kunststoff sei keine gute Alternative, sagt Susanne Winter vom WWF. Vier von fünf Plastikbäumen werden in China produziert, viele aus PVC, bei dessen Herstellung giftiges Chlor verwendet wird. Hinzu kommen die Transportwege. Die Qualität sei häufig so schlecht, dass der Baum nur wenige Jahre durchhalte. Und selbst bei besseren Produkten gerät Mikroplastik in die Umwelt.

Auch eine Tanne zu mieten ist nicht unbedingt die bessere Variante. Häufig überleben die Bäume den Temperaturwechsel vom Wohnzimmer in die Kälte nicht. Ob sie frei von Chemie sind, ist auch nicht immer gesagt.

Es gibt aber durchaus Betriebe, die Tannen verkaufen, bei denen auf den Einsatz von Chemikalien verzichtet wird. Sogenannte Bio-Weihnachtsbäume brauchen zwar genauso viel Platz, um gleichmäßig zu wachsen.

Dünger und Unkrautvernichter lassen sich aber zum Beispiel durch Schafe ersetzen. Eine aus England stammende Art mit dem Namen Shropshire hat die besondere Eigenschaft, nicht an den Trieben von Nadelgewächsen zu knabbern. Lässt man die Tiere auf den Kulturflächen weiden, fressen sie nur die Gräser. Ihr Kot gibt dem Boden die notwendigen Nährstoffe, und ihr fester Tritt hält Mäuse fern.

Der Weihnachtsbaumhof Schulte-Göpel hat bereits 1997 auf Bio umgestellt. »Früher wurden wir belächelt, heute findet das jeder gut«, sagt Konrad Schulte-Göpel. Man müsse nicht bei jeder Laus gleich spritzen, sondern könne einzelne Bäume entfernen. Natürlich sei das mehr Aufwand und komme vermutlich nur für Familienbetriebe infrage. Zuschüsse oder Ökoförderung vom Staat gebe es nicht. Damit es sich rechne, koste der Meter Tanne bei ihm 20 bis 25 Euro. Doch erstaunlicherweise ist das nicht teurer als der Durchschnitt konventioneller Bäume. Die Bioproduzenten haben Angst, bei höheren Preisen keine Abnehmer zu finden.

»Die Einstellung in der Bevölkerung ist immer noch: Na ja, ich will den Baum ja nicht essen«, sagt Rudolf Fenner von Robin Wood. Große Gewinne ließen sich so nicht erwirtschaften.

Derzeit entwickelt auch der Forest Stewardship Council (FSC) einen bundesweiten Standard – für die Weihnachtsbäume, die rein rechtlich gesehen in Waldgebieten wachsen. In den Schneisen von Stromtrassen beispielsweise, unter denen der Bewuchs ohnehin flach bleiben muss, oder auf Flächen, deren Fichtenbestand durch Stürme oder Borkenkäfer vernichtet wurde. Zwar ist FSC kein Ökosiegel, und die Tannen sind somit offiziell keine Biobäume. Auf Mineraldünger und chemische Pestizide wird aber auch hier verzichtet.

Der Weg

Um unsere Böden zu entgiften und den Bienen zu helfen, wäre eine politische Lösung am wirksamsten. Im neuen Koalitionsvertrag 2021 heißt es, die Regierung setze sich für »konsequenten Insektenschutz« ein und werde »den Einsatz von Pestiziden deutlich verringern«. Bis dahin aber bleibt es eine Entscheidung des Einzelnen, an welche Äste er seine Kugeln hängt. Und weil die wenigsten die Probleme kennen, ist vor allem Aufklärung nötig. Wer sich für eine Tanne ohne Chemie entscheiden will, erkennt sie an den Zertifizierungen von Demeter, Bioland, Naturland und dem Europäischen Biosiegel. Wo es sie zu kaufen gibt, verrät eine Online-Liste von Robin Wood. Immer häufiger haben inzwischen auch Baumärkte Biotannen im Sortiment – und machen lauthals Werbung dafür. Denn eine Biotanne rettet zwar nicht die Welt, beruhigt zum Fest aber immerhin das Gewissen.

Noch liegt ihr Anteil an den 28 Millionen Weihnachtsbäumen bei unter einem Prozent. Doch das Bewusstsein für die Unterschiede wächst. Die Menge der Bioproduzenten hat sich zwischen 2010 und 2020 fast vervierfacht. Trotzdem ist vielen das Risiko noch zu hoch, bei einem Schädlingsbefall den kompletten Bestand zu verlieren. Wichtig sei deshalb vor allem der gegenseitige Austausch unter den Betrieben, sagt Bernd Pirrone von der Initiative Bioweihnachtsbaum. Und der Preis. Damit noch mehr Betriebe auf Spritzmittel verzichten und den Mehraufwand in Kauf nehmen, müssten die Deutschen bereit sein, ihn auch zu bezahlen.

MIT HOLZ BAUEN

Holzbau ist die Zukunft. Doch die beliebte Fichte
wird knapp. Zum Glück gibt es die Buche.

VON RICARDA RICHTER

Das Problem

Die Nachfrage nach Bauholz steigt. Im Frühjahr war sie so
hoch, dass die Sägewerke nicht mehr hinterherkamen und
sich die Preise innerhalb weniger Monate verdreifachten. Immer
häufiger wird Holz nicht nur zur Verkleidung, sondern auch für
tragende Pfeiler und Balken verwendet. Der Anteil von Holzge-
bäuden an neuen Häusern für Wohnen und Gewerbe stieg 2020
erstmals auf über 20 Prozent, und in der Hamburger HafenCity
entsteht derzeit das höchste Holzhochhaus Deutschlands. Holz
dämmt nicht nur gut und lässt gleichzeitig die Feuchtigkeit raus,
es ist auch nachhaltig. Während die Herstellung von Stahl und
Beton viel CO_2 in die Luft bläst, nehmen Bäume das Treibhausgas auf und speichern es über Jahrzehnte – auch dann noch,
wenn sie als Balken zum Teil eines Dachstuhls werden.

Doch es gibt ein Problem. 95 Prozent des in Deutschland ver-
bauten Holzes sind Fichte, weil sie schön schnell und gerade
wächst, wenige Äste hat und sich leicht trocknen lässt. Aber ihre
Anzahl nimmt ab. Die Fichte ist in Deutschland zum Symbol des
Waldsterbens geworden. Nach den Trockensommern von 2018
und 2019 zeigten Luftaufnahmen riesige Flächen grauer, ver-
trockneter Nadelwälder. Weil sich die Wurzeln der Fichte flach
unter der Erde ausbreiten und nicht zu den Wasservorräten in
tieferen Bodenschichten reichen, trocknet sie schnell aus und
kann sich dann auch nicht mehr gegen Schädlinge wie den Borkenkäfer wehren.

»Willst du deinen Wald vernichten, pflanze Fichten, nichts als
Fichten«, sagt schon eine alte Försterweisheit. Denn eigentlich ist

die Fichte erst in Höhenlagen ab 700 Metern heimisch. Von Natur aus würden auf der heutigen Waldfläche in Deutschland zu 75 Prozent Buchen und zu 17 Prozent Eichen wachsen. Stattdessen nimmt die Fichte 25 Prozent der Fläche ein, gefolgt von der Kiefer mit 23 Prozent.

Die Dominanz entstand schon vor 200 Jahren, als man dringend mehr Holz brauchte und dabei auf die schnell wachsenden Nadelhölzer verfiel. Umgedacht wurde dagegen erst in den 1980er-Jahren, als besonders Tannen und Fichten durch Luftverschmutzung und sauren Regen beschädigt wurden und sich als anfällig gegenüber Orkanen erwiesen. Fortan sollte es wieder mehr Laub- und Mischwälder geben.

Seitdem sinkt der Fichtenbestand, und die Klimakrise verstärkt den Trend nun. Die jüngsten Schäden durch Trockenheit und Borkenkäfer hätten den Waldzustand drastisch geändert, sagt sogar die Bundesregierung. Das heißt auch: Die wachsende Holzbaubranche muss sich umstellen und Alternativen finden zur Fichte.

Die Lösung

Von einem allgemeinen Waldsterben zu reden ist falsch. Während die Fichte stirbt, wachsen mehr Laubbäume. Doch jeder von ihnen hat so seine Eigenarten. Eiche wurde schon im Mittelalter zum Bauen benutzt und lässt sich fast wie Nadelholz einsetzen, ist aber teurer und besonders hart. Esche ist elastischer, in Deutschland jedoch nicht als Baumaterial zugelassen. Die Hoffnungen ruhen deshalb auf dem verbreitetsten Laubbaum: der Buche. Bisher wurde sie vor allem verbrannt, denn im Gegensatz zur Fichte wächst sie langsam und krumm, hat große Äste, ist schwierig zu bearbeiten und aufwendig zu trocknen. Bis aus ihr ein Balken wird, muss einiges geschehen.

Doch die Nachteile lassen sich ausgleichen. Ein Ansatz dafür stammt aus Kreuzberg in Thüringen. 2014 ging die dortige Firma Pollmeier, der größte Laubholzproduzent in Europa, mit einem neuen Produkt an den Markt. Die »BauBuche« besteht aus zusammengeklebten Platten. Dazu werden Baumstämme nicht gesägt, wie es bei anderem Holz üblich ist, sondern geschält. Die Buchen rotieren gegen ein stehendes Messer, wodurch sie innerhalb weniger Sekunden zu einem langen, nur drei Millimeter dicken Furnierstreifen werden – ähnlich wie beim Anspitzen eines Bleistifts. Die Streifen werden geplättet, mit Kleber überzogen, gestapelt, in mehreren Schritten gepresst, zerschnitten und schließlich zu großen Trägern verklebt.

Pollmeier gilt als Pionier, obwohl die Technologie nicht neu ist und auch von anderen Produzenten genutzt werden kann. Ursprünglich wurde sie in Skandinavien für Nadelholz entwickelt, vor 90 Jahren übertrug man sie auf die Buche und baute damit Flugzeuge.

Der Aufbau aus dünnen Schichten gleicht Äste und Fehlstellen des Baumes aus. Dadurch ist das Ergebnis nicht nur gleichmäßig, sondern auch besonders fest: »BauBuche« hat eine ähnliche Tragfähigkeit wie Stahlbeton. Entsprechend hoch und schlank lässt sich mit ihr bauen, durch die Festigkeit müssen die Balken nicht so dick sein. Und weil deshalb für die gleiche Konstruktion deutlich weniger Material als bei Nadelholz verbraucht wird, kostet sie letztendlich nicht mehr als Fichte.

Ein entscheidender Nachteil bleibt jedoch. Denn obwohl Holz Kohlenstoff speichert und Pollmeier nur Buchen aus regionaler Forstwirtschaft verarbeitet, ist das Produkt nicht zu hundert Prozent nachhaltig: Der Phenolharzkleber ist ein Kunstprodukt auf Erdölbasis. Ein Naturleim, der die gleiche Festigkeit erreicht, ist noch nicht gefunden.

Der Weg

Wie schnell sich das Bauen mit Laubholz durchsetzen wird, hängt vor allem von Architekten und Bauingenieuren ab. Sie müssen mit dem neuen Material planen und umgehen können, speziell dafür qualifiziert sein oder sich fortbilden. Laubholz hat nicht nur eine andere Statik als Nadelholz; um es zu bearbeiten, braucht es auch andere Bohrer, Sägen, Nägel. Doch die ersten Gebäude aus »BauBuche« stehen bereits: ein Bankgebäude in Norwegen, ein zehngeschossiges Hochhaus in der Schweiz, ein Parkhaus in Süddeutschland.

Bei Pollmeier füllen sich derzeit die Auftragsbücher für den Buchenbau. Soll Holz künftig der klimafreundliche Ersatz für Stahl und Beton werden, müssen die ausführenden Betriebe ihre Kapazitäten erhöhen – und Maschinen für neue Baumarten anschaffen. Auch die Bauordnungen der Länder müssen entsprechend angepasst werden.

Die Buche dürfte sich so oder so als Baustoff durchsetzen, weil der Wald sich wandelt. Es ist nur eine Frage der Zeit, bis der Anteil der Buchen den der Fichten übersteigt. Doch die Holzwirtschaft und der Staat müssen sich frühzeitig darauf einstellen – und die Fichte dann für das nutzen, was die Buche gar nicht kann: Fassaden zu verkleiden. Bei Feuchtigkeit quillt Buchenholz auf und verzieht sich. Der Fichte hingegen kann Regen nicht viel anhaben. Diesen Vorteil wird sie immer behalten.

LICHTVERSCHMUTZUNG VERRINGERN

Lichtverschmutzung – Vielerorts ist die Nacht so
hell, dass die Natur aus dem Gleichgewicht gerät.
Helfen können ausgerechnet die Lampen.

VON MANUEL STARK

Das Problem

Die Dunkelheit der Nacht ist eine Rarität geworden. Statt
schwarzer Unendlichkeit hängt über den Metropolen dieser
Welt ein orangefarbenes Leuchten, das sie umgibt wie eine Kuppel. Jede Straßenlaterne, jede Leuchtreklame, jeder Bildschirm
trägt zum sogenannten Skyglow bei. In einer bewölkten Nacht
strahlt das diffuse Leuchten über Berlin etwa zehnmal stärker als
ein Sommervollmond. Es ist hell genug, dass erste Pflanzen Fotosynthese betreiben. Und auch in klaren Nächten sind häufig keine
Sterne mehr zu erkennen. 36 Prozent der Menschheit leben in so
stark ausgeleuchteten Gebieten, dass nächtliche Beleuchtung die
Milchstraße überstrahlt. In Deutschland sind es 42 Prozent der
Bevölkerung, innerhalb der EU sogar 60 Prozent.

»Lichtverschmutzung« nennt sich diese künstliche Aufhellung
der Nacht. Und sie ist ein Problem: Für Tiere wirken die Tage
durch das Kunstlicht länger hell, als sie eigentlich sind. Nach der
Tageslänge richten sich Brutzeiten oder Winterschlaf: Vögel bekommen ihren Nachwuchs mitunter bis zu einem Monat zu früh,
Winterschläfer wie der Feldhamster wachen auf, bevor die Natur
genug Futter bereitstellt. Dazu kommt: Viele Tiere sind nachtaktiv, circa 30 Prozent der Wirbeltiere und etwa 60 Prozent der
Wirbellosen.

Beleuchtung zur falschen Zeit verwirrt sie.

Besonders hart trifft dies Insekten. Tausende Falter und Mücken kreisen in einer Sommernacht um eine einzige Straßenleuchte. Ökologen nennen diesen Effekt positive Fototaxis: Eine solche Lichtinsel zieht in einem Radius von etwa 30 Metern Insekten an. Viele verfangen sich in Spinnennetzen, andere flattern bis zur Erschöpfung um das Licht herum und werden am Boden von Nacktschnecken gefressen. In Städten strahlen etwa alle 25 bis 50 Meter solche Laternen.

Kehren die Tiere von den Lichtpunkten nicht in ihren Lebensraum zurück, fehlen sie dort dem Ökosystem. Nachtfalter etwa zählen zu den wichtigsten Besuchern der Heckenkirsche. Liegen deren Blüten aber im Lichtkegel einer Lampe, werden sie um rund zwei Drittel seltener besucht als solche in der Dunkelheit, wie eine Studie der Universität Bern zeigte. Das betrifft auch die Kohldistel; sie wächst in Nasswiesen, Auenwäldern und an Bachufern und ist eine wichtige Nahrungsquelle für Schmetterlinge oder Wildbienen. Fehlt Nahrung, verstärkt das den Druck auf diese Tiere – schon heute sind viele ihrer Arten vom Aussterben bedroht.

Doch nicht nur Tiere, auch den Menschen trifft die Lichtverschmutzung. Wir sind Augentiere: Unsere innere Uhr richtet sich nach dem Lichtniveau der Umgebung und steuert mithilfe des Botenstoffs Melatonin unseren Tag-Nacht-Rhythmus. Weil wir die dunklen Stunden mit Leselampen, Computerbildschirmen und Smartphones erleuchten, dimmen wir den Unterschied zwischen Tag und Nacht. Das führt zu Problemen wie Schlafstörungen, Bluthochdruck, Herzrhythmusstörungen oder Depression. Erste Studien zeigen sogar eine Korrelation zu Krebserkrankungen.

Die Lösung

Vor allem an der öffentlichen Beleuchtung von Straßen und Wegen muss sich etwas ändern: Klassische Straßenlaternen mit zwei langen Leuchtstoffröhren als Lichtquelle streuen ihr Licht in die Umgebung; in einer Stadt vor allem gegen Hausfassaden, an einer Landstraße gegen Baumstämme oder aufs freie Feld. Besser wären voll beschirmte LED-Reflektorlampen, die zielgerichtet nach unten, in Richtung Gehweg oder Straße, strahlen.

Auch der Abstand der Lampen zum Asphalt lässt sich ändern: Straßenlaternen hängen etwa drei bis sechs Meter hoch. Je näher am Boden sie angebracht sind, desto weniger intensiv müssen sie strahlen, um Wege auszuleuchten. Straßen, Fahrrad- oder Gehwege sollten zudem durch viel mehr Laternen beleuchtet werden.

»Größere Bodenflächen leuchtet man besser mit mehreren schwachen Lichtquellen aus statt mit einer einzigen sehr hellen«, fordern die Paten der Nacht. Die Initiative unter Leitung des Physikers Manuel Philipp will durch Vorträge oder Infostände ein Problembewusstsein dafür schaffen, dass zu viel Licht in der Nacht gravierende Folgen haben kann. Sie sagen: Auch die Farbe ist wichtig, kurzwelliges Licht mit viel Blauanteil zieht Insekten sehr viel stärker an als langwelliges Licht mit viel Orange- und Rotanteil.

Ebenso wichtig: Wann wird Beleuchtung tatsächlich gebraucht? Die Paten der Nacht empfehlen, öffentliche Straßen und Wege sommers wie winters spätestens um 22 Uhr abzuschalten. Wo Gehwege auch später eine Beleuchtung brauchen, helfen Bewegungsmelder.

Der Weg

Pittsburgh, eine Großstadt im US-Bundesstaat Pennsylvania, beschloss 2021 einen Lichtschutzplan. Als eine der ersten Großstädte weltweit will sie ihren Bewohnern sternenklare Nächte ermöglichen, zum Schutz von Natur, Umwelt und Gesundheit – und mit dem eingesparten Energieverbrauch gleichzeitig dem Klimawandel entgegenwirken.

Mehr Regionen weltweit sollen diesem Beispiel folgen, dafür hat die Weltnaturschutzorganisation IUCN einen Beraterstab für den Schutz der Nacht gegründet. Die wichtigste Partnerorganisation für die Aufklärung über den Wert sternenklarer Nächte ist die International Dark Sky Association. Sie berät Politiker, stellt Unterrichtsmaterial für Schulen und Universitäten bereit und verleiht weltweit Auszeichnungen wie »Sternendorf« oder »Sternenpark«. Für einen solchen Titel müssen ganze Gebiete – also beispielsweise ein Nationalpark und alle umliegenden Dörfer und Gemeinden – sich darauf einigen, alle Lampen mit einer Leistung über 1000 Lumen voll abzuschirmen.

In Deutschland bemühen sich immer mehr Orte um die Auszeichnung sternenklarer Nächte. Seit zwei Jahren bereitet der Naturparkverein Bayerischer Wald eine Bewerbung bei der Dark Sky Association vor. In der Rhön zeigen sich schon heute die Sterne, und sogar die Milchstraße zeichnet sich als weißgrauer Sternenschleier im Nachthimmel ab. Bei Wanderungen und Vorträgen erklären Sternwanderführer die Wirkung der dunklen Tageszeit. Eine Fachstelle berät Privatleute, aber auch Unternehmen oder Behörden, wie sie auf umweltverträgliche Beleuchtung umrüsten können. Der Ortsteil Silges der Gemeinde Nüsttal wurde zu Hessens erstem »Sternendorf«: Alle Straßenlaternen wurden auf bernsteinfarbene Amber-LEDs umgestellt; diese leuchten mit einem Wert von weniger als 2200 Kelvin im gelb-orangen Spektrum und schonen so Insekten und andere nachtaktive Tiere.

Dunkelheit ist aber häufig noch sehr negativ konnotiert. Menschen sind es gewohnt, Licht ausschließlich mit erstrebenswerten Dingen in Verbindung zu bringen. »Wenn wir uns visuell orientieren können, fühlen wir uns sicher«, sagt der Wissenschaftler Franz Hölker. Er forscht am Leibniz-Institut für Gewässerökologie und Binnenfischerei Berlin und ist einer der führenden Experten zu den Auswirkungen von Lichtverschmutzung.

»Licht ist überall in unserer Sprache positiv besetzt. Wir reden von Erhellung und Verdunklung, jemandem geht ein Licht auf, und ein anderer ist umnachtet.« Licht steht aber auch für Prunk, Reichtum und Wohlstand. Schon im Mittelalter wurden Säle oder Kirchen mit Kerzen flackernd hell erleuchtet, und noch heute folgen wir dieser Tradition: Leistungsstarke Strahler schälen Kathedralen, Burgen und Schlösser aus dem Dunkel der Nacht.

Licht als etwas Gutes hervorzuheben sei erst einmal nichts Schlechtes, sagt Hölker. Nur an der Dosis müsse man etwas nachbessern. Außenlicht als Dekoration mag gut aussehen, ist aber oft eine Todesfalle für Insekten. Wo möglich sollten wir in Gärten, auf Pflanzen oder an Teichen auf Licht verzichten. Die Dunkelheit verdiene mehr Beachtung.

Quellenhinweise

Leben & Erleben
Das gute Essen, Nr. 28/2022 / Stellen Sie sich vor: Wir essen Fleisch. Ohne dem Klima zu schaden. Geht das?, Nr. 37/2021 / Vegan für alle, Nr. 3/2022 / Gift aus der Dose, Nr. 51/2021 / Schatten auf der Kinderseele, Nr. 19/2022 / Müssen wir da wirklich hin?, Nr. 32/2022

Forschen & Entwickeln
Was wir verlieren, ZEIT Online v. 11.11.2022 / Der Goldrausch beginnt, Nr. 6/2022 / Ein Mann will nach oben, Nr. 6/2022 / Jägerin der verlorenen Düfte, Nr. 6/2022 / Mit brennenden Reifen, Nr. 51/2021 / CO_2 geht ins Gefängnis, Nr. 37/2021 / Ein nasser Held, Nr. 36/2022 / Der Untergang muss warten, Nr. 3/2022 / Drei Schritte zur Null, Nr. 47/2022

Herstellen & Verbrauchen
Was kostet uns das grüne Leben?, Nr. 51/2021 / Dürfen wir weiter wachsen?, Nr. 10/2022 / »Jeder Mensch hat die Wahl«, Nr. 41/2022 / Lasst die Sonne rein, Nr. 15/2022 / Fisch vom Land, Nr. 19/2022 / In neuem Fahrwasser, Nr. 41/2022 / Damit keiner durstig bleibt, Nr. 32/2022 / Das T-Shirt-Karussell, ZEIT Wissen

Handeln & Verhandeln
Stellen Sie sich vor: Wir gleichen Klimasünden gerecht aus, Nr. 45/2021 / Was Greta kann, kann ich auch!, Nr. 45/2021 / Deutschland auf Entzug, Nr. 15/2022 / Die Öko-Truppe, Nr. 23/2022 / Hat Volkswagen seinen Wald zerstört?, Nr. 23/2022 / Wir sind besser, als wir glauben, Nr. 36/2022 / Grenzen des Journalismus, Nr. 41/2022 / Weniger Wagen wagen, Nr. 47/2022 / Arktis ohne Regeln, ZEIT Online v. 21.8.2019 / Mehr Egoismus wagen!, Nr. 45/2022

So kann's gehen
Klimaverträglich fliegen, Nr. 41/2021 / Weihnachtsbäume anbauen, Nr. 51/2021 / Mit Holz bauen, Nr. 45/2021 / Lichtverschmutzung verringern, Nr. 6/2022